北大版新HSK应试辅导丛书

新汉语水平考试 HSK（五级）全真模拟题集

（第2版）

刘　云　石佩芝　主编

图书在版编目(CIP)数据

新汉语水平考试 HSK(五级)全真模拟题集/刘云,石佩芝主编. —2 版. —北京:北京大学出版社,2013.8

(北大版新 HSK 应试辅导丛书)

ISBN 978-7-301-21894-5

Ⅰ.①新… Ⅱ.①刘…②石… Ⅲ.①汉语—对外汉语教学—水平考试—习题集 Ⅳ.①H195-44

中国版本图书馆 CIP 数据核字(2012)第 316328 号

书　　　　名:	新汉语水平考试 HSK(五级)全真模拟题集(第 2 版)
著作责任者:	刘　云　石佩芝　主编
责 任 编 辑:	唐娟华
标 准 书 号:	ISBN 978-7-301-21894-5/H・3221
出 版 发 行:	北京大学出版社
地　　　　址:	北京市海淀区成府路 205 号　100871
网　　　　址:	http://www.pup.cn　新浪官方微博:@北京大学出版社
电 子 信 箱:	zpup@pup.pku.edu.cn
电　　　　话:	邮购部 62752015　发行部 62750672　编辑部 62752028
	出版部 62754962
印 刷 者:	北京虎彩文化传播有限公司
经 销 者:	新华书店
	787 毫米×1092 毫米　16 开本　20.75 印张　340 千字
	2010 年 4 月第 1 版
	2013 年 8 月第 2 版　2019 年 10 月第 3 次印刷
定　　　　价:	59.00 元(附 MP3 盘 1 张)

未经许可,不得以任何方式复制或抄袭本书之部分或全部内容。
版权所有,侵权必究
举报电话:010 - 62752024　电子信箱:fd@pup.pku.edu.cn

修订说明

国家汉办组织研发的新汉语水平考试（HSK）是一项国际汉语能力标准化考试。2009年11月，新汉语水平考试（HSK）正式实施，全球推广以来，受到各国汉语学习者的普遍欢迎。

与原HSK比较，新HSK在设计理念与测试目的等方面都有很大不同。新HSK以"考教结合"为原则，目的是"以考促教""以考促学"，注重以鼓励策略促进考生汉语能力的发展。在等级设置与题目设计上，新HSK也与原HSK有明显差异。新HSK设置了笔试6个等级和口试3个等级，扩大了考试的覆盖面；在题目设计上更强调测试考生的实际语言运用能力，而非语言知识的掌握程度。

自新HSK推出以来，我们始终密切关注考试设计与推广的发展动态，对新HSK的测试理论和实践进行了深入的研究。在此基础上，我们编写了一系列新HSK复习备考用书，以期为辅导教师和广大考生提供有益的帮助。

根据新HSK最新词汇大纲的调整和变化，应广大读者要求和为进一步满足新HSK考生备考的需求，我们继2010年出版市面上第一套《新汉语水平考试HSK全真模拟题集》后，于2013年推出《新汉语水平考试HSK全真模拟题集》（第2版）。这套全真模拟题集共6册，每册包含相应等级的5套全真模拟试卷。这次修订主要包括：

一、增加了每一级别的考试说明；

二、调换了部分图片；

三、根据2013版最新词汇大纲，修改了部分试题；

四、四至六级增加了题解，题解注重实效，强调语言知识、应试技巧与答题思路的结合。

我们相信，《新汉语水平考试HSK全真模拟题集》（第2版）不仅有助于考生有效测试现有水平，更有助于提高考生汉语的运用能力，以及掌握复习备考的方法及应试策略。

编　者

目 录

新汉语水平考试 HSK（五级）考试说明 ………………………………………… I

新汉语水平考试 HSK（五级）全真模拟题 1 ……………………………………… 1
  一、听　力 ………………………………………………………………………… 3
  二、阅　读 ………………………………………………………………………… 8
  三、书　写 ………………………………………………………………………… 18

新汉语水平考试 HSK（五级）全真模拟题 2 ……………………………………… 21
  一、听　力 ………………………………………………………………………… 23
  二、阅　读 ………………………………………………………………………… 28
  三、书　写 ………………………………………………………………………… 39

新汉语水平考试 HSK（五级）全真模拟题 3 ……………………………………… 41
  一、听　力 ………………………………………………………………………… 43
  二、阅　读 ………………………………………………………………………… 48
  三、书　写 ………………………………………………………………………… 59

新汉语水平考试 HSK（五级）全真模拟题 4 ……………………………………… 61
  一、听　力 ………………………………………………………………………… 63
  二、阅　读 ………………………………………………………………………… 68
  三、书　写 ………………………………………………………………………… 79

新汉语水平考试 HSK（五级）全真模拟题 5 ……………………………………… 81
  一、听　力 ………………………………………………………………………… 83
  二、阅　读 ………………………………………………………………………… 88
  三、书　写 ………………………………………………………………………… 99

新汉语水平考试 HSK（五级）全真模拟题 1 答案 ······ 101
新汉语水平考试 HSK（五级）全真模拟题 1 材料及题解 ······ 103
 一、听力材料及听力部分题解 ······ 103
 二、阅读部分题解 ······ 122
 三、书写部分题解 ······ 139

新汉语水平考试 HSK（五级）全真模拟题 2 答案 ······ 144
新汉语水平考试 HSK（五级）全真模拟题 2 材料及题解 ······ 146
 一、听力材料及听力部分题解 ······ 146
 二、阅读部分题解 ······ 163
 三、书写部分题解 ······ 180

新汉语水平考试 HSK（五级）全真模拟题 3 答案 ······ 184
新汉语水平考试 HSK（五级）全真模拟题 3 材料及题解 ······ 186
 一、听力材料及听力部分题解 ······ 186
 二、阅读部分题解 ······ 204
 三、书写部分题解 ······ 221

新汉语水平考试 HSK（五级）全真模拟题 4 答案 ······ 225
新汉语水平考试 HSK（五级）全真模拟题 4 材料及题解 ······ 227
 一、听力材料及听力部分题解 ······ 227
 二、阅读部分题解 ······ 243
 三、书写部分题解 ······ 260

新汉语水平考试 HSK（五级）全真模拟题 5 答案 ······ 264
新汉语水平考试 HSK（五级）全真模拟题 5 材料及题解 ······ 266
 一、听力材料及听力部分题解 ······ 266
 二、阅读部分题解 ······ 281
 三、书写部分题解 ······ 296

新汉语水平考试 HSK（五级）考试说明

一　考试内容

新 HSK（五级）的笔试部分共 100 题，分听力、阅读和书写三部分。

考试内容		试题数量（个）		考试时间（分钟）
一、听力	第一部分	20	45	约 30
	第二部分	25		
填写答题卡（将听力部分的答案填涂到答题卡上）				5
二、阅读	第一部分	15	45	45
	第二部分	10		
	第三部分	20		
三、书写	第一部分	8	10	40
	第二部分	2		
共计		/	100	约 125

全部考试约 125 分钟（含考生填写个人信息时间 5 分钟）。

二　词汇基础

新 HSK（五级）以五级词汇大纲为基础。该大纲共包括 2500 个常用词，其中有 1300 个新词是在四级的基础上新增的。这 1300 个新词就是五级考试的重点，与这 1300 个新词相关的语法项目也是考试的重点。

新 HSK（五级）的试卷内容实际就是围绕这 1300 个新词构建起来的。命题老师往往会根据某一个或两三个词语构建出一道题目，考查考生对这些词语的理解和运用。因此对这 1300 个五级新词，考生要做到四会：会认，会读，会写，会用。

听力部分一般不会出现五级大纲以外的词语，阅读和书写部分允许有 5% 的超纲词，但一般不会影响对文章意思的理解，我们可以通过上下文等来猜测大意。

三　解题技巧

（一）听力解题技巧

听力分成两部分。

听力	题量	听录音次数	录音材料	答题要求
第一部分	20题	一遍	两人共两句对话＋一个问题	选出正确答案
第二部分	25题	一遍	21－30题：两人共4句对话＋一个问题 31－45题：长对话（8句左右）两段＋小短文三至四篇；每段听力后有二至三个问题	选出正确答案

新HSK（五级）听力明显比四级要难，主要是因为所用词语比四级多，句式比四级复杂，听力材料的长度比四级长，包含的信息量更多。但实际上，五级听力在题型上和四级是差不多的，主要还是包括数字题、时间题、地点题、身份关系题、语气态度题、原因结果题、推断题等等；五级听力中的长对话题实际上是4句对话题的综合。短文听力题从内容上看，可以分为笑话或幽默故事题、广播通知题、哲理故事题、解决问题类短文题等等。

下面我们具体来介绍一下五级听力的一些答题技巧：

1. 阅读选项，做好预设

考生要利用一切可以利用的时间提前阅读选项，并做出预设。通常，从ABCD四个选项我们可以大致猜出这段听力所讨论的背景、主要对象或问题的关键所在，这样可以帮助我们更好地理解听力材料。

2. 抓住关键词和关键句

听力中的关键词，我们可以分为表否定的词、表转折的词、表原因的词和表结果的词等几种。

表否定	不；没有；别……了；不要；还没；不好意思；对不起
表转折	虽然……，但是（可、可是）……；……不过……；其实（实际上、事实上）；反而（反倒）；出乎大多数人意料的是……；……而……；不是……而是……
表因果	怪不得……，……；难怪……，……；所以……；可见……；之所以……，是因为……；好在……；因为……；是因为……；为了……；由于……；因此……；原来……；多亏……；幸亏……

— Ⅱ —

(续表)

表结论	总的来说；总而言之（总之）；毫无疑问（无疑）；由此可见（可见）；应该说；一般来说；这就告诉我们
表强调	尤其是；特别是；关键在于；遗憾的是；不幸的是；要知道；连……都……；不是……，而是……
表发展顺序	首先……，其次……，最后……；先是……，然后……；先……，再……；终于
表要求	请；想；希望；能；可以；愿望；应该

以上这些关键词所在的句子都是关键句，考生要尽量把握住这些句子的意思。

另外在很多听力对话中，第一句话往往都很重要，它常常会告诉你对话的背景情况，有时候还会直接揭示答案。最后一句话的意思也一定要弄明白，因为最后一句话90%都是重点。

3. 熟悉各种提问方式

常见的提问方式有：

地点题型	说话人可能在**什么地方**？ 他们最可能在**哪里**？
时间题型	今天是**几月几号**？ 他**什么时候**回来？
数字题型	一般用"**多少**"或"**几**"提问
身份、关系题型	男的最可能是**什么身份**？ 女的最可能是**做什么的**？ 他们最可能是**什么关系**？
语气、态度题型	男的是**什么语气**？ 关于这件事，女的是**什么态度**？
推断题	根据对话，可以知道什么？ 根据对话，下列哪项正确？ 关于男的，我们可以知道什么？ 女的主要是什么意思？

4. 攻克短文题

考生一般都觉得短文题会比较难，但是，如果掌握以下技巧分析及重点就可以有效地提高听力成绩。

短文类型	技巧分析及重点
笑话幽默	① 把握笑点。笑点常在最后一句。 ② 把握细节：起因、过程、结果、时间、地点、人物等。
广播通知	① 熟悉各种广播通知，如火车飞机广播、商场广播、天气预报、寻物启事、自我介绍等。 ② 抓住第一句，第一句往往会揭示通知的主题。
哲理故事	① 预测故事发展。 ② 重点理解短文的最后一段，领悟哲理。 ③ 熟悉中国的成语故事。
解决方案	① 把握开头，理解短文中提出的难题。 ② 抓住结果，关键词有"于是、最后、到后来、如此一来"等等。

（二）阅读解题技巧

阅读分成三部分。

阅读	题量	题目内容	答题要求
第一部分	15	4篇短文，每篇有三到五处空格	选词填空
第二部分	10	一小段阅读材料＋四个选项	选出正确的一项
第三部分	20	5篇长短文，每篇短文后有三到四个问题	阅读理解

1. 选词填空题解题技巧

本题型既考查考生对短文的理解能力，又考查考生对重点词语的理解及运用能力。考生做到以下几点可以提高解题能力。

（1）先理解全文大意，再选词

考生首先要大致阅读一下短文，可以浏览首末两段或每段的首尾两句话来把握大意。了解大意后再仔细地进行选词填空。有的时候仅从语法结构上考虑可能会有多个选项符合句子意思，这时候就要结合短文整体表达的意思，尤其是空格前后的句子意思进行选择。

(2) 先猜测预判

考生在第一遍阅读的时候应该先进行猜测，然后第二遍阅读时看选项中是否有跟自己猜测的意思大致相同的词语。

(3) 平时重视区别近义词和形近词

有时候选项中会故意安排一些近义词和形近词，这需要考生在平时就要从具体语义和用法上对这些词进行区别。

(4) 平时多读些成语和名人故事

这类题型中常常会出现一篇跟中国古代文化有关的故事，考生如果平时有这方面的积累，那么对解题是很有帮助的。

(5) 掌握关联词可以帮助考生理解文章

关联词，承上启下，在短文中具有十分重要的作用，考生应该尽量掌握。

五级中常见的关联词有：

并列关系	既……又……；又……又……；……，另外/此外
选择关系	……还是……；……，或者……；与其……，不如……
转折关系	尽管/虽然……，但是/可是/不过……；……，其实……；……，反而/反倒……；……，而……
递进关系	不但/不仅……而且/还……；……，况且……；……，何况……（呢）？
假设关系	如果……也……；要是……也……；无论/不管……也/都……；一旦……；万一……，……
退步关系	哪怕/即使……也……
因果关系	因为……所以……；……，因此……；……是由于/是因为……；之所以……，是因为……；既然……，那么/就……
条件关系	只要……就……；只有……才……；……，幸亏……，才……；……，幸亏……，否则……
承接关系	先……再……；首先……，然后……；先……，然后……，接着……，最后……；一……就……；……，至于……

2. 选出正确的一项题解题技巧

本题型考查考生对短文大意的理解以及对细节的把握。本题型阅读量大，题目内容范围广，迷惑项比较隐蔽，考生普遍觉得比较难。

(1) 注意平时阅读积累

本题型题目内容主要涉及中国文化、科普知识、新闻报道、幽默故事等，考生可以在平时广泛阅读，丰富知识，积累词汇，并提高自己的阅读速度。

(2) 把握各种语料的特点

中国文化类短文的重点是介绍某个事物的特点；科普知识类短文的第一句话往往具有概括性；新闻报道的前两句话会概括该段新闻的主题；幽默故事类短文的最后一句话往往是笑点。考生要学会观察这些重点句子。

(3) 把握时间、地点、数字等细节

有的选项会出现时间、地点或者数字等细节，考生可以把它与原文进行仔细对比，判断出正误。

(4) 注意否定词

考生不仅要注意"不、没有"等否定词，更要注意选项的句义与原文是否一致，如"差不多"和"不太一样"在表达意思上略有差异。

(5) 注意选项中的主语和宾语

有的选项表达了与原文相近的意思，但是出题者会改变主语或者宾语来迷惑考生，考生要细心。

(6) 注意材料中多个事物的比较

有的材料中会出现两个或多个事物，考生要分别把握他们的特点，把选项与材料结合起来阅读。

3. 阅读理解题解题技巧

该部分一般包含5篇短文，短文的字数长短不一，从200字到500字不等，在内容上主要涉及生活事件、社会现象、哲理故事和幽默故事等。本题型主要考查考生对某一词语的理解，对文中某一具体信息的把握，对作者态度的把握等。

(1) 提高阅读速度

考生做题时常常会觉得时间不够，花费了过多的时间在短文阅读上，而没有足够的时间去阅读问题和选项，所以我们要提高阅读速度。

每一段话的开头和最后的句子一般都是重点。考生理解了开头和最后的句子后一般就能了解这一段的大意，对于其他部分句子的阅读就可以加快速度。

具体到每个句子，考生应抓住句子的主干了解大意，尤其是长句，可以选择跳过难词，跳过修饰词语，比如"……的"等等。

(2) 抓住问题和选项的关键词，与材料进行核对比较

比如问题是"根据短文，王明最后……"，那么考生可以抓住"王明最后"

这个关键词，在材料中找到相应的信息，并把它和各选项进行比较。

（3）结合材料中多处信息进行推理判断

有的题目涉及到的信息散落在短文的各个部分，考生不仅要进行搜集，还要根据它们之间的关系，进行比较、推理。

（4）理解短文的中心思想，把握作者的态度

有的短文的中心思想会在最后一段点出，考生要注意最后一段的理解。只有理解了短文的中心思想，我们才能比较正确地把握作者的态度。

（三）书写解题技巧

书写题分为两部分。

书写	题量	题目内容	答题要求
第一部分	8	无序的几个词语	完成句子：把这些词语组成句子。
第二部分	1	五个词语	五个词作文：结合这五个词写一篇80字左右的短文。
	1	一张图片	结合图片写一篇80字左右的短文。

1. 完成句子题解题技巧

完成句子题一般有四到五个词语或词组，考生需要把这些词语按照正确的顺序排列完整。

（1）抄写词语一定要正确

考生在书写时一定要确保所写的汉字与所给词语一致，避免出现笔画或者结构方面的错误。

（2）把握重要的语法结构

本部分题常考的语法结构有：

语法结构	例 句
形容词谓语句	房间里更暖和了。
主谓谓语句	他心里很难受。
多项状语句	他们昨天在上海又买了很多礼物。
多项定语句	那个戴红帽子的高个女孩儿是我女儿。
双宾语句	告诉大家一个好消息。
连谓句	他去超市买了两盒牛奶。

(续表)

兼语句	王老师叫张西去办公室。
述补结构句	他回答得很认真。
"把"字句	弟弟把妈妈刚买的花瓶打破了。
"被"字句	我的钱包被小偷偷走了。
宾语从句	我发现你做的菜越来越好吃了。

(3) 以动词为核心组织句子

汉语句子可以根据谓语的成分性质分为动词谓语句、形容词谓语句、名词谓语句等。其中后两种虽然也是常考的题型，但结构相对简单。而动词谓语句在题目中占绝大多数，而且结构往往比较复杂。

考生在做题时应该以动词为核心，根据动词的词义，选择合适的宾语和主语。注意有的句子可以省略主语，有的句子可以没有宾语。确定完主语、谓语（动词）、宾语后，再安排一些附加成分，特别要小心正确安排动词的补语成分。

2. 五个词作文题解题技巧

这五个词一般以名词、动词、形容词、副词居多，其中会有两到三个五级词。考生需要根据这五个词展开想象，设置一个情境，或叙事，或讨论，或说明。

(1) 确保五个词都用到

考生在写作时一定要把五个词全部用到，不能有遗漏。

(2) 在避免出错的基础上追求变化

考生写作时要尽量避免错字、错句，在这个基础上还要注意变换句式，这样会增加得分。

(3) 从认识的词语入手设置情境

五个词当中可能会有一两个不认识，但肯定会有两三个认识，所以考生要利用这些熟悉的词设置情境。

(4) 背诵一些典型例句

考生可以背诵本书练习中的一些典型例句，记住其中一些可以在多种场合中使用的句子。

3. 看图作文题解题技巧

本题型是根据所提供的图片写一段话，题目中图片一般分为三种：人物类、物体类、标志类。

(1) 记住一些开头句式

常用的开头句式有：

物体类	……在生活中十分常见。 生活中我们离不开…… 这个……让我想起了……
人物类	图片中的人是小明的好朋友…… 他/她穿着……，戴着…… 他正在……
标志类	这个标志在生活中常常会看到。 图片中的标志告诉我们……

（2）背诵各类范文

本书所设计的练习都是经典的范文，考生可以从每种图片中选择三五个进行背诵，考试时可以模仿这些范文进行写作。

四 报考指南

■**考试报名**

1. 网上报名

第一步	登陆汉语考试服务网	网址：www.chinesetest.cn.
第二步	注册用户	填写 e-mail 地址、国籍、母语种类和出生日期。
第三步	考试报名	选择考试时间和最近的考点，上传照片并确认注册信息。
第四步	支付考试费	必须在考试前27天完成交费。五级费用为550元。
第五步	获得报名确认	交费成功的考生会在考前10天得到 e-mail 确认。
第六步	领取准考证	登陆 www.chinesetest.cn 打印准考证或去考点领取。

2. 考点报名：考生也可以携带照片和身份证件直接去附近考点交费报名。

■**考试须知**

核对准考证信息	准考证上的姓名信息与护照或其他证件上的信息必须一致。
准备好考试用品	（1）准考证；（2）报名所用的证件（原件）；（3）2B铅笔；（4）橡皮。
要按时到达考场	考试前半小时开始进场，听力考试时迟到的考生不能进场。
保存好注册信息	以便查询成绩或进行下一次考试的报名。

■**关于准考证**

考生报名成功并收到报名确认信息以后，可以登录到汉语考试服务网（www.chinesetest.cn）上选择自行打印准考证，也可以到报名的考点领取准考证。

准考证内容包括考生姓名、国籍、性别、证件类型和号码、考试科目、考试时间、考点名称、考试地点、考场须知等。

■**答题卡填写指导**

答题卡考生信息填涂部分内容包含：姓名、中文姓名、考生序号、考点代码、国籍、年龄和性别。考生可以根据 HSK 准考证上的信息逐一填写。

在填写各种代码或年龄等数字内容时，应先把相应数字写在每行左侧的空格内，然后在右侧相应的数字上画上横道。横道要画成［■］这样。回答问题时，应该在表示正确答案的字母上画上横道。横道要画成［■］这样。

① 姓名：考生证件上的姓名，需按照考生报名时提供的有效证件上的姓名填写，且有效证件上的姓名必须与 HSK 准考证上登记的证件姓名完全一致。

② 中文姓名：如果有中文姓名，请填写。

③ 考生序号：18 位准考证号的最后 5 位。

④ 考点代码：每一个考点都有一个唯一的 7 位数字代码，请见准考证，或在考场向监考人员询问。

⑤ 国籍：考生本人国籍的代码，为 3 位数字，请见准考证，或在考场向监考人员询问。

⑥ 年龄：根据考生实际情况填涂。

⑦ 性别：根据考生实际情况填涂。

■**成绩和证书**

查成绩	一个月后，考生登陆 www.chinesetest.cn，输入准考证号和姓名查询成绩。
领证书	考后 1－2 个月会寄到考点，考生凭准考证去领取。证书有效期 2 年。

新汉语水平考试(HSK)准考证
HSK Admission Ticket

准考证号：H51202899140050041

姓　　名	Lee Junho
中文姓名	李俊浩

序号	5 0 0 4 1

考点代码	8 9 9 1 4 0 0

国籍	韩国 5 2 3

男　女 [2]

证件类型	护照	证件号码	M8888888

考试科目	HSK五级
考试日期	2012-08-08
考试时间	13:30

座位号

考点名称	中文大学
考试地点	中文大学电教楼

40mm×30mm

考场位置	电教楼　288室

考生须知
1. 考生在收到准考证后须核对本人信息,如信息有误,请立即联系考点修改。
2. 考生必须凭准考证和带有照片的身份证件进入考场(以报名时提供有效身份证件为准)。
3. 纸笔考试,请考生自带2B铅笔和橡皮。
4. 考试前30分钟开始入场。听力考试开始前,迟到的考生可进入考场参加考试;听力考试开始后,迟到的考生须等听力考试结束后才可进入考场参加阅读考试,所误时间不补;阅读考试开始后,迟到的考生不得进入考场参加考试。
5. 请保管好准考证,领取HSK成绩报告时,必须出示准考证。
6. 查询HSK成绩时,请登录汉语考试服务网(www.chinesetest.cn),输入准考证号查询。

联系考点	电话：HSK、BCT: 010-88888888 传真：010-88888888

HSK（五级）成绩报告

新汉语水平考试
Chinese Proficiency Test

HSK（五级）成绩报告
HSK (Level 5) Examination Score Report

姓名：_____
Name

性别：_____ 国籍：_____
Gender   Nationality

考试时间：_____ 年 _____ 月 _____ 日
Examination Date   Year   Month   Day

编号：_____
No.

	满分（Full Score）	你的分数（Your Score）
听力（Listening）	100	
阅读（Reading）	100	
书写（Writing）	100	
总分（Total Score）	300	

总分180分为合格（Passing Score：180）

主任 _____ 国家汉办
Director   Hanban

中国 • 北京
Beijing • China

新汉语水平考试
HSK（五级）
全真模拟题 1

注　意

一、HSK（五级）分三部分：

　　1. 听力（45题，约30分钟）

　　2. 阅读（45题，45分钟）

　　3. 书写（10题，40分钟）

二、**听力结束后，有 5 分钟填写答题卡。**

三、全部考试约 125 分钟（含考生填写个人信息时间 5 分钟）。

中国　北京　　　　　　　××××/×××××××　　编制

一、听　力

第一部分

第1—20题：请选出正确答案。

1. A 男的买了两双皮鞋　　　　　　　　B 男的想再买一双皮鞋
   C 女的忘记给男的袜子了　　　　　　D 活动只送袜子，不送皮鞋

2. A 男的喜欢现在的教材　　　　　　　B 男的作文写得非常棒
   C 女的建议男的找辅导老师　　　　　D 女的认为男的学习态度不好

3. A 男的有个妹妹　　　　　　　　　　B 女的没答应男的
   C 女的会帮男的找宾馆　　　　　　　D 学校不允许外人住在宿舍

4. A 男的要去洗球鞋　　　　　　　　　B 鞋子现在在床底下
   C 女的反对男的去踢球　　　　　　　D 他们的女儿在幼儿园

5. A 父子　　　　　　　　　　　　　　B 父女
   C 兄妹　　　　　　　　　　　　　　D 姐弟

6. A 今天有会　　　　　　　　　　　　B 准备打的
   C 担心会迟到　　　　　　　　　　　D 开车去公司

7. A 88　　　　　　　　　　　　　　　B 44
   C 50　　　　　　　　　　　　　　　D 25

8. A 二十岁　　　　　　　　　　　　　B 四十岁
   C 五十岁　　　　　　　　　　　　　D 六十岁

9. A 餐厅　　　　　　　　　　　　　　B 超市
   C 学校　　　　　　　　　　　　　　D 家里

10. A 彩虹消失了 B 现在正在下雨
    C 女的喜欢下雨 D 女的现在心情很好

11. A 有前途 B 是领导
    C 是老师 D 在政府工作

12. A 觉得热 B 想开窗
    C 希望开电扇 D 希望开空调

13. A 上海 B 火车站
    C 飞机场 D 汽车站

14. A 学历 B 外貌
    C 身高 D 幽默感

15. A 6：45 B 7：15
    C 7：30 D 7：45

16. A 女的不太着急 B 女的不知道地址
    C 女的希望男的发传真 D 男的把资料寄给女的了

17. A 工作太累 B 待遇不好
    C 工作没前途 D 经理不喜欢她

18. A 车坏了 B 身体不太好
    C 改骑自行车了 D 车今天被儿子开走了

19. A 待遇低 B 成绩差
    C 压力大 D 业务多

20. A 男的是老板 B 女的爱喝咖啡
    C 女的正在工作 D 男的晚上睡不着

第二部分

第 21—45 题：请选出正确答案。

21. A 喜欢摄影　　　　　　　　　　B 女儿是公主
    C 经常看女儿的照片　　　　　　D 认为女儿跟爸爸更像

22. A 学历太低　　　　　　　　　　B 买不起房子
    C 个子不够高　　　　　　　　　D 跟女儿的关系不好

23. A 男的态度很好　　　　　　　　B 女的非常生气
    C 女的伤得很严重　　　　　　　D 女的汽车被撞坏了

24. A 男的很羡慕女的　　　　　　　B 女的也买房子了
    C 男的向银行借了钱　　　　　　D 女的觉得租房比买房好

25. A 同事　　　　　　　　　　　　B 同学
    C 朋友　　　　　　　　　　　　D 夫妻

26. A 桌子上　　　　　　　　　　　B 冰箱里
    C 超市里　　　　　　　　　　　D 垃圾桶里

27. A 张东是女的好朋友　　　　　　B 男的经常跟张东联系
    C 男的上高中时经常踢球　　　　D 张东是男的大学同学

28. A 动作片　　　　　　　　　　　B 爱情片
    C 恐怖片　　　　　　　　　　　D 和历史有关的

29. A 女的头疼　　　　　　　　　　B 女的不想吃药
    C 男的让女的多吃梨　　　　　　D 女的吃了药却没有效果

30. A 为了省钱　　　　　　　　　　B 为了方便
    C 喜欢用布袋　　　　　　　　　D 为了保护环境

— 5 —

31. A 锁坏了　　　　　　　　　　B 钥匙坏了
    C 拿错钥匙了　　　　　　　　D 开错房间了

32. A 二楼　　　　　　　　　　　B 三楼
    C 四楼　　　　　　　　　　　D 五楼

33. A 公司　　　　　　　　　　　B 学校
    C 超市　　　　　　　　　　　D 图书馆

34. A 软件被删除了　　　　　　　B 合同在文件里
    C 不记得文件名了　　　　　　D 文件丢在办公室里了

35. A 兴奋　　　　　　　　　　　B 感激
    C 害怕　　　　　　　　　　　D 遗憾

36. A 两人是同事　　　　　　　　B 张东的飞机很大
    C 王中坐了两次小飞机　　　　D 王中不会再坐小飞机

37. A 罚款　　　　　　　　　　　B 批评
    C 下车　　　　　　　　　　　D 被关到吸烟区

38. A 吸烟处火柴免费　　　　　　B 吸烟处在车厢两头
    C 在吸烟处吸烟也要罚款　　　D 火车上任何地方都不能吸烟

39. A 生病了　　　　　　　　　　B 不生鸡蛋
    C 能生金蛋　　　　　　　　　D 生小鸡了

40. A 一个　　　　　　　　　　　B 两个
    C 三个　　　　　　　　　　　D 四个

41. A 乐观　　　　　　　　　　　B 愚蠢
    C 善良　　　　　　　　　　　D 一直很勤劳

42. A 老太太有儿女　　　　　　　　B 老太太以前很有钱
　　C 母鸡肚子里有很多金蛋　　　　D 老太太以后再也得不到金蛋了

43. A 加班　　　　　　　　　　　　B 运动
　　C 去饭店喝酒　　　　　　　　　D 跟员工一起吃饭交流

44. A 公司待遇太差　　　　　　　　B 工作压力太大
　　C 对公司没有好建议　　　　　　D 不能充分发挥自己的能力

45. A 内部招聘　　　　　　　　　　B 提高待遇
　　C 鼓励年轻人去别的公司　　　　D 给年轻人提供留学的机会

二、阅 读

第 一 部 分

第 46—60 题：请选出正确答案。

46—48.

　　有个女人一直__46__住在对面的女人，觉得她又笨又懒，"那个女人的衣服永远洗不干净，看，她挂在院子里的衣服，总是黑一块，白一块，我真的不知道，她怎么__47__衣服都不会洗。男人娶了这样的老婆可真是__48__啊！"

　　直到有一天，有个细心的朋友到她家，才发现不是对面的女人不会洗衣服。朋友拿了一块抹布，把窗户上的灰擦掉，说："看，这不就干净了吗？"原来，是自己家的窗户脏了。

　　46. A 恨　　B 担心　　C 接触　　D 看不起

　　47. A 连　　B 把　　C 将　　D 对于

　　48. A 倒霉　　B 虚心　　C 单纯　　D 谦虚

49—52.

　　有一回，卞庄子住在一家旅馆里，两只胆大的老虎竟然在白天__49__进了隔壁的人家，咬死了一头小牛。卞庄子是一个__50__的人，他马上抽出刀来，要去杀老虎。旅馆的老板拦住他说："别__51__。只有一头小牛，那两只老虎一定会互相咬起来，结果一定是一只被咬死，一只被咬伤。到时候你只要把伤的那只砍死就成了。"卞庄子听了他的话，待了一会儿，__52__，小的被咬死了，大的被咬伤了。卞庄子杀死了受伤的老虎，结果只动了一次手，得到了两只老虎。

　　49. A 走　　B 爬　　C 闯　　D 躲

　　50. A 聪明　　B 勇敢　　C 坚强　　D 结实

　　51. A 害怕　　B 犹豫　　C 灰心　　D 着急

　　52. A 牛被吃完了　　　　　　B 两只老虎居然都死了
　　　　C 两只老虎果然互相咬了起来　　D 卞庄子把两只老虎打倒在地

53—56.

有一对兄弟，他们住在第 40 层楼。有一天，他们外出旅行回家，发现大楼停电了。虽然他们背着大包的行李，但看来没有什么别的__53__，于是哥哥对弟弟说："我们爬楼梯上去吧！"于是，他们背着两大包行李开始爬楼梯。爬到 10 楼的时候他们开始__54__了，哥哥说："包太重了，不如这样吧，我们把包放在这里，等来电后坐电梯来拿。"于是，他们把行李放在了 10 楼，轻松多了，然后继续向上爬。

他们有说有笑地往上爬，但爬到 20 楼的时候，两人实在爬不动了。想到才爬了一半，两人开始互相__55__对方不注意大楼的停电公告，才会落得如此下场。他们边吵边爬，就这样一路爬到了 30 楼。到了 30 楼，他们累得连吵架的力气也没有了。弟弟对哥哥说："我们不要吵了，爬完它吧！"于是他们默默地继续爬楼，40 楼终于到了。兄弟俩兴奋地来到家门口，才发现没法进门，原来__56__。

53. A 路　　　B 机会　　　C 选择　　　D 电梯

54. A 困　　　B 饿　　　C 累　　　D 悲观

55. A 吵架　　B 责备　　C 抗议　　D 否定

56. A 电梯坏了　　　　　B 他们已经搬家了
　　C 他们实在太累了　　D 钥匙还在 10 楼的包里

57—60.

闪电是一种自然放电__57__，而放电使空气__58__发出声音，就形成雷声。声音在空气中每秒钟约走 340 米，而光在空气里差不多每秒走 30 万公里，所以我们总是__59__。有时，由于放电云层离我们太远，或者发出的声音不够响，我们就只看见闪电而听不见雷声。雷电虽然有时很美，但它也会带来危害，一次闪电所带的能量极大，它不仅能击毁房屋，还会引起森林火灾，__60__人们的生命安全。

57. A 行为　　B 行动　　C 现象　　D 系统

58. A 动作　　B 活动　　C 振动　　D 活跃

59. A 听到雷声　　　　B 害怕闪电
　　C 爱看闪电　　　　D 先看到闪电后听到雷声

60. A 威胁　　B 危险　　C 引起　　D 恶劣

第二部分

第61—70题：请选出与试题内容一致的一项。

61. 越来越多的年轻人把登记结婚的日子与一些特殊的日子联系在一起。2008年8月8日是北京奥运会开幕的日子，上海共有7189对新人登记结婚，为新中国成立以来该市登记结婚人数最多的一天。2009年9月9日，因为与"长长久久"谐音，上海再一次出现了结婚热。

    A 2008年登记结婚的人最多
    B 年轻人喜欢在特殊的日子结婚
    C 北京奥运会开幕那天上海登记结婚的人数是全国最多的
    D 2009年9月9日登记结婚的新人将来不会离婚

62. "大象求医"是一则关于大象和人类友好相处的有趣故事：有一天清晨，工作人员刚打开大门，就见一只大象站在门口高声叫着，管理人员开始没注意，想把大象赶走，但大象不愿意离开。管理人员感到奇怪，便跟着它来到了一群象中，发现地上躺着一头被打伤的大象，这时他才明白了大象的意思。

    A 大象来找工作人员给自己看病
    B 大象饿了，所以不愿意离开
    C 管理人员被大象的叫声吵醒了
    D 大象来找管理人员治疗受伤的同伴

63. "伤心小吃店"得名于一次偶然的机会。店主的朋友来这个小店吃东西，由于她刚刚失恋，又被店里的辣椒辣出了眼泪，所以她干脆大哭了一场。哭过以后，她痛苦的心情得到了缓解。于是，店主想出了"伤心小吃店"这个名称，一方面因为这个名字好玩儿，可以吸引顾客，另一方面也因为他们小店的辣椒辣得惊人。

    A 吃辣椒会使人快乐
    B 店主让朋友给小吃店取名
    C "伤心小吃店"的辣椒非常辣
    D 只有失恋的人才会去"伤心小吃店"

64. 中国的功夫电影需要新的思想，需要重视文化的作用。好的电影应该讲中国人自己的故事，中国功夫片中的人物应该反映中国人的生活习惯和思想看法，而不应只是"会打的机器"。

    A 功夫片的演员应该会武术
    B 中国功夫片的导演必须是华人
    C 中国的功夫电影受到了国外观众的喜爱
    D 中国功夫片仅有好看的功夫是不够的

65. 一辆装满乘客的公共汽车沿着下山的公路快速前进着，有一个人在后面紧紧地追赶着这辆车。一个乘客从车窗中伸出头来对追车的人说："老兄！算啦，你追不上的！""我必须追上它，"这人一边跑一边说，"我是这辆车的司机。"

    A 这个人跑得比车快
    B 车里很可能没有司机
    C 乘客驾驶着公共汽车
    D 乘客认识追汽车的人

66. 就像人类可以通过学习掌握外国语一样，蜜蜂也可以理解不同地区的同类之间独特的舞蹈语言，从而正确地传递信息。一项研究证明：来自亚洲的蜜蜂和来自欧洲的蜜蜂有不同的舞蹈动作，但两种蜜蜂生活在一起能够相互交流信息，通过学习能够理解彼此的语言，并能根据所传递的信息成功找到食物所在地。

    A 蜜蜂可以学习人类的语言
    B 不同地区的蜜蜂有相同的语言
    C 亚洲的蜜蜂可以听懂欧洲的蜜蜂所说的话
    D 不同地区的蜜蜂互相学习后可以成功交流信息

67. 作为志愿者，我感受到了这份工作的光荣与责任。当我带着工作证走在路上的时候，会有外国人主动向我微笑，有各种人来向我问路。虽然我本身的工作地点不在街头，但是我知道这是人们对于志愿者的信任，我所肩负的是代表志愿者形象的重任。能够亲身参与此次运动会，我觉得十分荣幸。

A 人们只信任志愿者
B 志愿者的形象最重要
C 作为志愿者,"我"十分自豪
D 作为志愿者,"我"的工作是给外国人指路

68. "会买是学生,会卖是师傅",股市里要想赢得最大的收入和利益,把握卖股票的时间十分重要。以下是两种普遍的情况:一是买对了股票,但不会把握卖点,结果错失了获取利润的良机;二是买错了股票,买了就降,降了后更加舍不得卖,结果不仅亏了钱,还浪费了机会和时间。

A 买股票浪费钱和时间
B 学会何时买股票比何时卖股票更难
C 只要买对了股票,就一定能获得利润
D 选择合适的时间卖出股票是获取利润的关键

69. 过年过节燃放鞭炮这一风俗在我国已有两千多年的历史,我们不能对其进行简单禁止。然而,燃放鞭炮存在危险,时常有人因为燃放不当而受伤。因此,我们应该加大力度宣传燃放鞭炮的正确方式及注意事项,预防因燃放不当造成的伤害。

A 正确燃放鞭炮可以避免受伤
B 过年过节应该禁止燃放鞭炮
C 经常有小孩儿因为燃放鞭炮而受伤
D 过年燃放鞭炮最近几年开始流行

70. 本人为护士,有两室一厅住房一套,配有厨房和卫生间,可以做饭洗澡,生活极为便利。住房位于王府井大街,对面有菜市场,上班购物交通方便,空间设计合理,家用电器齐全。现对外出租其中一间,月租1800元,只限女生。

A 房东想出售这套房子
B 作者的职业是房屋中介
C 这是一则出租房屋的广告
D 房东可以为租房的人提供一日三餐

第 三 部 分

第 71—90 题：请选出正确答案。

71—73.

有位孤独的老人，无儿无女，又体弱多病。他决定搬到养老院去。老人宣布出售他漂亮的高档公寓，底价 80 万块，但人们很快就炒到了 100 万块。价钱还在不断上涨。老人深陷在沙发里，十分悲观，要不是健康状况不行，他是不会卖掉这陪他度过大半生的房子的。

一个衣着朴素的青年来到老人眼前，弯下腰，低声说："先生，我也很想买这个公寓，可我只有 10 万块钱。可是，如果您把公寓卖给我，我保证会让您依旧生活在这里，和我一起喝茶，读报，散步，天天都快快乐乐的——相信我，我会用整颗心来照顾您！"

老人微笑着点了点头，把公寓卖给了他。

完成梦想，有时，只要你拥有一颗爱人之心就可以了。

71. 老人为什么要卖房子？
   A 缺钱   B 房子太旧了
   C 儿女不管他   D 要去养老院生活

72. 房子最后卖了多少钱？
   A 10 万   B 80 万
   C 18 万   D 100 万

73. 老人为什么把房子卖给年轻人？
   A 两人是亲戚   B 年轻人出价高
   C 被年轻人骗了   D 年轻人能给老人快乐

74—77.

小张在一家咨询公司工作，总觉得自己没有得到领导的重视。他经常想："如果有一天能见到老总，有机会表现一下自己的能力就好了！"

小张的同事小王，也有同样的想法，他更进一步，去打听老总上下班的时间，算好老总大概会在何时进电梯，他也在这个时候去坐电梯，希望能遇到老总，有机会可以打个招呼。

他们的同事小李准备得更加充分。他先充分准备了对公司发展的建议书，然后详细了解老总的奋斗过程，弄清老总毕业的学校、兴趣爱好、关心的问题，对打招呼的方式也进行了精心设计，在算好的时间去乘坐电梯，跟老总打过几次招呼后，终于有一天跟老总长谈了一次，提交了建议，不久就争取到了更好的职位。

蠢人错失机会，聪明人善抓机会，成功者创造机会。机会只给准备好的人，这"准备"二字，并非说说而已。

74. 关于小张，下面哪项正确？
    A 能力非常强   B 与领导关系很好
    C 有想法，没行动   D 得到了更好的工作

75. 关于小李，下面哪项不正确？
    A 跟领导是朋友   B 对老总十分了解
    C 准备得比小张充分   D 最终受到了领导重视

76. 作者认为成功者必须：
    A 头脑聪明   B 非常幸运
    C 有好工作   D 能创造机会

77. 上文主要谈了什么？
    A 准备和成功   B 工作和电梯
    C 蠢人和聪明人   D 如何得到好工作

78—82.

25年前，有位教社会学的刘教授，曾叫班上学生到一个非常贫穷的村子里，调查200名男孩儿的成长背景和生活环境，每个学生的结论都是"这些孩子将来毫无出头的机会"。

25年后，另一位教授发现了这份研究，他叫学生做后续调查，看这些男孩儿今天是什么状况。结果根据调查，除了有20名男孩儿搬家或过世，剩下的180名中有176名成就不一般，其中很多人成了著名的律师、医生或商人。

这位教授在意外之余，决定彻底调查此事。他找到了当年的那些男孩儿，向他们询问同一个问题："你今日会成功的最大原因是什么？"结果他们都给出

了一个相同的答案："因为我遇到了一位好老师。"

这位老师如今早已经退休了，虽然年迈，但还是耳聪目明，教授找到她后，问她到底有什么办法，能让这些在穷山村的孩子个个出人头地。这位老教师微笑着回答道："其实也没什么，我爱这些孩子。"

78. 第一次调查的结论是什么？
    A 村子很贫穷　　　　　　B 环境问题比较严重
    C 孩子们没有发展前途　　D 孩子们得不到好的教育

79. 在上文里，"出头"是什么意思？
    A 获得成功　　　　　　　B 个子长高
    C 受到良好教育　　　　　D 找到一份好工作

80. 关于第二次调查，可以知道什么？
    A 不太成功　　　　　　　B 也是刘教授做的
    C 多数孩子成年后很成功　D 第一次调查的结论很可靠

81. 这些孩子长大后成功的关键是：
    A 老师的爱　　　　　　　B 家庭教育
    C 社会环境　　　　　　　D 把握住了机会

82. 根据上文，下面哪项正确？
    A 这位老师一个人生活
    B 孩子们非常尊敬这位老师
    C 这位老师所有的学生都很成功
    D 两位教授对这些孩子的成功不觉得意外

83—86.

"赢了！"当看到女儿周洋得到冬季奥运会速度滑冰1500米冠军的时候，守在家中电视机旁的父亲周继文和母亲王淑英都激动得跳了起来。姑姑、姐姐、姐夫和家里的邻居都为周洋的夺冠激动不已。周家成了欢乐的海洋。得到冠军后，周洋说的话感动了电视机前所有的观众："可以让我爸我妈生活得更好一点儿。"周继文和王淑英腿上都有残疾，而且两人都没有稳定的工作，当过厨师，开过小店，家庭收入基本靠给别人打短工，所以当时生周洋的时候，两人跟其他父母想要儿子的想法不同，就想要一个女儿，因为家里实在太困难了。

由于出生在羊年，父亲给女儿取名周洋，意在让孩子的未来像海洋一样宽广。小周洋健康成长着。然而，在4岁那年，周洋患了一场大病，总是肚子痛，整天哭闹，不得不做手术。后来，父母怕周洋身体不好，就让她练习滑冰，没想到，一滑就滑成了世界冠军。

83. 周洋的父母为什么想生个女孩儿？
A 女孩子听话　　　　　B 只喜欢女孩子
C 养不起男孩子　　　　D 已经生了个男孩子

84. 从得到冠军后所说的话中，可以知道周洋是个什么样的人？
A 孝顺父母　　　　　　B 训练刻苦
C 喜欢安静　　　　　　D 性格像男孩子

85. 父母为什么要让周洋练滑冰？
A 锻炼身体　　　　　　B 挣更多的钱
C 得奥运会冠军　　　　D 没人陪周洋玩儿

86. 关于周洋的父母，下面正确的是：
A 工作稳定　　　　　　B 一直很有钱
C 都是残疾人　　　　　D 周洋爸爸当过教练

87—90.

女孩儿聪明善良却不够自信，她喜欢上同院里的一个男孩儿。两个人从小一起长大，男孩儿太了解女孩儿了，只把她当做妹妹。一天，两人一起看电视，男孩儿被电视里女明星的美貌所深深吸引，女孩儿很好奇，问道："你看什么看得如此专心？"男孩儿有点儿不好意思，就骗她说："那位歌星的项链真漂亮！"

后来，女孩儿在商场里看到了同样的项链，但是价格不便宜。女孩儿犹豫再三，但想起男孩儿看电视时的样子，还是下决心买一条。由于钱没带够，女孩儿先交了定金，下回补齐钱再取货。女孩儿后来又去了商场交钱，补齐了项链的钱，就很自信地回家了，边走边想：我戴了美丽的项链，该多好看哪！像电视里的那位女明星一样，男孩儿一定会喜欢我的……女孩儿越想越美，很高兴地回家了，一路上回头率很高。进了大院，男孩儿在与人聊天儿，抬头见了女孩儿，发现女孩儿像是变了一个人似的，非常漂亮。女孩儿更得意了。回到家里，女孩儿发现自己脖子上的项链没了，非常着急，一路找回去，一直找到商场里，原来，项链还在那儿，女孩儿忘了拿走。

自信的力量确实能够吸引人。

87. 男孩儿一开始为什么没有爱上女孩儿？
    A 女孩儿不漂亮　　　　　B 女孩儿脾气不好
    C 女孩儿爱乱买东西　　　D 对女孩儿太熟悉了

88. 女孩儿为什么想买项链？
    A 觉得便宜　　　　　　　B 喜欢高档货
    C 想模仿女明星　　　　　D 为了获得男孩儿的喜欢

89. 男孩儿后来为什么觉得女孩儿变漂亮了？
    A 女孩儿长大了　　　　　B 女孩儿变自信了
    C 女孩儿戴上了项链　　　D 很多人说女孩儿漂亮

90. 根据上文，可以知道什么？
    A 自信使女孩儿更美　　　B 男孩儿喜欢那串项链
    C 女孩儿一直戴着项链　　D 项链使男孩儿爱上女孩儿

三、书 写

第一部分

第91—98题：完成句子。

例如：发表　　这篇论文　　什么时候　　是　　的

<u>这篇论文是什么时候发表的？</u>

91. 研究成果　　报道　　被　　他的　　已经　　了

92. 这种　　安装了　　玻璃　　半透明的　　卫生间

93. 了不起　　设计者　　很　　这类　　商品的　　的确

94. 规则　　请工程师　　把　　一遍　　再　　强调

95. 不得不　　请求　　辞职的　　领导　　答应　　他

96. 实现了　　恭喜　　梦想　　自己的　　你

97. 非常　　态度　　对这个项目的　　王总　　冷淡

98. 试卷　　极其　　这几个　　学生的　　答得　　出色

第 二 部 分

第 99—100 题：写短文。

99. 请结合下列词语（要全部使用），写一篇 80 字左右的短文。

    专心   成绩   班主任   教育   思考

100. 请结合这张图片写一篇 80 字左右的短文。

新汉语水平考试
HSK（五级）
全真模拟题 2

注　意

一、HSK（五级）分三部分：

　　1. 听力（45题，约30分钟）

　　2. 阅读（45题，45分钟）

　　3. 书写（10题，40分钟）

二、听力结束后，有 5 分钟填写答题卡。

三、全部考试约125分钟（含考生填写个人信息时间5分钟）。

中国　北京　　　　　　　××××/×××××× 编制

一、听 力

第一部分

第1—20题：请选出正确答案。

1. A 男的吃过饭了　　　　　　B 现在是十一点三刻
   C 飞机早到了半个小时　　　　D 飞机因为大雪晚点了

2. A 女的很吃惊　　　　　　　B 姚明是嘉宾
   C 姚明是上海人　　　　　　D 男的认为不正常

3. A 厕所　　　　　　　　　　B 宾馆
   C 火车站　　　　　　　　　D 飞机场

4. A 欠费　　　　　　　　　　B 没充电
   C 信号不好　　　　　　　　D 电话坏了

5. A 生病了　　　　　　　　　B 睡得不好
   C 原因不清楚　　　　　　　D 经常用电脑

6. A 鱼的味道不好　　　　　　B 女的放了很多盐
   C 鱼的味道太甜了　　　　　D 女的把酱油放多了

7. A 现在失业了　　　　　　　B 现在不想找工作
   C 找到了更好的工作　　　　D 对原来的工作很满意

8. A 中了病毒　　　　　　　　B 键盘坏了
   C 速度很慢　　　　　　　　D 鼠标有问题

9. A 没电了　　　　　　　　　B 天不热
   C 电扇也很凉快　　　　　　D 扇扇子就可以了

10. A 女的很吃惊　　　　　　　　B 男的一直做家务
    C 女的眼睛有问题　　　　　　D 男的已经当爸爸了

11. A 秘书　　　　　　　　　　　B 经理
    C 工人　　　　　　　　　　　D 总裁

12. A 烤鸭　　　　　　　　　　　B 饺子
    C 海鲜　　　　　　　　　　　D 小吃

13. A 男的以前不用功　　　　　　B 男的在准备考试
    C 第一名只有奖金　　　　　　D 男的想去中国学习

14. A 6 单元　　　　　　　　　　B 5 单元
    C 4 单元　　　　　　　　　　D 3 单元

15. A 坏了　　　　　　　　　　　B 等人
    C 没油了　　　　　　　　　　D 在加油

16. A 餐厅　　　　　　　　　　　B 学校
    C 动物园　　　　　　　　　　D 理发店

17. A 体育　　　　　　　　　　　B 电影
    C 新闻　　　　　　　　　　　D 历史

18. A 银行卡丢了　　　　　　　　B 在银行工作
    C 没带身份证　　　　　　　　D 不记得密码了

19. A 博物馆　　　　　　　　　　B 动物园
    C 照相馆　　　　　　　　　　D 图书馆

20. A 在做梦　　　　　　　　　　B 很高兴
    C 是第一名　　　　　　　　　D 会弹钢琴

第 二 部 分

第 21—45 题：请选出正确答案。

21. A 不饿 B 过敏
    C 不爱吃花生 D 不爱吃炒的花生

22. A 男的想再看一次 B 网上看的效果最好
    C 男的去电影院看过了 D 女的觉得《阿凡达》很好看

23. A 爱看电视剧 B 能看懂字幕
    C 汉语水平极高 D 没字幕也看得懂

24. A 260 元 B 180 元
    C 234 元 D 254 元

25. A 刚买了车 B 刚拿到驾照
    C 没上完课程 D 还没开始学倒车

26. A 手机很贵 B 男的卖手机
    C 男的送手机给女的 D 女的对这个活动有兴趣

27. A 会弹钢琴 B 学习很认真
    C 足球踢得很好 D 从来不参加活动

28. A 分手了 B 吵架了
    C 不想结婚了 D 女朋友不理他了

29. A 男的正在上大学 B 女的在政府工作
    C 男的注册了公司 D 男的没那么多钱开公司

30. A 男的要回国了 B 钱包在宿舍里
    C 钱包里有不少钱 D 钱包被女的捡到了

31. A 春节 B 圣诞节
    C 五一节 D 国庆节

32. A 很环保 B 很安全
    C 政府不允许 D 是中国人过春节的习俗

33. A 500 B 300
    C 2000 D 2300

34. A 今天 B 明天
    C 下周 D 两天后

35. A 一个大包 B 一个坏箱子
    C 不好的印象 D 一张旧照片

36. A 年轻人很有礼貌 B 旅客们坐的是汽车
    C 年轻人把箱子丢在车上 D 大家都很讨厌这个年轻人

37. A 3000 B 4020
    C 5000 D 8000

38. A 听讲座 B 领教材
    C 参观校园 D 去办公楼交费

39. A 春 B 夏
    C 秋 D 冬

40. A 一个 B 两个
    C 三个 D 四个

41. A 烤兔子 B 认真听课
    C 跑到田野上 D 想着出去玩儿

42. A 聪明学生很专心　　　　　　　B 笨学生当了厨师
    C 老师喜欢聪明学生　　　　　　D 聪明学生下棋水平很差

43. A 是法律规定的　　　　　　　　B 员工会变自私
    C 会给客户留下不好的印象　　　D 怕影响同事关系和正常工作

44. A 不管不问　　　　　　　　　　B 阻止员工谈恋爱
    C 发奖金鼓励员工谈恋爱　　　　D 成立婚姻介绍所为员工服务

45. A 家庭比事业重要　　　　　　　B 员工们都不支持内部谈恋爱
    C 涨工资对提高工作热情最有效　D 这家公司的做法收到了积极效果

二、阅 读

第一部分

第46—60题：请选出正确答案。

46—48.

有两个女人在聊天儿，其中一个问道："你儿子还好吧？"

"别提了，真是不幸哦，这孩子最让我___46___了。"这个女人说道："他实在是___47___，娶的媳妇懒得不得了，不烧饭、不扫地、不洗衣服、不带孩子，整天就是睡觉，早饭还要我儿子送到她的床上呢！"

"那你女儿呢？"

"那她可就幸运多了。"女人满脸微笑："她嫁了一个不错的丈夫，从来不做家务，全部都由先生一手包办，煮饭、洗衣、扫地、带孩子，而且每天早上还送早点到床上给她吃呢！"

同样的状况，但是当我们从不同___48___去看时，就会产生不同的看法。学会换位思考之后，很多事就不一样了。

  46. A 疼爱　　B 操心　　C 委屈　　D 不耐烦

  47. A 匆忙　　B 不利　　C 可怜　　D 勤劳

  48. A 角度　　B 矛盾　　C 背景　　D 概念

49—52.

古代有个卖酒的人，开着一家小饭店。这个人十分勤劳，总是将饭店打扫得干干净净。酒壶、酒杯、筷子之类的东西也___49___得干干净净。为了___50___更多的顾客，他还在门外挂了一个"天下第一酒"的大牌子。应该说这个人确实很有生意头脑，然而奇怪的是，酒的销售情况却非常不___51___，很多酒因为长期卖不出去都变酸变臭，十分可惜。

因为损失非常严重，卖酒的人十分着急，于是向旁边的邻居咨询为什么这么香的酒竟然卖不出去。邻居们告诉他："___52___。我们都亲眼看到过，有的人高高兴兴地提着酒壶准备到你家去买酒，可是还没等走到店门口，你家的狗就跳出来狂叫不止，甚至还要扑上去咬人家。这样一来，又有谁还敢到你家去买酒呢？因此，你家的酒就只好放在家里等着变坏啦。"

49. A 放　　B 摆　　C 搞　　D 收拾

50. A 卖　　B 吸引　　C 构成　　D 感兴趣

51. A 乐观　B 充分　C 出色　D 可靠

52. A 地点太偏僻了　　　　B 酒的味道一般
　　C 你家养的狗太可怕了　D 你这个店的名字起得不好

53—56.

老张夫妇晚上很少出门，但上星期六，太太对老张说："电影院今晚有场好电影，我们去看好吗？"

老张同意了，电影非常___53___，他们非常满意。

晚上十一点，他们从电影院出来，钻进汽车，开始驾车回家。天很黑。这时，太太说："看，一个高大结实的男人正在大街上追一个女人，女的可能有___54___，咱们去帮帮她吧！"

老张说："好的。"他慢慢把车开近那女人，说道："___55___？"

"不，谢谢，"女人答道，但她没有放慢速度，"我丈夫跟我在看完电影后，经常跑步回家，后到家的做___56___。"

53. A 激烈　　B 精彩　　C 无聊　　D 活泼

54. A 钱　　　B 损失　　C 危险　　D 问题

55. A 你快点儿跑吧　　B 你有事吗
　　C 你需要帮忙吗　　D 你去哪儿

56. A 作业　　B 事情　　C 家务　　D 健身

57—60.

可爱的大熊猫是动物园里最受欢迎的明星。很多小朋友以为大熊猫也是猫的一种，但实际上，科学家认为它跟熊才是真正的"___57___"呢，所以在台湾地区人们都叫它"猫熊"。大熊猫爱吃竹子是出了名的，高山地区的各种竹子它都爱吃，因此在当地又被称为"竹猫"。但是如果竹子全开花儿的话，熊猫就有___58___了，它就要___59___没有食物的危险。有时大熊猫也爱吃肉，尤其爱吃羊肉。大熊猫的力气可大啦，遇到老虎也不怕，真打起来的话，___60___。

57. A 亲戚　　B 朋友　　C 对手　　D 敌人

58. A 遗憾　　B 麻烦　　C 慌张　　D 糟糕

59. A 改善　　B 光临　　C 面临　　D 控制

60. A 大熊猫会逃走　　　　B 一般大熊猫会赢
　　C 大熊猫根本不占优势　D 大熊猫就会成为对手的食物

第二部分

第61—70题：请选出与试题内容一致的一项。

61. 人们喜欢利用动物的特点来编写故事和创造有趣的表达。传说很久以前，动物们都没有尾巴，于是森林里召开了一个选尾巴大会，这天，动物们都一大早上山去了，只有兔子起得晚，因此只领到了一条短短的尾巴。现在，人们则用"兔子尾巴长不了"来形容某一情况无法长期坚持下去。

　　A 传说兔子不喜欢长尾巴
　　B 尾巴短是兔子的突出特点
　　C 传说最初的时候，动物们都是短尾巴
　　D "兔子尾巴长不了"这句话与这个传说有关

62. 为抗议英国政府减少科学研究的资金支持，科学巨人霍金近日打算告别工作了近50年的大学，离开英国到加拿大继续理论物理研究。有分析称，如果霍金离开，将对英国的学术界造成巨大损失。

　　A 加拿大比英国更富有
　　B 霍金对英国政府的行为表示不满
　　C 霍金离开了工作了近50年的加拿大
　　D 霍金的离开对英国的学术界影响不大

63. 在连续四年的暖冬之后，今年北京迎来了一个"冷冬"。市相关部门报告了今冬本市的主要气候特征，其中最突出的特点是气温比常年偏低，雨水偏多。多年的资料显示，北京地区常年平均正式入春的时间在三月，但根据目前的天气情况，北京的春天在短期内还不会到来。

A 北京前年冬天比去年暖和
B 三月份北京通常还是冬天
C 今年冬天，北京又干又冷
D 跟往年相比，今年北京将推迟入春

64. 在全国运动会女子1000米比赛中，王蒙成功夺冠，成为本届运动会的三冠王。此外，江苏女队创造历史，赢得了一届全运会长跑项目的全部四枚金牌。自1976年全运会将长跑列为正式比赛项目以来，还从未有一个省队能够赢得全部金牌，无论是男子还是女子。

A 江苏男队没有获得金牌
B 1976年以前没有全国运动会
C 江苏女队获得了前所未有的好成绩
D 王蒙在本届运动会上获得了四枚金牌

65. 卫生部希望全社会和广大公众能够接受基本药物的观念，转变长期以来养成的不良用药习惯。基本药物多数价格比较低，有些人总觉得这些药太便宜了，就担心它的治疗效果，应该说在这方面有一些不正确的理解，所以要加强医生和病人之间的沟通。

A 基本药物价格太高
B 价格便宜的药物治疗效果更好
C 医生和病人应该一起决定药品价格
D 有些人在用药方面存在不正确的认识

66. 调查显示，78%的网友认为目前的就业形势依然不容乐观，专家认为毕业生人数增多，竞争更加激烈是造成当前就业形势紧张的主要原因，大学毕业生、失业工人、农民工受就业形势的影响最大。

A 大部分毕业生找不到工作
B 工人没有受到就业形势的影响
C 大部分网友认为目前的就业形势不好
D 缺乏竞争是造成当前就业形势紧张的主要原因

67. 人们大多习惯于清晨起来锻炼身体，但这种锻炼方法并不科学。研究表明，一年中，夏、秋两季空气最清洁，头一两个月份空气污染最严重；一天中，中午和下午空气比较清洁，早晨、傍晚和夜间空气污染较严重。因此，专家建议，应该掌握空气污染的时间规律，科学地选择锻炼的时间。

    A 清晨是最好的锻炼时间
    B 专家建议晚上锻炼身体
    C 夏天头一两个月空气质量不好
    D 人们应该选择空气清洁的时候锻炼身体

68. 中央电视台科学与教育频道的大型节目《人物》关注现当代文明发展过程中那些做出突出贡献的人们。该节目以纪录片为主要形式，利用人物的语言叙述和影像资料来加深观众对于人物的了解。同时科学与教育频道和海外电视台密切合作，大规模引进海外高水平人物纪录片，极大地丰富了节目的内容。

    A《人物》的观众大都为小孩儿
    B《人物》可能会有关于外国人的内容
    C 孔子有可能出现在《人物》节目中
    D《人物》是一部描写科学家生活的电影

69. 近日，工业和信息化部重新确定了手机充电器的统一标准，明确要求同一充电器需具备对不同品牌和机型的手机进行充电的功能。这样，人们就不再需要在每次出门的时候都带上充电器，遇到手机没电的情况可以借用他人的标准充电器给自己的手机充电。

    A 标准充电器可以方便人们的生活
    B 新标准受到了手机制造商的欢迎
    C 不同品牌的手机将生产同一品牌的充电器
    D 新的标准实行以后，人们将需要多部手机

70. 在今年的新年晚会上，12名北大学生每人获得了一份特殊奖品，这就是记录他们大学期间课外实践经历的"校园生活简历"。简历涉及课外学术研究、社会实践实习及志愿活动等三个方面的内容，能够帮助招聘单位全面了解学生的情况。

A 12名学生制作了一份特殊的简历
B "校园生活简历"有助于学生求职
C "校园生活简历"记录了学生的课堂成绩
D "校园生活简历"记录了学生的全部生活

第三部分

第71—90题：请选出正确答案。

71—74.

老刘经常出差，买不到对号入座的车票是常有的事。可是无论长途短途，无论车上多挤，他总能找到座位。他的办法其实很简单，就是耐心地一节车厢一节车厢找过去。这个办法听上去似乎并不高明，但却很管用。每次，他都做好了从第一节车厢走到最后一节车厢的准备，可是每次没走到最后就会发现空位，而且还往往不止一个，而此时在车厢的两头总是挤满人。老刘认为这是因为像他这样坚持找座位的乘客实在太少了。大多数乘客轻易就被一两节车厢拥挤的表面现象给骗了，很少人会想到每次停车的时候，从火车十几个车门下车的旅客都会留下没有主人的座位；即使有人想到了，他们也没有那一份寻找的耐心。眼前一方小小立足之地很容易让大多数人满足，有些人觉得为了一两个座位背着行李大包小包地挤来挤去也不值。他们还担心万一找不到座位，回头连个好好儿站着的地方也没有了。其实生活中这样的人也不少，因为害怕失败而放弃继续努力，就永远得不到人生的"坐票"。

71. 关于老刘，可以知道什么？
  A 特别喜欢出差   B 从来不买车票
  C 火车站里有朋友   D 总能找到空的座位

72. 关于其他旅客不愿意去找座位的原因，下面哪项不正确？
  A 觉得坐着站着都一样
  B 不愿意背着东西挤来挤去
  C 认为人太多，不太可能还有空位
  D 害怕万一找不到座位连站的地方都没有

73. 老刘是怎样找座位的？
   A 通过朋友帮忙　　　　　　B 花钱买别人的座位
   C 在要下车旅客的旁边等　　D 从第一节车厢开始，一直找下去

74. 作者认为，在生活中，应该：
   A 学会满足　　　　　　　　B 经常思考
   C 不断努力，抓住机会　　　D 对成功失败不要考虑太多

75—77.
　　从前，有两个失去土地和粮食的人得到了一位老人的帮助：一套钓鱼的工具和一大袋新鲜的鱼。其中，一个人要了鱼，另一个人要了工具，然后他们就分开了。得到鱼的人没几天就把鱼吃光了，不久，他便饿死在路边。另一个人则提着工具继续挨饿，一步步艰难地向海边走去，可当他看到不远处那片蓝色的海洋时，他浑身的最后一点儿力气也使完了。

　　又有两个类似的人，他们同样得到了老人所给的鱼和工具。只是他们并没有各奔东西，而是商量好共同去寻找大海。他俩每次只煮一条鱼，经过艰苦的旅行后，终于来到了海边。从此，两人开始了钓鱼为生的日子。几年后，他们盖起了房子，有了各自的家庭、子女，有了自己建造的渔船，过上了幸福的生活。

　　前两个人只顾个人眼前的利益，得到的终将是短暂的欢乐；后两个人目标高远，互相帮助来面对现实的生活。只有把理想和现实完美结合起来，才有可能成为一个成功之人。

75. 关于第一个选择了钓鱼工具的人，可以知道什么？
   A 是累死的　　　　　　　　B 是饿死的
   C 想去河边钓鱼　　　　　　D 希望能死在海边

76. 关于后两个人，下面哪项不正确？
   A 目光很长远　　　　　　　B 后来成了夫妻
   C 后来靠钓鱼生活　　　　　D 把理想和现实完美结合了起来

77. 在上文中，作者主要想谈什么？
　　A 饥饿和死亡　　　　　B 人与人的关系
　　C 鱼和钓鱼工具　　　　D 理想和现实的关系

78—82.
　　在古老的西藏，有一个叫爱地巴的人，每次生气和人吵架的时候，就以很快的速度跑回家去，绕着自己的房子和土地跑三圈，然后坐在田地边休息。爱地巴工作非常勤劳努力，他的房子越来越大，土地也越来越广，但不管房子土地有多大，只要与人争论生气，他还是会绕着房子和土地跑三圈。爱地巴为何要这么做？所有认识他的人，尤其是村里人和他的儿女都很想知道这个秘密。但是不管怎么问他，爱地巴都不愿意回答。在爱地巴90岁那年，他的房子和土地已经非常大了，但他也跑不动了。有一天他又生儿子的气了，就让孙子扶着他绕着土地和房子走，等他好不容易走了三圈，太阳都下山了。爱地巴独自坐在田边休息，他的孙子在身边向他请求道："爷爷，您年纪已经这么大了，拥有的土地又是如此广大，您不能再像从前一样了。您可不可以告诉我这个秘密，为什么您一生气就要在土地上绕三圈？"
　　爱地巴禁不起孙子的请求，终于说出隐藏在心中多年的秘密，他说："年轻时，我一和人吵架、争论、生气，就绕着房子和土地跑三圈，边跑边想，我的房子这么小，土地这么小，我哪儿有时间和资格去跟人家生气，一想到这里，气就消了，于是就把所有时间用来努力工作。"孙子又问道："爷爷，您现在已经变成最富有的人，为什么还要绕着房子和土地跑？"
　　爱地巴笑着说："我现在还是会生气，生气时绕着房子和土地走三圈，边走边想，我的房子这么大，土地这么多，我又何必跟人生气？一想到这儿，气就消了。"

78. 每次生别人气时，爱地巴有什么习惯？
　　A 跑回家去
　　B 努力干活
　　C 坐在地上休息
　　D 绕自家的房子和土地跑三圈或走三圈

79. 年轻时的爱地巴为什么跑上三圈后就不生气了？
    A 跟别人和好了   B 跑累了就气消了
    C 跑的过程中把不开心的事忘了   D 知道自己很穷，要抓紧时间工作

80. 谁知道了爱地巴的秘密？
    A 孙子   B 儿子
    C 女儿   D 村里人

81. 关于爱地巴，可以知道什么？
    A 一直喜爱跑步   B 年轻时就很富裕
    C 是个不爱生气的人   D 善于调整自己的情绪

82. 跟年轻时相比，老爱地巴有了很多变化，下面哪项不正确？
    A 跑不动了   B 土地更多了
    C 房子更大了   D 生气时的习惯变了

83—86.

张艺谋是中国第五代导演中的代表人物，2008年，他所导演的北京奥运会开幕式获得了巨大的成功。很多人都羡慕张艺谋的成功，却很少有人了解他是怎样从痛苦和困难中一步步走过来的。

张艺谋十几岁时，不得不和父亲来到农村生活，条件十分艰苦，几十个人住在一个小房间里，他这时才真正明白了什么叫"苦"，什么是"累"。在这期间，他的一个弟弟因生病无人照顾而留下了残疾。三年后，张艺谋因为篮球打得好，幸运地被当地一家工厂招为工人，但实际上干的是搬运原料的重活，并不轻松。这样一干又是七年，那时父亲不挣工资，家里还有年过八十的奶奶和两个弟弟，所以生活很苦。张艺谋用血汗为自己的人生创造出机会。爱好摄影的张艺谋，在当时是没有办法从家中或朋友那里得到帮助的，他用自己卖血的钱买了个照相机，也就是用这台照相机，张艺谋获得了全国摄影一等奖。这对他进入北京电影学院起到了很大作用。但由于当时年纪太大，开始未被学院正式录取，后因成绩突出才转为正式生。因为别的同学都是正式生，所以很多人瞧不起他，再加上长得貌不惊人，脚还特别臭，没有人愿意跟他一起住，但是后来越来越多的同学开始佩服这位老大哥，他不仅能吃苦，而且也很聪明，从

不缺乏创造力，这些因素最终使他从一个工人成长为世界著名导演。

83. 张艺谋为什么能够被工厂看中？
    A 会摄影   B 能吃苦
    C 会打篮球   D 头脑灵活

84. 张艺谋买照相机的钱是怎么来的？
    A 卖血   B 借朋友的
    C 家里给的   D 工厂提供的

85. 关于张艺谋在大学里被看不起的原因，下面哪项不正确？
    A 脚臭   B 年纪太大
    C 长得很普通   D 不是正式学生

86. 下面哪一项不是张艺谋成功的因素？
    A 聪明   B 成熟
    C 创造力强   D 特别能吃苦

87—90.
科学家将四只猴子关在一个房间里，每天只喂很少的食物。几天后，实验者在房间上面的小洞放下一根香蕉和一桶热水，一只大猴子冲向前，可是当它还没有拿到香蕉时，就被热水烫得全是伤，当后面三只猴子依次爬上去拿香蕉时，一样被热水烫伤。于是众猴子只好放弃。

几天后，实验者换了一只新猴子进入房内，当饿着肚子的新猴子也想去吃香蕉时，立刻被其它三只老猴子制止，并告知有危险，千万不可尝试。实验者再换一只猴子进入房间内，当这只猴子想吃香蕉时，有趣的事情发生了，这次不仅剩下的老猴子阻止它，连没被烫过的半新猴子也极力阻止它。

实验继续着，当几只老猴子都被换过之后，房间里没有一只猴子曾经被烫过，此时热水也拿走了，香蕉伸手可得，却没有一只猴子敢前去享用。

87. 猴子们去拿香蕉时，发生了什么？
    A 香蕉是假的   B 被热水烫到了
    C 互相打起来了   D 香蕉都被大猴子拿走了

88. 新来的猴子为什么没去拿香蕉？
    A 食物很多　　　　　　　B 香蕉是老猴子吃的
    C 被其它猴子阻止了　　　D 放香蕉的地方太高了

89. 根据上文，可以知道什么？
    A 猴子们成功拿到了香蕉
    B 不是所有猴子都被烫伤过
    C 猴子爱吃用热水烫过的香蕉
    D 只有被烫过的猴子才会阻止其它猴子

90. 作者想告诉我们什么？
    A 猴子并不聪明
    B 有时放弃也是值得的
    C 经验能使你更快地走向成功
    D 经验教训有时也会起到不好的作用

三、书 写

第一部分

第91—98题：完成句子。

例如：发表　　这篇论文　　什么时候　　是　　的

　　　这篇论文是什么时候发表的？

91. 连续剧　　非常　　精彩　　拍的　　这个导演

92. 平均收入　　老百姓的　　仍　　没有　　得到　　提高

93. 电脑软件　　共同　　开发了　　新的　　这几个部门

94. 营业　　时间　　延长了　　星期天　　商店　　特意

95. 很多孩子　　伤了　　被　　幼儿园的　　烫

96. 辞职　　服务员　　受到的　　抗议　　不公平　　待遇

97. 餐厅的　　很地道　　都　　称赞　　烤鸭　　专家们

98. 无奈　　能　　感受到　　打工人员的　　人们

第二部分

第 99—100 题：写短文。

99. 请结合下列词语（要全部使用），写一篇 80 字左右的短文。

　　　出色　　假如　　一辈子　　决心　　感激

100. 请结合这张图片写一篇 80 字左右的短文。

新汉语水平考试
HSK（五级）
全真模拟题 3

注　意

一、HSK（五级）分三部分：

　　1. 听力（45题，约30分钟）

　　2. 阅读（45题，45分钟）

　　3. 书写（10题，40分钟）

二、**听力结束后，有5分钟填写答题卡。**

三、全部考试约125分钟（含考生填写个人信息时间5分钟）。

中国　北京　　　　　　　××××/×××××××　　编制

一、听 力

第一部分

第1—20题：请选出正确答案。

1. A 包 　　　　　　　　　　B 钱
   C 手机　　　　　　　　　　D 充电器

2. A 星期一　　　　　　　　　B 星期三
   C 星期五　　　　　　　　　D 星期日

3. A 生气　　　　　　　　　　B 高兴
   C 兴奋　　　　　　　　　　D 遗憾

4. A 刮风了　　　　　　　　　B 男的很生气
   C 男的是导演　　　　　　　D 女的是演员

5. A 吃惊　　　　　　　　　　B 高兴
   C 不满　　　　　　　　　　D 遗憾

6. A 打电话　　　　　　　　　B 见客户
   C 见经理　　　　　　　　　D 忘记时间了

7. A 春天　　　　　　　　　　B 夏天
   C 秋天　　　　　　　　　　D 冬天

8. A 男的很有钱　　　　　　　B 太阳出来了
   C 女的非常吃惊　　　　　　D 男的经常加班

9. A 夫妻　　　　　　　　　　B 同学
   C 同事　　　　　　　　　　D 男女朋友

10. A 是夫妻　　　　　　　　　　B 已经结婚三年了
　　C 男的准备了礼物　　　　　　D 女的今天过生日

11. A 男的不太高兴　　　　　　　B 火车票是真的
　　C 他们在飞机上　　　　　　　D 他们在动物园里

12. A 家里　　　　　　　　　　　B 书店
　　C 学校　　　　　　　　　　　D 图书馆

13. A 船上　　　　　　　　　　　B 飞机上
　　C 医院里　　　　　　　　　　D 超市里

14. A 男的这周回家　　　　　　　B 车厢里人很多
　　C 女的也在车厢里　　　　　　D 男的认为人多很正常

15. A 七点　　　　　　　　　　　B 八点
　　C 六点半　　　　　　　　　　D 七点半

16. A 罐头　　　　　　　　　　　B 馒头
　　C 矿泉水　　　　　　　　　　D 新鲜水果

17. A 加班　　　　　　　　　　　B 回家
　　C 旅游　　　　　　　　　　　D 学习

18. A 很高兴　　　　　　　　　　B 经常鼓励儿子
　　C 儿子是发明家　　　　　　　D 认为孩子太调皮

19. A 男的刚才去劝小李了　　　　B 女的过会儿去跟小李说
　　C 他们四个人明天七点出发　　D 男的不想让小李跟他们一起去

20. A 工资太低　　　　　　　　　B 公司太远
　　C 压力太大　　　　　　　　　D 公司办不下去了

第二部分

第21—45题：请选出正确答案。

21. A 商家喜欢到处做广告　　　　B 商品的价格包含广告费
    C 有些商家不重视商品质量　　D 质量好的商品可以不做广告

22. A 男的迟到了　　　　　　　　B 今天天气不好
    C 男的和女的是夫妻　　　　　D 男的和女的今天结婚

23. A 男的是北京人　　　　　　　B 男的冬天也怕冷
    C 女的家乡气候湿润　　　　　D 女的很习惯北京的气候

24. A 被录取了　　　　　　　　　B 工作很努力
    C 有三年工作经验　　　　　　D 缺乏社会实践经验

25. A 牛肉的　　　　　　　　　　B 羊肉的
    C 萝卜的　　　　　　　　　　D 白菜的

26. A 女的非常胖　　　　　　　　B 男的比女的胖
    C 女的不爱吃零食　　　　　　D 男的支持女的减肥

27. A 想买股票　　　　　　　　　B 心情不太好
    C 买的股票涨了　　　　　　　D 把钱存在银行了

28. A 小王去　　　　　　　　　　B 小张去
    C 小刘去　　　　　　　　　　D 还没确定

29. A 是中国人　　　　　　　　　B 父母会说汉语
    C 汉语水平一般　　　　　　　D 汉语是在中国学的

30. A 男的很节约　　　　　　　　B 女的不乱花钱
    C 女的借给男的一千块　　　　D 男的父母很能挣钱

31. A 不讲卫生　　　　　　　　　B 学习很差
    C 爱养宠物　　　　　　　　　D 性格有问题

32. A 张华养了条蛇　　　　　　　B 女的不喜欢老鼠
    C 女的跟张华是好朋友　　　　D 男的觉得女的不应该换宿舍

33. A 有卧室　　　　　　　　　　B 离公司近
    C 有卫生间　　　　　　　　　D 月租两千以内

34. A 房子很好找　　　　　　　　B 中介费很贵
    C 男的要求很高　　　　　　　D 男的想住宾馆

35. A 十五分钟　　　　　　　　　B 四十五分钟
    C 两个多小时　　　　　　　　D 一个半小时

36. A 早上下大雨　　　　　　　　B 秘书很诚实
    C 秘书平时开车上班　　　　　D 经理很相信秘书的话

37. A 北京　　　　　　　　　　　B 上海
    C 南京　　　　　　　　　　　D 徐州

38. A 火车的前部　　　　　　　　B 火车的后部
    C 在4号车厢　　　　　　　　 D 在10号车厢

39. A 太贵　　　　　　　　　　　B 太少
    C 太多　　　　　　　　　　　D 太难喝

40. A 出钱最多的人　　　　　　　B 力气最大的人
    C 年纪最大的人　　　　　　　D 先把蛇画好的人

41. A 王大　　　　　　　　　　　B 王二
    C 王三　　　　　　　　　　　D 老王

42. A 喜欢画蛇　　　　　　　　　B 王二很认真
    C 王二很大方　　　　　　　　D 先画好蛇，却没喝到酒

43. A 很聪明　　　　　　　　　　B 有点儿傻
    C 家里很穷　　　　　　　　　D 不知道五毛和一块钱的差别

44. A 好看　　　　　　　　　　　B 不认识数
    C 家里很有钱　　　　　　　　D 可以赚更多的钱

45. A 小孩儿在装傻　　　　　　　B 小孩儿没有朋友
    C 小孩儿以前是傻子　　　　　D 小孩儿爱玩儿游戏

二、阅 读

第一部分

第46—60题：请选出正确答案。

46—48.

　　一只狼出去找食物，找了半天都没有___46___。___47___经过一户人家，听见房中孩子哭闹，接着传来一位老太太的声音："别哭啦，再不听话，就把你扔出去喂狼吃。"狼一听此言，心中大喜，便蹲在不远的地方等起来。太阳落山了，也没见老太婆把孩子扔出来。到了晚上，狼已经等得___48___了，正想冲进屋里，却又听老太太说："宝贝，快睡吧，别怕，狼来了，咱们就把它砍死煮了吃。"狼听了，吓得迅速跑回家。同伴问它怎么了，它说："别提了，坏老太太说话不算数，害得我饿了一天，不过幸好后来我跑得快。"

　　别人开个玩笑，你就信以为真，完全不知许多时候人家只是在拿你说事。千万不要让别人的话改变了你的正常工作和生活。

　　46. A 收获　　B 机会　　C 产品　　D 果实

　　47. A 突然　　B 有时　　C 偶然　　D 居然

　　48. A 恐怖　　B 疯狂　　C 好奇　　D 不耐烦

49—52.

　　曾参是孔子的学生，在他的家乡有一个同名同姓的人在外地杀了人，于是"曾参杀人"的消息就迅速传播开来。

　　第一个向曾参的母亲报告情况的是一位邻居，那人没有亲眼看见，只是从别人那里得知杀人犯名叫曾参。曾参的母亲一直以自己的儿子为___49___，他是孔子的好学生，显然不会干这种事情。因此曾母听了邻居的话后，并没有慌张，一边干着手里的活儿，一边坚定地对邻居说："___50___"

　　没隔多久，又有一个人跑到曾参的母亲面前说："曾参真的在外面杀了人。"曾参的母亲仍然很平静，什么都没说。

　　又过了一会儿，第三个报信的人跑来对曾母说："现在外面大家都在议论，都说你儿子的确杀了人。"曾母听到这里，心里一下子紧张起来。因为杀人是重罪，按照当地的___51___，她可能也要被抓起来，一辈子都失去___52___，于是

— 48 —

她赶紧停下手中的工作，悄悄地爬墙跑了。

49. A 宝贝　　　　B 骄傲　　　　C 自信　　　　D 能干

50. A 他是他，我是我。　　　　　B 他怎么会这么傻呢？
    C 我儿子现在怎么样？　　　　D 我的儿子是不会去杀人的。

51. A 习惯　　　　B 法律　　　　C 办法　　　　D 纪律

52. A 民主　　　　B 权利　　　　C 财产　　　　D 自由

53—56.

一只狼掉到洞里去了，怎么跳也跳不出来。后来，一只老山羊走了过来，狼连忙装成狗向老山羊求救。羊觉得它不像狗。狼立刻装出一副又老实又可怜的模样，说："请你相信，我 __53__ 是狗，我还会摇尾巴，不信你瞧，我的尾巴摇得多好。"

狼为了 __54__ 自己的话，就拖着那条硬尾巴来摇了几下，把洞里的一些土块都敲打下来。羊慌忙后退了一步，说："是的，你会摇尾巴。可是会摇尾巴的不一定都是狗。"

狼有些不耐烦了："没错儿，没错儿！快点儿吧！为了友谊，只要你伸下一条腿来，我马上就可以得救了。"

羊还是有点儿犹豫，又往后退了一步："不行，我得考虑考虑。"

这时候，狼终于忍不住了，露出 __55__ ，对羊大叫道："你这老家伙！ __56__ "

老山羊冷静地看了它一眼，慢慢地回答说："什么也不干。"然后就离开了。

53. A 的确　　　　B 其实　　　　C 毕竟　　　　D 始终

54. A 对比　　　　B 证明　　　　C 补充　　　　D 承认

55. A 嘴　　　　　B 牙　　　　　C 眼睛　　　　D 尾巴

56. A 你不想活了吧！　　　　　　B 求你帮帮我吧！
    C 你到底要干什么？　　　　　D 真的认不出来了吗？

57—60.

握手，是交际的一个部分。握手的力量、姿势与时间的长短往往能够表达出对对方的不同态度，给人留下不同 __57__ ，我们也可通过握手了解对方的个性，从而赢得交际的 __58__ 。需注意的是，戴着手套握手是极不礼貌的行为。

男士在握手前应先脱下手套,摘下帽子。__59__,比如在严寒的室外双方都戴着手套、帽子,这时一般也应先说声:"对不起。"握手时双方互相微笑、问候,不要看第三者或显得注意力不__60__。除了关系亲近的人可以长久地把手握在一起外,一般握两三下就行,不要太用力,一般要将时间控制在三五秒钟以内。如果要表示自己的热情,也可较长时间握手,并上下摇晃几下。

57. A 影响　　　B 风格　　　C 印象　　　D 观念

58. A 积极　　　B 主动　　　C 主观　　　D 灵活

59. A 然后才可以握手　　　　　B 冬天的时候怎么办呢
    C 握手的季节也有讲究　　　D 当然有些情况下也可以不脱

60. A 专心　　　B 仔细　　　C 集中　　　D 强烈

第二部分

第61—70题:请选出与试题内容一致的一项。

61. 一直以来,我们学校每班订有近十份报纸,这些报纸可以帮助大家及时了解国内外大事。可是,现在因为报纸太贵,学校减少了订报纸数量,我们读报十分不方便。希望学校可以恢复原有订报数量。

    A 报纸降价了
    B 读报对学生很有帮助
    C 学校决定订更多的报纸
    D 每个班级都订十几份报纸

62. 太阳能资源丰富,可免费使用,又不需要运输,对环境无任何污染,为人类创造了一种新的生活状态,使社会及人类进入一个节约能源、减少污染的时代。现在的农村,几乎家家都装上了太阳能热水器,只要不是阴天,家中不用烧火,就有热水用。

    A 在阴天也有热水用
    B 太阳能能够节约能源
    C 太阳能对环境也有污染
    D 太阳能在农村使用还不是很普遍

63. 西瓜不适合放在冰箱里很长时间后再吃，最好是现买现吃。如果买回的西瓜温度较高，需要冷处理一下，可将西瓜放入冰箱降温。西瓜在冰箱里的时间不应超过两小时。这样才既可防暑降温，又不伤胃，还能尝到西瓜的美味。

   A 不可以吃温度太高的西瓜
   B 西瓜长时间放冰箱里，味道会更好
   C 吃放冰箱里时间过长的西瓜对胃不好
   D 西瓜在冰箱中存放的时间越长越有营养

64. 奥林匹克运动会（简称奥运会）是国际奥林匹克委员会主办的包含多种体育运动项目的国际性运动会，每四年举行一次。奥林匹克运动会最早在古希腊举办，因举办地在奥林匹克而得名。奥林匹克运动会现在已经成为了和平与友谊的象征。

   A 奥运会每两年举行一次
   B 奥运会代表了世界和平
   C 奥运会最早在古印度举行
   D 奥运会不是国际性的运动会

65. 从市场调查的数字来看，市场数码相机热点机型主要还是集中在2500—3500元之间，热销产品主要还是佳能、柯达、富士、松下等，而有的老产品由于中低层次没有创造出新的功能，所以渐渐地就没有了竞争力。

   A 消费者很喜欢老产品
   B 佳能相机比较受市场欢迎
   C 所有的老产品都没有竞争力了
   D 热销的主要是4000元左右的机型

66. 喝茶对人体有好处，但过多地喝浓茶可能出现"茶醉"。这是由其中的某些化学物质所引起的。有些人连喝几杯浓茶后，常出现过敏、失眠、头痛、站不稳、手脚发抖、工作效率下降等现象。实际上这是过量饮茶所起的作用。

   A 茶喝得越多越好

B 喝茶会喝醉，不容易醒过来

C 过多地喝浓茶对人体没什么好处

D 喝茶能够清醒大脑，使人很有精神

67. 我国土地丰富，气候复杂。南方多雨水，空气湿润，湿润的气候有利于人放松精神，因此南方人头脑冷静，感情丰富，特别爱思考。而北方冬季很长，空气干燥，多风沙，使得北方人喜欢喝酒，性格大方，敢说敢做。

    A 北方人很善良

    B 南北方气候相差不大

    C 南方人喜欢干燥的气候

    D 不同气候地区的人有不同的性格

68. 太极拳，是一种武术项目，也是体育运动和健身项目，在中国有着悠久的历史。它是以腰部为主的一项运动，非常适合身体较弱的中老年人锻炼。所以，现在很多中老年人都喜欢太极拳。

    A 太极拳主要是手部运动

    B 太极拳只是一种体育运动

    C 太极拳很受中老年人欢迎

    D 太极拳在中国产生的时间不长

69. 世界上有很多种动物面临着彻底消失的危险。印度尼西亚生活在保护区内的天堂鸟，20世纪70年代末还有500多只，现在只剩下55只；非洲野狗面临彻底消失的威胁，80年代还有1000多只，现在只剩下一半；20世纪非洲共有1000万头大象，而现在生存下来的野象可能只有40万头左右，平均每年减少10%。

    A 天堂鸟生活在北非

    B 非洲野狗现在不到500只

    C 全球性气候的改变使一些动物迅速减少

    D 再过10年，非洲野象将有可能不存在了

70. 一天，我去图书馆借书，书名是《离婚》，是老舍先生的作品。等了好长时间，然后一个声音问："谁要《离婚》？"我忙说："我要《离婚》！"刚说完，旁边一个同学马上就说："图书馆也办离婚手续？"

　A "我"要离婚了
　B "我"没有借到小说
　C《离婚》是老舍写的
　D 图书馆也可以办离婚手续

第三部分

第71—90题：请选出正确答案。

71—73.

　　美国一位教授做了这样一个实验：把六只猴子分别关在三间空房子里，每间两只，房子里分别放着一定数量的食物，但放的位置高度不一样。第一间房子的食物就放在地上，第二间房子的食物分别从易到难挂在不同高度的适当位置上，第三间房子的食物挂在房顶。数日后，他们发现第一间房子的猴子一死一伤，伤的缺了耳朵断了腿，也活不了多久了，第三间房子的猴子也死了，只有第二间房子的猴子活得好好儿的。

　　原来第一间房子的两只猴子一进房间就看到了地上的食物，于是为了伸手可得的食物就打了起来，结果伤的伤，死的死。第三间房子的猴子虽做了努力，但因食物太高，难度过大，够不着，被活活饿死了。只有第二间房子的两只猴子先是各自跳着取食，最后，随着食物高度的增加，获得难度的增大，两只猴子只有合作才能取得食物，于是，一只猴子抬起另一只猴子取食。这样，每天两只猴子都能取得够吃的食物，很好地活了下来。做的虽是猴子取食的实验，但在一定程度上也说明了人才与工作的关系。

　　工作难度过低，人人都能干，就体现不出能力与水平的差别，人人都认为自己才是真正的人才，不打起来才怪呢。工作的难度太大，谁都做不了，谁都成不了人才。只有当工作的难度适当时，才能真正体现出能力与水平，有能力者才能发挥积极性，展现聪明才智。同时，相互间的依存关系使人才相互合作，克服困难。

71. 第一个房间中的猴子是怎么死的？
   A 饿死的   B 摔死的
   C 吃了不干净的食物   D 被另一只猴子打死了

72. 作者主要想谈什么问题？
   A 工作和人才   B 猴子和食物
   C 工作中应该如何合作 D 实验条件和结果的关系

73. 根据上文可以知道什么？
   A 工作不能太容易，也不要太难
   B 实验结果跟获取食物的难度无关
   C 猴子的个性在试验中起到重要作用
   D 如果把食物放在房顶，第一间房子中的猴子就不会死

74—78.

爱情有三种，第一种是为爱而爱。大部分跟男孩儿有关。男孩儿年龄大了，该结婚了。于是别人介绍一个，了解一下对方的条件，觉得还行，于是开始培养对对方的感情。首先不断地告诉自己，对方人不错，过了这村就没这店，要珍惜。有时犹豫了，总会有人提醒他，你要求是不是太高了，你都多大了啊，让他觉得自己在做一件傻事，像要失去宝贝似的，非常不安，结果加倍地对对方好。

这种爱的表现形式就是对对方很好，总之，一切以得到对方的爱为目的。

第二种爱就是被爱而爱，大部分是女孩儿。女孩儿大了，周围的同伴们都嫁人了，自己却还是一个人，挺孤独的，家人着急，别人议论，自己也觉得有压力。这时有男孩儿来向她表示点儿什么了，想想看也还不错，既然找不到自己爱的人，就去找一个爱自己的人吧，于是就同意交往了，时间长了，发现对方真的对自己不错，那就结婚吧。

结婚后，这两种爱情的问题就来了。男孩儿目的达到了，还那样累干什么呢？这样女孩儿便感受不到男孩儿对她的爱，于是她爱的基础也就没有了。矛盾产生了，女孩儿报怨男孩儿不像婚前那样爱自己了，男孩儿觉得女孩儿不懂事，都结婚了，还爱不爱的，好好儿过日子才是。于是开始吵，双方都觉得婚姻没意思。

好在还有第三种爱。前两种爱是先确定关系而后爱，这一种是先爱而后确

定关系。这种爱就是因爱而爱。两个人只是因为爱对方而爱，他们爱的只是对方这个人，没有其他什么。他们不会因为只有一碗饭吃而觉得倒霉，而会因为分吃一碗饭而感到幸福。这种爱情，在都市里渐渐变成一个童话，如果你有幸遇到，请好好儿珍惜。

74. 第一种爱情中的男孩子：
   A 是真心爱女孩子　　　　　　B 为了结婚才对女孩子好
   C 知道什么是真正的爱情　　　D 是先有了爱然后才确定关系

75. 第一段中，"过了这村就没这店"是什么意思？
   A 男孩子要求太高　　　　　　B 女孩子工作也不错
   C 女孩子家庭条件不错　　　　D 形容女孩子很好，不应该错过

76. 第二种爱情中的女孩子：
   A 比较主动　　　　　　　　　B 不怕社会压力
   C 结婚后感到失望　　　　　　D 找到了自己爱的人

77. 关于第三种爱情，下面不正确的是：
   A 因为爱而爱　　　　　　　　B 互相爱着对方
   C 在城市中很普通　　　　　　D 婚前婚后同样幸福

78. 关于第三种爱情跟前两种爱情的区别，下面不正确的是：
   A 是真正的爱　　　　　　　　B 先确定关系
   C 感情基础很好　　　　　　　D 得到的人会很幸福

79—82.

有两个人，一个人认为东边可以找到更多的金子，一个人认为西边发财的机会更大，于是两人分手了。

10年后，往东走的人果然发了财，在那儿他找到了大量的金沙，于是当地迅速发展起来，商业繁荣，工业发达。

往西走的人似乎没有那么幸运，自分手后就没了消息。有的说他已死了，有的说他已经回了老家。直到50年后，一个重2.7公斤的自然金块被发现，人们才知道他的一些情况。一位记者曾对这块金子进行调查，他写道："这颗全美

最大的金块，是一位年轻人在他屋后的鱼池子里捡到的，从他爷爷留下的日记看，这块金子是他爷爷扔进去的。日记是这样写的："昨天，我在河里又发现了一块金子，比去年找到的那块更大，进城卖掉它吗？那就会有成百上千的人来到这儿，我和妻子亲手用一根根圆木建起的小屋，用汗水开垦的菜园和屋后的池塘，还有傍晚的火堆、树木、天空、河流，大自然赠给我们的珍贵的安静和自由都将不复存在。我宁愿看到金块被扔进水里，也不愿看着这一切从我眼前消失。"

18世纪60年代的美国，每个人都在疯狂地追求金钱。可是，有人却把金子扔掉了，有很多人直到现在还怀疑故事的真实性。可是我始终认为它是真的。因为在我的心目中，这个人是一位真正发现金子的人。

79. 关于往东走的人，下面哪项不正确？
   A 成了有钱人 B 事业非常成功
   C 生活得并不怎么幸福 D 对当地经济做出了贡献

80. 关于往西走的人，可以知道什么？
   A 回家了 B 死得很不幸
   C 只找到一块金子 D 是个真正热爱生活的人

81. 往西走的人为什么要把金子扔到水里？
   A 怕被人偷走
   B 不知道那是金子
   C 想留给自己的后代
   D 不想吸引太多的人来改变自己的生活

82. 作者为什么认为往西走的人才是"真正发现金子的人"？
   A 找到了美国最大的金块 B 连那么贵重的金块都不在乎
   C 往东走的人找到的金子是假的 D 明白自己的生活比金钱更为重要

83—86.

周杰伦是在台北市一个单亲家庭长大的。他母亲是个中学老师，父亲在他年幼的时候和母亲离了婚。母亲把所有的希望都放在了他的身上。周杰伦3岁的时候，母亲见他喜欢钢琴，就毫不犹豫地取出家里所有的钱，给他买了一架钢琴。每次练琴的时候，他母亲就拿着一根棍子，站在他后面，一直盯着他练完琴。除了弹钢琴和写歌，周杰伦的篮球也打得很棒，但他却不爱学习，数学、英语都不好，经常逃课，当别的同学认真准备考大学的时候，他没有目标，不知道自己该干什么。这时音乐救了他，给他带来幸运和成功。有一次，朋友去电视台参加一个唱歌节目，周杰伦负责给他弹钢琴，由于太紧张，两个人的表演都非常糟糕。但是主持人吴宗宪却发现周杰伦的歌曲写得非常棒，就邀请他进入自己的公司，为别的歌手写歌。但是周杰伦写的歌在当时根本不被接受。终于，机会来了，有一天，吴宗宪将周杰伦叫到办公室，十分郑重地说："阿伦，给你10天的时间，如果你能写出50首歌，而我可以从中挑出10首，那么我就帮你出唱片。"周杰伦出色地完成了任务，这些歌获得了巨大的成功。周杰伦也逐渐成为亚洲最有影响力的歌手之一。成功之后的周杰伦说他很想交这样的女朋友：当她害羞时，长发可以盖住她大大的眼睛。

83. 关于周杰伦的家庭，可以知道什么？
    A 爸爸早就去世了   B 小时候非常幸福
    C 妈妈对他非常严格   D 家里一直比较富裕

84. 周杰伦参加唱歌节目时：
    A 是主唱   B 非常放松
    C 表现非常糟糕   D 因为歌唱得好被吴宗宪发现

85. 关于周杰伦，下面哪项正确？
    A 上过大学   B 在学校里是好学生
    C 写的歌一开始不受欢迎   D 跟吴宗宪学习怎样写歌

86. 下面哪项不是周杰伦选择女朋友的标准？
    A 害羞   B 长头发
    C 大眼睛   D 喜欢听周杰伦的歌

87—90.

一个人一生中最早受到的教育来自家庭，来自母亲对孩子的早期教育。一位成功者，一位罪犯，当被问到母亲对他们人生的影响时，两个人谈的居然都是同一件事：小时候母亲给他们分苹果。

那犯人说："小时候，有一天妈妈拿来几个苹果，红红的，大小各不同。

我一眼就看见中间的那个又红又大，十分喜欢，非常想要。这时，妈妈把苹果放在桌上，问我和弟弟：'你们想要哪个？'我刚想说想要最大最红的一个，这时弟弟抢先说出我想说的话。妈妈听了，很不高兴，责备他说：'好孩子要学会把好东西让给别人，不能总想着自己。'于是，我想到一个好主意，骗她说：'妈妈，我想要那个最小的，把大的留给弟弟吧。'妈妈听了，非常高兴，在我的脸上亲了一下，并把那个又红又大的苹果奖给我。我得到了我想要的东西，从此，我学会了骗人。以后，我又学会了打架、偷、抢，为了得到想要得到的东西，我可以干任何事。直到我被警察抓住的那一天，我才知道自己错了。"

成功者则这样说："小时候，有一天妈妈拿来几个苹果，红红的，大小各不同。我和弟弟们都争着要大的，妈妈把那个最大最红的苹果举在手中，对我们说：'这个苹果最大最红最好吃，谁都想要得到它。很好，现在，让我们来做个比赛，我把门前的草地分成三块，你们三人一人一块，负责修剪好，谁干得最快最好，谁就有权得到它！'我们三人比赛除草，结果，我赢了那个最大的苹果。我非常感谢母亲，她让我明白一个最简单也最重要的道理：想要得到最好的，就必须努力争第一。她一直都是这样教育我们，也是这样做的。在我们家里，你想要什么好东西要通过比赛来赢得，这很公平，你想要什么，想要多少，就必须为此付出多少努力和代价！"

87. 关于犯人，可以知道什么？
    A 从没后悔　　　　　　　　　B 很爱他的弟弟
    C 骗了他的妈妈　　　　　　　D 妈妈教他说谎

88. 成功者从妈妈那儿学到了什么？
    A 效率最重要　　　　　　　　B 应该爱护弟弟妹妹
    C 速度是成功的重要因素　　　D 只有成为第一，才能得到最好的

89. 上文主要讲的是：
    A 比赛和公平　　　　　　　　B 如何才能获得成功
    C 如何成为诚实的人　　　　　D 母亲的教育对孩子的影响

90. 成功者和罪犯走上不同人生道路的关键因素是：
    A 社会环境不同　　　　　　　B 两人的性格差异
    C 罪犯的母亲不诚实　　　　　D 各自母亲不同的教育方法

三、书 写

第 一 部 分

第91—98题：完成句子。

例如：发表　　这篇论文　　什么时候　　是　　的

　　　这篇论文是什么时候发表的？

91. 现金　　可以　　凭　　支票　　签字后　　提取

92. 这一类的　　包子　　很受　　欢迎　　小吃

93. 乐了　　逗　　班主任　　被

94. 不得不　　小伙子　　假装欣赏　　建筑　　操场　　附近的

95. 特别　　士兵们　　指导员的　　感激　　关怀

96. 可以　　创造　　球迷　　非常期待　　奇迹　　运动员们

97. 苗条　　身材　　这位姑娘的　　更加　　了

98. 根本　　赔偿　　保险公司　　房东的损失　　没有同意

第 二 部 分

第 99—100 题：写短文。

99. 请结合下列词语（要全部使用），写一篇 80 字左右的短文。

    中介   操心   至少   根本   复杂

100. 请结合这张图片写一篇 80 字左右的短文。

新汉语水平考试
HSK（五级）
全真模拟题 4

注　意

一、HSK（五级）分三部分：

1. 听力（45题，约30分钟）

2. 阅读（45题，45分钟）

3. 书写（10题，40分钟）

二、**听力结束后，有5分钟填写答题卡。**

三、**全部考试约125分钟（含考生填写个人信息时间5分钟）。**

中国　北京　　　　　　　××××/××××××　　　编制

一、听　力

第一部分

第1—20题：请选出正确答案。

1. A 周四 　　　　　　　　　　　B 周五
   C 周六 　　　　　　　　　　　D 下周一

2. A 酒吧 　　　　　　　　　　　B 宿舍
   C 海关 　　　　　　　　　　　D 办公室

3. A 满意 　　　　　　　　　　　B 一般
   C 后悔 　　　　　　　　　　　D 感谢

4. A 元旦 　　　　　　　　　　　B 除夕
   C 男的生日 　　　　　　　　　D 男的父母的生日

5. A 学习很好 　　　　　　　　　B 已经工作了
   C 还是大学生 　　　　　　　　D 爸爸是老师

6. A 她从来没出过国 　　　　　　B 她今天没有打扮好
   C 她是第一次做采访 　　　　　D 她没有跟外国人交流的经验

7. A 400 块 　　　　　　　　　　B 1050 块
   C 1200 块 　　　　　　　　　 D 1500 块

8. A 他要换工作 　　　　　　　　B 他跟女的借钱
   C 他每月要还银行很多钱 　　　D 他的新房子一共花了 30 万

9. A 手机 　　　　　　　　　　　B 电池
   C 地图 　　　　　　　　　　　D 照相机

— 63 —

10. A 游泳 　　　　　　　　　　　B 爬山
　　 C 钓鱼 　　　　　　　　　　　D 跟老王吃饭

11. A 她的听力不好 　　　　　　　B 南方人普通话都不好
　　 C 今天的老师说话有困难 　　 D 今天的老师普通话不太好

12. A 他是导游 　　　　　　　　　B 他在公园工作
　　 C 他有女朋友了 　　　　　　 D 他昨天跟朋友在公园谈话

13. A 夫妻 　　　　　　　　　　　B 女的是男的老师
　　 C 女的是男的领导 　　　　　 D 女的是男的房东

14. A 春季 　　　　　　　　　　　B 秋季
　　 C 夏季 　　　　　　　　　　 D 冬季

15. A 喝酒 　　　　　　　　　　　B 唱歌
　　 C 吵架 　　　　　　　　　　 D 散步

16. A 住院 　　　　　　　　　　　B 工作了
　　 C 在家里 　　　　　　　　　 D 在医院做手术

17. A 上网 　　　　　　　　　　　B 考试
　　 C 去办公室 　　　　　　　　 D 找王老师

18. A 蝴蝶 　　　　　　　　　　　B 风景
　　 C 传说 　　　　　　　　　　 D 电视剧

19. A 手机没带 　　　　　　　　　B 充电器坏了
　　 C 早上没出去 　　　　　　　 D 跟女的用一个牌子的手机

20. A 小张脾气很好 　　　　　　　B 小张喜欢这个女的
　　 C 女的认识小张很久了 　　　 D 女的觉得小张没有什么优点

第二部分

第21—45题：请选出正确答案。

21. A 女的喜欢动画片　　　　　　　　B 男的喜欢看连续剧
　　C 女的常常看连续剧　　　　　　　D 女的小孩儿喜欢看动画片

22. A 他们在医院里　　　　　　　　　B 男的身体没有问题
　　C 女的要求男的一天吃两次药　　　D 男的今天中午喝了很多白酒

23. A 他开车很小心　　　　　　　　　B 他是一个人来的
　　C 他走了高速公路　　　　　　　　D 他是今天下午到的

24. A 男的在看照片　　　　　　　　　B 男的也买了房子
　　C 女的家里的家具很贵　　　　　　D 女的原来计划花15万买家具

25. A 她盼望结婚　　　　　　　　　　B 她的意见和男的一样
　　C 她觉得婚姻和爱情是矛盾的　　　D 她在考虑什么时候和男的结婚

26. A 主持　　　　　　　　　　　　　B 观众
　　C 嘉宾　　　　　　　　　　　　　D 演员

27. A 记者　　　　　　　　　　　　　B 秘书
　　C 老师　　　　　　　　　　　　　D 翻译

28. A 他今天发烧了　　　　　　　　　B 他特别懂电脑
　　C 他在办公室给女的修电脑　　　　D 他今天给女的发了电子邮件

29. A 今年是鼠年　　　　　　　　　　B 男的是属虎的
　　C 女的记错了男的年龄　　　　　　D 女的送给男的一个小宠物

30. A 遗憾　　　　　　　　　　　　　B 激动
　　C 烦恼　　　　　　　　　　　　　D 生气

31. A 丝绸   B 扇子
    C 象棋   D 鞭炮

32. A 女的很勇敢   B 过年的时候女的放鞭炮了
    C 男的今天晚上帮女的放鞭炮   D 女的把礼物带回去放在自己家里

33. A 20 号   B 24 号
    C 30 号   D 星期二

34. A 下午两点   B 下班以后
    C 上午十点   D 晚上吃饭的时候

35. A 他们在同一个公司   B 男的是王女士的老板
    C 这个项目其实很简单   D 王女士不能按时完成项目

36. A 买了桌椅   B 修了教室
    C 给学生买了文具   D 带学生去了大城市

37. A 她在一所中学工作   B 她想去大城市玩儿
    C 她的家乡在这个山村   D 她想让学生看看山外的世界

38. A 上午   B 中午
    C 下午   D 晚上

39. A 钱包   B 银行卡
    C 身份证   D 皮包和里边的东西

40. A 害怕别人偷   B 担心王二知道
    C 不放心他家里人   D 家里没有地方可以藏

41. A 自己想到的   B 张三告诉他的
    C 看见张三的纸条了   D 看见张三藏银子了

42. A 他觉得这样很好玩儿　　　　　B 他想学习张三的做法
　　C 他想告诉别人是他偷的　　　　D 他怕张三知道是自己偷的

43. A 王二比张三聪明　　　　　　　B 张三的银子是偷来的
　　C 没有人知道王二的秘密　　　　D 两个人都自以为很聪明

44. A 学习态度　　　　　　　　　　B 学习方法
　　C 心理健康　　　　　　　　　　D 身体健康

45. A 心理问题对孩子的健康影响很大
　　B 父母不需要注意自己的心理情况
　　C 大概有1/2的父母会带孩子去看心理医生
　　D 越来越多的父母关心孩子的心理健康问题

二、阅 读

第 一 部 分

第 46—60 题：请选出正确答案。

46—49.

有个朋友非常善良，几乎没人见过他生气。有一次我去看他，却发现他正在顶楼上对着天上飞过来的飞机大喊大叫，我很__46__，就问他原因。他说："我住的地方靠近机场，每当飞机起落时都会听到巨大的声音。后来，当我心情不好或是受了__47__，想要发脾气时，我就会跑上顶楼，等待飞机飞过，然后对着飞机放声大叫。等飞机飞走了，我的不快、怒气也被飞机一起带走了！"

这时我才明白，__48__他脾气这么好，原来他知道如何减轻自己的__49__。

46. A 怀疑　　B 害怕　　C 好奇　　D 佩服

47. A 困难　　B 委屈　　C 不安　　D 倒霉

48. A 所以　　B 大概　　C 恐怕　　D 怪不得

49. A 慌张　　B 压力　　C 疯狂　　D 体重

50—52.

一天晚上，孔子看书看得很晚，觉得有点儿饿，就叫来身边最得意的学生颜回，让他把晚上吃剩的那点儿饭再热一热。颜回把饭热好，刚走出厨房，谁知外面天气十分恶劣，狂风四起，碗里马上就落满了沙土。颜回十分不安，怎么能让敬爱的老师吃这样脏的东西呢？但倒掉又太__50__，粮食非常宝贵，颜回实在舍不得倒掉，打算自己把它吃了再给师傅做一碗。孔老夫子饿得受不了了，就起身出来想看个究竟，正好碰见颜回在吃自己的饭。孔子非常生气，就问他："这是怎么回事？师傅的饭你也敢偷吃？"颜回委屈地说："师傅，刚才狂风把沙土刮进碗里，给师傅吃是对您的不尊重，颜回__51__粮食就自己吃了。"

孔子仔细一看全都明白了，十分惭愧地对颜回说："是老师错了，看来这眼睛看到的都未必是真的，__52__"

50. A 可惜　　B 遗憾　　C 严重　　D 烦恼

51. A 喜欢　　B 爱惜　　C 爱护　　D 宝贵

52. A 也许是听来的。　　B 还不如听来的。
    C 什么是真的呢？　　D 何况是听来的呢？

53—56.

　　有一天，动物园的管理员们发现猴子们跑出来了，于是开会__53__，一致认为是墙的高度过低，从而__54__猴子们逃了出来。所以他们决定将墙的高度由原来的4米加高到6米。谁知第二天，他们发现猴子们依旧能够跑到外面来，所以他们又决定再将高度加高到8米。

　　然而，没料到第三天居然又看到猴子们全跑到外面，于是管理员们大为紧张，决定一不做二不休，__55__将高度加高到10米："这下子看你们还能不能逃出来！"

　　第四天，神了，猴子们还是跑了出来，而且，还在与它们的好朋友熊猫聊天儿呢。"你们看，这些人会不会把墙继续加高呢？"熊猫问。

　　"很有可能，"猴子们说："__56__"

53. A 议论　　B 讨论　　C 决定　　D 评价

54. A 导致　　B 形成　　C 妨碍　　D 构成

55. A 故意　　B 索性　　C 尽量　　D 持续

56. A 人真是太蠢了！　　　　　　B 我们可没那么笨。
    C 你一定也很羡慕我们吧？　　D 如果他们再继续忘记关门的话！

57—60.

　　日常生活中，人们虽然每天都刷牙，可是有相当一部分人不懂得刷牙的__57__，所以学会正确刷牙对__58__个人的卫生极为重要。刷牙的时候有两点需要特别注意：首先，刷牙的动作要轻，不要太用力，但要反复多次。牙的每个面都要刷到，特别是最靠后的牙，一定要把牙刷伸进去刷。每次刷完牙，如果不放心，还可以对着镜子看一看是否干净了，__59__才能保证刷牙的效果。其次，刷牙时最好采用温水（水温35℃左右的水）刷牙。如果长期用凉水刷牙，可能会使牙齿__60__缩短。

57. A 规律　　B 问题　　C 风格　　D 学问

58. A 保护　　B 完善　　C 保持　　D 维持

59. A 不干净的话   B 只有认真对待
    C 只要刷得认真   D 每天刷一次牙

60. A 时间   B 寿命   C 功能   D 过程

第二部分

第61—70题：请选出与试题内容一致的一项。

61. 一位著名教练和一位著名作家最近合作写了一本《世界饮食五大因素》，书中讨论了各国饮食的健康程度，其中中国菜排在第三位。三分之二的中国食物以蔬菜、水果或豆类为主。当然，中国人也做油炸的食物，但是更多的时候他们炒、蒸肉类和蔬菜。

    A 中国菜的主要做法是油炸
    B 这本书认为中国的饮食比较健康
    C 三分之二的中国人主要吃蔬菜和水果
    D 教练和作家各写了一本关于饮食的书

62. 最近，妈妈爱上了关于中国战争历史的连续剧。可是在电视上看，不仅时间有限制，而且广告多。上网看呢，网络又不稳定，一会儿能看，一会儿不能看，常常弄得心情很糟糕。于是，妈妈让我帮她把想看的连续剧下载下来，一次看个够。

    A 网上的连续剧内容很糟糕
    B 下载的连续剧不够妈妈看
    C 妈妈知道很多中国战争历史
    D 在电视上看连续剧很不自由

63. 塑料袋是我们日常生活中不可缺少的。在我国，每天只是买菜就要用10亿个塑料袋。塑料袋在为消费者提供方便的同时，却也造成了严重的资源浪费和环境污染。目前越来越多的国家和地区已经开始限制塑料购物袋的生产、销售和使用。

    A 人们日常生活中缺少塑料袋
    B 塑料袋没能给消费者带来方便

C 我国每天使用塑料袋的数量超过 10 亿

D 大多数国家已开始采取措施禁止塑料袋的使用

64. 沉默是金，表面上看简单容易，然而，并不是所有的人都能真正理解它的本质。曾经看到过这样一句话：话多不如话少，话少不如话好。这是教育我们对所遇到的事情，多用眼睛去看，多用耳朵去听，多用脑袋去思考，再谨慎得出结论。

A 保持沉默不难做到

B 沉默是金的本质很简单

C 沉默是金教育我们不要说话

D 多说无用的话不如先好好儿思考

65. 爸爸和儿子看到一辆十分豪华的汽车。儿子对他的爸爸说："坐这种车的人，肚子里一定没有学问。我看不起他们。"父亲回答："说这种话的人，口袋里一定没有钱。"听了爸爸的话，儿子觉得非常惭愧。

A 坐豪华汽车的人没有学问

B 爸爸非常同意儿子的想法

C 儿子得出的结论非常片面

D 儿子看到别人有豪华汽车很惭愧

66. 一项调查表明汉语并不像外国人想象的那么难学。在经常出现和使用的汉字中，认识前面的 581 个汉字就可以听懂 80% 的日常用语，一个人如果掌握一万多词、900 多个汉字，就可以阅读 90% 的出版物。

A 调查表明外国人觉得学汉语很难

B 认识 900 个词就能阅读 90% 的出版物

C 在外国人的想象中，学习汉语非常难

D 认识 581 个字就能读懂 80% 的日常用语

67. 现在，女孩子们都喜欢穿牛仔裤。我们在调查后发现，不论身材如何，校园里 100 个女生中有 90 个穿的是牛仔裤，主要是蓝色的，只是深浅样式不同。剩下的 10 个里面有大约一半的人穿的是和牛仔裤相似的裤子，另一半人穿的是运动裤或裙子。

A 男孩子不喜欢穿牛仔裤
B 身材好的女孩子才穿牛仔裤
C 大多数女生喜欢穿蓝色的牛仔裤
D 100个女生中有一半穿运动裤或裙子

68. 现在流行养宠物，在大街上总能看见有人抱着只狗啊、猫啊、香猪什么的。宠物消费也成了一种时尚，宠物商店、宠物医院、宠物学校、宠物餐厅都出现了。宠物行业会有很大的发展空间，但是现在宠物市场还不成熟，需要制定法律来管理。

A 市场里的宠物都不成熟
B 宠物有专门的看病的地方
C 大街上有很多没人要的动物
D 宠物需要生活在很大的空间里

69. 3月4日早晨，台湾南部地区发生了强烈的地震，一共导致340所学校受灾。当地教育部门负责人表示，将立即寻找安全地点给学生上课。到昨天晚上10时30分，地震共造成96人受伤。

A 台湾北部地区发生了地震
B 一共有96人在地震中去世
C 地震破坏了340所学校的设施
D 学生们已经在安全的地方学习了

70. 一项调查显示，把钱放在银行的中国人从去年开始逐渐减少，原因是多方面的。除吃饭穿衣，25%的人把钱用在了看病上，46%的人把钱用在了教育上，9%的人买了车，20%的人用在了假期旅游和娱乐等方面。

A 钱放在银行里很不安全
B 中国人现在很重视教育
C 大约20%的人暑假去旅游
D 吃饭穿衣花的钱越来越少

第三部分

第71—90题：请选出正确答案。

71—73.

小王对小张说："我要离开这个公司。我恨死这个公司了，待遇差倒也没什么，关键是它从没给过我任何机会。"

小张建议道："我举双手赞成你离开。这破公司一定要给它点儿颜色看看，不过你不应该现在离开。"

小王问："为什么？"

小张说："如果你现在走，公司的损失并不大。你应该趁着在公司的机会，尽量去为自己拉更多客户，成为公司不可缺少的人物，然后带着这些大客户突然离开公司，公司才会受到重大损失。"

小王觉得小张说得非常有道理，于是努力工作，半年后，他有了许多老客户。

再见面时小张对小王说："现在是时候了，要赶快行动哦！"

小王说："老总刚跟我长谈过，准备升我做总经理，我暂时没有离开的打算了。"

其实这也正是小张的目的：只有付出大于所得，让老板真正看到你的能力大于位置，才会给你更多的机会替他创造更多利润。

71. 小王为什么想离开公司？
    A 待遇不高   B 没有前途
    C 没有客户   D 跟经理关系不好

72. 听了小张的建议后，小王是怎么做的？
    A 努力工作   B 找新的公司
    C 跟总裁长谈   D 马上离开公司

73. 小张的真正目的是什么？
    A 让小王跟老总谈谈
    B 叫小王晚点儿离开公司
    C 让小王给公司带来巨大损失
    D 让小王明白努力工作才会受重视

74—77.

一个富有的银行家脾气很不好，对周围的一切都不满意，感到生活不快乐。一天，他听说附近住着一位聪明人，生活简单而幸福。银行家便去访问聪明人，希望从他那里找到快乐的秘密。

银行家认为自己很有钱，态度很骄傲，一进聪明人家的门就不停批评妻子不够体贴、孩子不够尊重自己、没有人感激自己，说自己如何富有、如何辛苦。

聪明人早就看出他不快乐的原因了，正发愁没有适当的方式向他说明这个简单的道理。突然，窗外传来儿童的笑声，聪明人忽然想出一个好办法，拉着他来到客厅窗前，问："透过窗户你看到了什么？"

"我看见男人、女人和几个小孩儿。那些孩子在玩儿……"银行家说。

"很好。"聪明人又拉着他走到客厅另一边，这边墙上挂着一面镜子。聪明人问道："告诉我，你在镜子里看到了什么？"

"当然是我自己了！"银行家已经开始没有耐心了。

"有意思，"聪明人说，"窗户是玻璃做的，镜子也是玻璃做的，唯一的区别是镜子的玻璃上加了薄薄的一层银。可仅仅因为多了这一点儿银，人们却再也看不到别人，只能看到自己了。"

74. 银行家是一个什么样的人？
  A 很悲观   B 有点儿懒
  C 有点儿自私   D 头脑不灵活

75. 关于银行家，下面哪项不正确？
  A 事业很成功   B 觉得生活没意思
  C 非常关心家人和朋友   D 是一个很难得到满足的人

76. 窗户和镜子的区别是：
  A 材料不同   B 镜子的后面涂了一层银
  C 窗户比镜子多了一些东西   D 做镜子的玻璃质量比做窗户的好

77. 聪明人认为银行家不幸福的原因是：
  A 他还需要更多的钱   B 他看不到自己的问题
  C 他不能在镜子里看到别人 D 他对自己和家人要求太严格

78—82.

有个年轻人在自行车店学修车。有人送来一辆有毛病的自行车，新来的年轻人除了将车修好，还把车子擦得漂亮如新，其他人都笑他多此一举。后来车主把自行车取回去的第二天，年轻人被招到那位车主的公司上班了。——原来要获得机会很简单，勤劳一点儿就可以了。

有个工厂的主人，叫他的孩子每天在工厂里辛勤地工作，朋友对他说："你不需要让孩子如此辛苦，工人们一样能把产品做好的。"工厂主人回答说："我不是在生产产品，我是在教育我的孩子。"——原来教育孩子很简单，让他吃点儿苦就可以了。

住在田边的蛇对住在路边的蛇说："你这里太危险，搬来跟我住吧！"路边的蛇说："我已经习惯了，懒得搬了。"几天后，田边的蛇去看望路边的蛇，却发现它已被车子压死了。——原来改变命运的方法很简单，远离懒惰就可以了。

有几个小孩儿都很想成为一位老师的学生，老师给他们一人一面镜子，叫他们要每天擦，保持干净光亮，结果很多天过去了，老师一直没来，大部分小孩儿已不再擦那面镜子。有一天老师突然到来，大家的镜子上都有厚厚的土，只有一个被大家叫做"笨小孩儿"的小孩儿，每天都在擦，结果这个笨小孩儿成了老师的学生。——原来想实现理想很简单，只要认认真真地去做就可以了。

有些寻找金子回来的人在沙漠中行走，大家都走得很慢，非常痛苦，只有一人轻松地走着，别人问："你为何如此快乐？"他笑着说："因为我带的东西最少。"——原来快乐很简单，不要贪得无厌就可以了。

78. 那个修车的年轻人：
   A 修车的技术很好   B 一直在修车店工作
   C 免费给人把车子擦干净 D 跟店里的其他人一样勤劳

79. 下面哪一条不是住在路边的蛇死去的原因？
   A 生活习惯不健康   B 住的地方很危险
   C 太懒了不愿搬家   D 没有听朋友的劝告

80. "笨小孩儿"的故事告诉我们：
   A 笨的人做事都认真   B 认真的人更容易成功
   C 不认真的孩子也许很聪明 D 有的老师不喜欢聪明的学生

81. 最后一段"贪得无厌"的意思可能是：
    A 有很多的钱   B 拿很重的东西
    C 总想得到更多   D 为很小的利益而烦恼

82. 这篇文章的作者认为：
    A 生活的道理其实很简单
    B 想要得到幸福快乐的生活很难
    C 我们要认真学习才能明白生活的道理
    D 教育孩子的好方法是让他在工厂里劳动

83—86.

俞敏洪是中国最大的外语培训学校新东方学校的创立者，现任新东方教育集团董事长。他1962年出生于江苏省江阴市的一个农村；1980年，三次高考之后进入北京大学英语系学习。

虽然进入了全中国最好的大学，俞敏洪的大学生活却并不幸福。他回忆北大生活时这样说："我是全班唯一从农村来的学生，开始不会说普通话，结果被从A班调到较差的C班。进大学以前没有读过真正的书，大三因为生病一年没有上学。北大五年，没有一个女孩子爱我。"

1985年毕业后，俞敏洪留在北大英语系做老师，在教了四年书后，终于分到十平方米的房子，这让他更加热爱自己的工作了。但后来，看到很多同学、朋友都先后出国，俞敏洪忍不住了。他复习了很久，考了TOEFL和GRE，但成绩不理想，得不到奖学金。由于没钱交学费，他不得不在校外办起了TOEFL辅导班赚钱。领导对这件事感到非常生气，在全校师生面前批评了他，还降低了他的工资。俞敏洪只好选择了离开。"我当时觉得很生气，但现在我很感谢北大。"俞敏洪说，"如果一直在那里教书的话，现在我可能是北大英语系的一个副教授。"

现在的俞敏洪更想做一些别的事情。"我真心希望有一天可以离开新东方。我想做一些更有意义的事，比如写书，开车游走世界，或者到贫困山区教书。"他对记者这样说。

83. 俞敏洪在大学的时候：
    A 成绩很好   B 没有谈过恋爱
    C 四年都认真地学习   D 一直不会说普通话

84. 俞敏洪办 TOEFL 辅导班：
    A 是为了赚钱   B 经过了学校的同意
    C 是在他去了美国以后   D 因为他 TOEFL 成绩很好

85. 俞敏洪感谢北大当时的决定是因为：
    A 他是北大的老师
    B 他在北大学到了很多东西
    C 他当时不想在北大做副教授
    D 没有北大的决定就不会有他现在的成功

86. 俞敏洪现在：
    A 已经在美国留学了
    B 已经离开了新东方
    C 是北大英语系的副教授
    D 除了管理新东方还有一些更想做的事

87—90.

王教授在一所学校做了一个有趣的实验。

开学时，他让校长把三位教师叫进办公室，对他们说："根据过去的教学表现，你们是本校最优秀的老师。因此，我们特意挑选了100名全校最聪明的学生组成三个班让你们教。这些学生比其他孩子聪明，希望你们能让他们取得更好的成绩。"

三位老师都高兴地表示一定尽力。校长又向他们特意强调：对待这些孩子，要像平常一样，不要让孩子或孩子的家长知道他们是被特意挑选出来的。老师们都答应了。

一年之后，这三个班的学生成绩果然排在整个地区的前列。这时，校长告诉了老师们真相：这些学生并不是刻意选出的最优秀的学生，只不过是随意挑出来的最普通的学生。老师们没想到会是这样，都认为自己的教学水平确实高。这时校长又告诉了他们另一个秘密，那就是，他们也不是被特意挑选出的全校最优秀的教师，也不过是普通老师。

这个结果正是教授所想要的：这三位教师都认为自己是最优秀的，并且学生又都是最聪明的，因此工作自然非常卖力，结果肯定非常好了。

在做任何事情以前，如果能够充分肯定自我，就等于已经成功了一半。当你面对挑战时，你不妨告诉自己：你就是最优秀的和最聪明的，那么结果肯定完全不同。

87. 这次实验有什么秘密？
    A 学生特别优秀　　　　　　　B 学生是专门挑出来的
    C 老师和学生都很普通　　　　D 教师的教学水平非常高

88. 这三个班学生的成绩为什么好？
    A 教师很优秀　　　　　　　　B 学生特别聪明
    C 得到学校的支持　　　　　　D 教师对工作充满信心和热情

89. 根据上文，下面哪项正确？
    A 教授对实验结果不满意　　　B 教师的工作态度跟以前一样
    C 这个实验中心理因素是关键　D 学生知道自己是被特意挑出来的

90. 作者主要想告诉我们什么？
    A 骗人并不总是坏事　　　　　B 自信是成功的关键
    C 成绩跟是否聪明无关　　　　D 教师在教育中的重要性

三、书 写

第一部分

第91—98题：完成句子。

例如：发表　　这篇论文　　什么时候　　是　　的

　　　这篇论文是什么时候发表的？

91. 说服　　似乎　　小伙子　　被　　了

92. 你们老板的　　煮得　　确实　　饺子　　难吃

93. 绝对　　单调的　　称不上　　生活　　完美

94. 用剪刀　　破　　把牛仔裤　　剪　　孩子　　了

95. 主动　　承担　　居然　　最艰巨的　　老王　　任务

96. 协调　　要尽量　　各方面的　　利益　　我们

97. 建议　　几个　　专家的　　比较　　合理　　相对

98. 愿望　　曾经的　　实现了　　终于

第二部分

第99—100题：写短文。

99. 请结合下列词语（要全部使用），写一篇80字左右的短文。

　　健身房　操场　满足　果然　毕业

100. 请结合这张图片写一篇80字左右的短文。

新汉语水平考试
HSK（五级）
全真模拟题 5

注　意

一、HSK（五级）分三部分：

　　1. 听力（45题，约30分钟）

　　2. 阅读（45题，45分钟）

　　3. 书写（10题，40分钟）

二、**听力结束后，有5分钟填写答题卡。**

三、全部考试约125分钟（含考生填写个人信息时间5分钟）。

中国　北京　　　　　　　　　××××/××××××　　编制

一、听 力

第一部分

第1—20题：请选出正确答案。

1. A 真实 B 抽象
   C 糟糕 D 难看

2. A 男的状况很糟糕 B 男的应该去看医生
   C 男的没必要去医院 D 男的缺少学习动力

3. A 很难 B 没必要
   C 很可怕 D 很轻松

4. A 酒的口味多 B 喜欢酒吧的设计
   C 对他有特殊意义 D 酒吧的气味很好闻

5. A 善良 B 大方
   C 变自觉了 D 喜欢大声说话

6. A 超市 B 操场
   C 商场 D 健身房

7. A 外国人不喜欢武术 B 功夫电影没有影响
   C 只有中国人才喜欢武术 D 武术不是奥运会正式比赛项目

8. A 不想帮他买票 B 自己也没带钱
   C 觉得男的小气 D 可以帮男的买票

9. A 女的不喜欢运动 B 男的明天想去游泳
   C 女的明天不想去爬山 D 男的明天想去图书馆

10. A 票很容易买　　　　　　　　B 买票的人不多
    C 女的想看这部电影　　　　　D 男的会和同学去看电影

11. A 女的考得不错　　　　　　　B 男的觉得试卷不难
    C 男的对成绩很满意　　　　　D 男的比女的爱学习

12. A 不想买　　　　　　　　　　B 质量不好
    C 使用不方便　　　　　　　　D 价格有点儿贵

13. A 这部连续剧很差　　　　　　B 不应该有爱情话题
    C 这部连续剧不单调　　　　　D 应该反映生活中的其他方面

14. A 能学到知识　　　　　　　　B 没有别的选择
    C 小孩子比较单纯　　　　　　D 动画片好懂又好玩儿

15. A 自豪　　　　　　　　　　　B 乐观
    C 吃惊　　　　　　　　　　　D 平静

16. A 考驾照很难　　　　　　　　B 考驾照非常容易
    C 考驾照的人很多　　　　　　D 有些人没通过考试

17. A 星期三　　　　　　　　　　B 星期四
    C 星期五　　　　　　　　　　D 周末

18. A 女的不常上网　　　　　　　B 女的电脑出问题了
    C 女的喜欢上网玩儿游戏　　　D 女的电脑没有装杀毒软件

19. A 记者　　　　　　　　　　　B 教练
    C 运动员　　　　　　　　　　D 解说员

20. A 身体不太好　　　　　　　　B 喜欢吃油炸食物
    C 平常只吃蔬菜和水果　　　　D 觉得油炸食品不健康

第 二 部 分

第 21—45 题：请选出正确答案。

21. A 男的要回家　　　　　　B 女的正在办卡
　　C 女的有信用卡　　　　　D 男的建议办银行卡

22. A 没结婚　　　　　　　　B 没办婚礼
　　C 跟女的不熟　　　　　　D 请女的去旅游

23. A 很有钱　　　　　　　　B 在减肥
　　C 自己装修　　　　　　　D 是设计师

24. A 水煮鱼很香　　　　　　B 水煮鱼不健康
　　C 水煮鱼油越多越好　　　D 对水煮鱼很感兴趣

25. A 签字　　　　　　　　　B 等人
　　C 寄包裹　　　　　　　　D 打电话

26. A 肚子疼　　　　　　　　B 喝了酒
　　C 想去厕所　　　　　　　D 吃了海鲜和饺子

27. A 骨头断了　　　　　　　B 需要手术
　　C 昨天踢球了　　　　　　D 应该在家休息休息

28. A 小李没有经验　　　　　B 小李有专业知识
　　C 小李办事不细心　　　　D 他们不喜欢小李

29. A 曲子太难了　　　　　　B 孩子不够耐心
　　C 老师教得一般　　　　　D 孩子有点儿马虎

30. A 生病了　　　　　　　　B 很想父母
　　C 有人想念他　　　　　　D 要去中国旅游

31. A 得病了　　　　　　　　　B 逃走了
    C 被车撞伤了　　　　　　　D 正参加比赛

32. A 很严重　　　　　　　　　B 不知道
    C 不太严重　　　　　　　　D 无任何问题

33. A 女人该不该结婚　　　　　B 女人和男人谁更重要
    C 女人也应该重视工作　　　D 男人不会永远爱一个女人

34. A 嫁得好不一定就幸福　　　B 女人应该有自己的工作
    C 有了家庭，男人就不爱女人了　D 女人没有工作，婚姻也不保险

35. A 自己长得帅　　　　　　　B 想挣很多钱
    C 是小时候的梦想　　　　　D 想得到女球迷的支持

36. A 非常差　　　　　　　　　B 中等水平
    C 得到了教练的肯定　　　　D 非常好，但是脚却受伤了

37. A 2℃　　　　　　　　　　　B 3℃
    C 5℃　　　　　　　　　　　D 6℃

38. A 明天有大风　　　　　　　B 下周可能会下雪
    C 明天不适合出行　　　　　D 今天空气质量良好

39. A 狗　　　　　　　　　　　B 马
    C 鬼　　　　　　　　　　　D 活动的动物

40. A 鬼　　　　　　　　　　　B 人
    C 动物　　　　　　　　　　D 皇帝

41. A 是否难画　　　　　　　　B "鬼"是假的
    C "鬼"不会运动　　　　　　D 没人知道"鬼"的样子

42. A 画家就是鬼　　　　　　　B 皇帝喜欢画画儿
　　C 画家最会画狗和马　　　　D 越是熟悉的东西越难画

43. A 老虎　　　　　　　　　　B 老鼠
　　C 管子　　　　　　　　　　D 电线

44. A 太长　　　　　　　　　　B 太旧了
　　C 又细又弯　　　　　　　　D 没有电线

45. A 为了逃跑　　　　　　　　B 为找食物
　　C 为了回家　　　　　　　　D 为了救母鼠

二、阅 读

第一部分

第46—60题：请选出正确答案。

46—48.

有个老工人盖了一辈子的房子，一天，他对老板说自己想要退休了，要回家与妻子儿女 __46__ 家庭的欢乐。

老板舍不得他的好工人走，问他是否能帮忙再建一座房子，老工人犹豫了一会儿，终于答应了。但是大家后来都看得出来，他的心已不在工作上，为了追求速度，工作干得非常 __47__ 。房子建好的时候，老板把大门的钥匙递给他。"这是你的房子，"他说，"我送给你的礼物。"老工人听到后，既 __48__ 又后悔。

46. A 承受　　B 制造　　C 享受　　D 度过

47. A 马虎　　B 迫切　　C 刻苦　　D 激烈

48. A 平静　　B 惭愧　　C 悲观　　D 好奇

49—52.

有一位皇帝特别爱骑马，愿意出一千两黄金购买一天能跑一千里的好马，然而时间过去了三年，始终没能买到，又过去了三个月，好不 __49__ 发现了一匹千里马，当皇帝派人带着大量黄金去买的时候，马已经死了。谁都没想到的是，被派出去买马的人居然用五百两黄金把千里马的骨头买了回来。皇帝生气地说："你为什么要 __50__ 我的黄金？我要的是活马，你怎么花这么多钱弄一匹死马来呢？"

这人回答道："这样别人肯定会想：死马都舍得花五百两黄金买， __51__ ？我们的这一 __52__ 必然会引来天下人为你提供千里马。"果然，没过几天，就有人送来了三匹千里马。

49. A 困难　　B 容易　　C 高兴　　D 宝贵

50. A 罚　　　B 换　　　C 破坏　　D 浪费

51. A 真是有钱！　　　B 有必要吗？
　　C 更何况活马呢？　D 究竟有什么用呢？

88

52. A 动作　　B 观点　　C 行动　　D 借口

53—56.

有一位女士非常害怕老鼠，看见老鼠就会全身___53___。有一天她看到一只老鼠竟然在自家的厨房地板上跑来跑去，便赶紧冲出屋子，搭上了公共汽车直奔商店。在那儿，她买了一只老鼠夹。店主告诉她："放块肉在里面，很快你就会___54___那只老鼠的。"

这位女士带着鼠夹回到家里，但她没有在家里找到肉。她不想再回到商店里去，因为已经很晚了。于是，她就从一份杂志中剪下一张牛肉的图片放进了夹子里。

奇怪的是，这画有牛肉的图片竟然真的起___55___了！第二天早上，这位女士来到厨房时，发现鼠夹里___56___！

53. A 发抖　　B 难受　　C 发愁　　D 发烧

54. A 追到　　B 抓住　　C 受伤　　D 消失

55. A 实用　　B 转变　　C 作用　　D 启发

56. A 照片不见了　　　　　B 只有一张照片
　　C 真的有一块牛肉　　　D 多了一张画有老鼠的图片

57—60.

足球运动是一项古老的体育活动，历史___57___。中国古代的一种球类游戏经过阿拉伯人传到欧洲后，逐渐发展成为现代足球。直到1848年，足球运动的第一个文字形式的规则《剑桥规则》___58___产生。所谓的《剑桥规则》，是19世纪早期牛津大学和剑桥大学之间进行比赛时___59___的一些规则。在现代足球的规则中，___60___，原来当时在学校里每间宿舍住有10个学生和一位教师，所以他们就每方11人进行宿舍与宿舍之间的比赛。

57. A 古老　　B 悠久　　C 长久　　D 丰富

58. A 便　　　B 就　　　C 才　　　D 已经

59. A 制定　　B 称呼　　C 制作　　D 主张

60. A 有些内容很有意思　　　　B 有些内容并不合理
　　C 有很多跟《剑桥规则》有关　D 为什么每队只允许11人上场呢

第 二 部 分

第61—70题：请选出与试题内容一致的一项。

61. 开学前，许多家长都会陪孩子逛书店，提前买一些新学期的课外书。专家提醒并强调，要根据孩子的特点和兴趣买一些适合他们的书，数量不必太多，避免给孩子带来过大压力。

    A 孩子们的压力太大
    B 父母给孩子买的书越多越好
    C 买书要参考孩子的爱好和特点
    D 快开学时，孩子们会自己去书店买书

62. 男人和女人，谁更聪明？这是一个争论了很久的问题。一项科学研究近日宣布结束，并交出了一份令"半边天"满意的答案：女性比男性更聪明。然而这一结果却让男人们有些"挂不住脸"。

    A 实际上男性比女性更聪明
    B 研究结果让男人们觉得不舒服
    C 以前人们就认为女人比男人聪明
    D 男人聪明还是女人聪明，答案很清楚

63. 灰尘藏在床下、墙边和桌脚，永远无法彻底处理干净。通常，很多人认为灰尘的危害并不是很大。不过科学研究却发现，灰尘的成分远比人们想象的复杂。其中一些物质毒性较大，可能危害身体健康。

    A 灰尘的危害不是非常大
    B 人们把灰尘想象得很复杂
    C 灰尘不容易发现，很难完全打扫干净
    D 灰尘必然对人的身体健康造成严重危害

64. 老王的眼睛瞎了，一天晚上，他却提着明亮的灯出了门。邻居们十分好奇，忍不住问道："你眼睛看不见，提着灯又有什么用呢？""当然有用。"他认真地回答道，"虽然我看不见，但是有了这灯，在黑暗中你们就可以看得见了，自然就不会撞到我了。"

A 老王提灯是为了看路
B 老王提灯没有什么用
C 老王提灯只是为了方便别人
D 老王提灯是为了避免别人撞到自己

65. 去年中国汽车生产和销售分别为1379.10万辆和1364.48万辆，首次成为世界汽车生产销售第一大国。其中家庭用车的销售量是汽车销售总量的51％，占乘用车销售总量的44％。

    A 去年中国汽车销售量大于生产量
    B 去年中国再次成为汽车第一大国
    C 去年中国乘用车的销售量比例是44％
    D 去年中国家庭用车的销售量超过总销售量的一半

66. 我上周一早上在邮局给家乡寄了两个包裹。今天又到周一了，可是爸妈说包裹还没收到。因为当时包裹包装得不是很好，所以我有点儿发愁。要是里面的衣服丢了，爸妈就收不到我的新年礼物和祝福了。

    A 爸妈给我寄了两个包裹
    B 包裹寄出去不到一个星期
    C 我没有给爸妈送新年礼物
    D 我给爸妈送的新年礼物是衣服

67. 包子是中国传统美食之一，味道很好而且价格便宜。包子里通常是各种蔬菜、肉或者糖，而里面什么都没有的就叫馒头。在中国南方有些地区，馒头与包子是没有分别的，比如北方的肉包子在南方则被称作"肉馒头"。

    A 包子是现在才有的食物
    B 在中国，包子和馒头是一样的
    C 包子里面什么都没有，只有馒头
    D 做包子一般需要蔬菜、肉或者糖

68. 北风吹，黄叶落，又到了一年的冬天。很多人不喜欢北京冬天有风的那几天，尤其是出生在南方的人，常常觉得它太使劲儿了，仿佛情绪不稳定的人。可是我却不一样，我喜欢在这样的寒风中迎接新的一年。

  A 我是南方人
  B 我喜欢北京冬天的风
  C 很多南方人不喜欢冬天
  D 冬天有风的时候，南方人情绪不稳定

69. 3月5日8点，在广州火车站售票窗口，小李排了五分钟队，就买到了一张3月12日到北京的火车票。小李说："本来觉得很难买，没想到挺快的，而且还可以睡着到北京。"

  A 小李买的火车票是坐票
  B 小李提前4天买的火车票
  C 小李很容易就买到了火车票
  D 小李买的火车票终点站是广州

70. 猪和奶牛被关在同一个地方。有一次，主人使劲儿往外拉小猪，它就不停地大声叫。奶牛讨厌它的叫声，说："主人常常拉我出去，可是我从来不叫，不像你，叫得这么大声。"小猪听后回答："这完全不一样，拉你出去，只是要你的奶，拉我出去，却是要我的命！"

  A 小猪平时就喜欢大声叫
  B 主人从来不拉奶牛出去
  C 主人拉小猪出去是要杀它
  D 奶牛的叫声比小猪的叫声大

第 三 部 分

第71—90题：请选出正确答案。

71—73.

在一个村庄里，住着一位老人，村里人有什么问题都来问他。有一天，一个聪明又调皮的孩子想要故意为难那位老人。他抓了一只小鸟，握在手中，跑去问老人："老爷爷，听说您是最有智慧的人，不过我却不相信。如果您能猜出我手中的鸟是活的还是死的，我就相信了。"

老人注视着小孩儿狡猾的眼睛，心里明白，如果他回答小鸟是活的，小孩儿会偷偷用力把小鸟弄死；如果他回答是死的，小孩儿就会张开双手让小鸟飞走。老人拍了拍小孩儿的肩膀笑着说："这只小鸟的死活，就全看你的了！"

其实每个人的命运，就像那只小鸟一样，完全掌握在你自己的手中。

71. 小孩儿为什么去找老人？
    A 他有一个问题要问老人
    B 他想让老人帮他抓一只小鸟
    C 他想看看老人是不是真的有智慧
    D 他想从老人那里知道自己的命运

72. 老人觉得正确答案应该是：
    A 小鸟是活的
    B 小鸟是死的
    C 小孩儿已经知道了
    D 自己怎么回答都不能答对

73. 作者认为：
    A 成功要靠自己和命运
    B 努力也不一定能成功
    C 人的命运谁都决定不了
    D 人的命运只有自己能决定

74—77.

有一天，神创造了三个人。他问第一个人："你准备怎样度过自己的一生？"第一个人想了想，回答说："我要充分利用生命去创造。"

神又问第二个人："你呢？"第二个人想了想，回答说："我要充分利用生命去享受。"

神又问了第三个人，他回答道："我既要创造人生又要享受人生。"

神给第一个人打了50分，给第二个人打了50分，给第三个人打了100分，他认为第三个人才是最完美的人，他甚至决定多生产一些这样的人。

第一个人长大后，放弃了爱情，离开了家庭，他为真理而奋斗，为其他人做出了许多贡献。他去世的时候，人们赶来为他送行。很多年后，他还一直被人们深深怀念着。

第二个人长大后，身边只有美女，手中只有美酒，为了金钱和权力，他可以做任何事。慢慢地，他拥有了无数的财富，最后得到了应有的惩罚，成了一个犯人，永远失去了自由。

第三个人长大后，没有任何不平常的表现。他建立了自己的家庭，过着普通的生活。很多年后，没有人记得他的存在。

人类为第一个人打了100分，为第二个人打了0分，为第三个人打了50分。这个分数，才是他们的正确得分。

为什么神的打分和人类的打分存在着这么大的差别？你当然可以说是神错了，但是最好的解释是：人要为自己活着，不是为神而活。

74. 第一种人：
    A 数量最多　　　　　　　B 受到人们尊敬
    C 为家庭一直奋斗　　　　D 偶尔也享受人生

75. 关于第二个人，下面哪项不正确？
    A 喜欢享受　　　　　　　B 缺乏责任感
    C 生活得很幸福　　　　　D 对社会贡献不大

76. 人类给三个人打分的标准是什么？
    A 是否热爱家庭　　　　　B 创造了多少财富
    C 获得权力的大小　　　　D 为别人做出了多大的贡献

77. 为什么神和人类给出了不同的分数？
   A 神也会犯错　　　　　　　B 人类不如神聪明
   C 生活的社会环境不同　　　D 考虑的角度和标准不同

78—82.

小李、小刘、小张和小钱抬着一只沉重的箱子，在沙漠里艰难地一步一步往前走。他们被老周雇佣进入沙漠寻宝。老周不幸得了病而长眠在沙漠中。

这个箱子是老周临死前亲手制作的。他十分诚恳地对四个人说道："我要你们向我保证，一步也不离开这只箱子。如果你们把箱子送到我朋友王教授手里，我也向你们保证，你们将分得比金子还要贵重的东西。"然后四个人就上路了，迷路了好几次，箱子也越来越沉重，而他们的力气却越来越小了。如果不是这个箱子，他们早就全倒下了。四个人互相看着对方，不准任何人单独乱动这只箱子。在最艰苦的时候，是比金子还贵重的宝贝让他们坚持了下来。终于走出了沙漠后，四个人急忙找到王教授，但教授似乎没听懂，说道："我是一无所有啊，或许箱子里有什么宝贝吧。"于是当着四个人的面，教授打开了箱子，大家一看都傻了，一堆无用的木头和石头！

"这开的是什么玩笑？"小李说。

"一钱不值，我早就看出那家伙有神经病！"小刘大叫道。

"比金子还贵重的宝贝在哪里？我们上当了！"小张快气疯了。

此刻，只有小钱没说话，他想起了他们刚走出的沙漠里到处都是死人的骨头，他想起了如果没有这只箱子，他们四人或许早就倒下去了。小钱站起来，对伙伴们大声说道："你们不要再生气了。我们确实得到了比金子还贵重的东西，那就是活下去的机会！"

78. 根据上文，可以知道老周：
   A 很有钱　　　　　　　　B 骗了王教授
   C 是个善良聪明的人　　　D 没机会享受比金子还贵重的宝贝

79. 老周在沙漠里怎么了？
   A 病死了　　　　　　　　B 找到了宝贝
   C 找不到路了　　　　　　D 发现了一个秘密

80. 这个箱子：
    A 是王教授的   B 救了四个人的命
    C 是在沙漠里捡到的   D 里面有值钱的宝贝

81. 抬箱子的四个人：
    A 很信任对方   B 怀疑王教授是骗子
    C 对箱子里的东西很满意 D 差点儿死在走出沙漠的路上

82. 四个人最后得到的宝贝是什么？
    A 箱子   B 生命
    C 金子   D 珍贵的石头

83—86.

有三个孩子在树林里玩耍，都不小心被树枝挂破了裤子。面对裤腿上的破洞和孩子不安的表情，三个母亲用不同的态度来处理了这件事情：

第一个母亲狠狠地批评了孩子一顿，然后，用一根线绳像系麻袋一样把那个破洞扎紧，整条裤腿因此显得皱皱巴巴。破洞是没有了，取而代之的那个结却像孩子撅起的小嘴，孩子也因此受到严厉的警告："今后再也不准到树林里玩耍。"

第二个母亲什么都没有说，默默地把那个破洞一针一线缝补好，裤子上留下了针线的痕迹。

第三个母亲看到孩子裤腿上的破洞后安慰孩子道："不要紧，哪个小孩子不贪玩？你奶奶说你爸爸小时候比你还调皮呢。"说完，她把孩子的裤子脱下来，用彩线在破洞上绣了朵漂亮的小红花儿，好像原本那里就有一朵花儿，孩子笑得好开心。

看了这个故事，你不难想象，同样的问题，因为用了三种不同的解决办法，就导致了不同的结果：第一个母亲让孩子感到恐惧和失望，那皱巴巴的裤腿就如同她脸上写满的愤怒，孩子不得不活在她的意愿中；第二个母亲平平常常，孩子得到的是一个顺其自然的生活环境；第三个母亲是最优秀的教育家，她用裤子上的花朵启发了孩子的美好想象，她脸上的微笑给了孩子更多的宽容，让孩子在成长的路上充满自信并富有创造力。在我们现实生活中，第一种母亲不少，第二种母亲不多，我们缺少的是第三种母亲的教育方法。

生活是一门常学常新的艺术,有时候父母一个简单的方法会影响到孩子的一生。那些会生活懂得生活的父母,从来不放弃任何一个给孩子希望的机会,宽容的笑脸是孩子一生努力进取的希望所在。如果为人父母者都能懂得这个道理,孩子的将来是多么美好啊!

83. 第一位母亲对孩子是什么态度?
   A 愤怒   B 鼓励
   C 关心   D 无所谓

84. 作者认为第二位母亲:
   A 最优秀   B 不多见
   C 不应沉默   D 让孩子更自信

85. 第三个孩子在人生道路上会:
   A 少犯错   B 非常顺利
   C 更加小心   D 更有创造性

86. 最适合做上文标题的是:
   A 家庭的温暖
   B 给孩子一些宽容
   C 给孩子玩耍的空间
   D 如何教育调皮的孩子

87—90.
有选择好,选择越多越好,这几乎成了人们生活中的常识。但是最近由美国哥伦比亚大学、斯坦福大学共同进行的研究表明:选项越多反而可能造成不好的影响。科学家们曾经做了一系列实验,其中一个实验是让一组人在5种巧克力中选择自己想买的,另外一组人在30种巧克力中选择。结果,后一组中有更多人感到所选的巧克力不大好吃,对自己的选择有点儿后悔。

另一个实验是在加州斯坦福大学附近的一个以食品种类繁多闻名的超市进行的。工作人员在超市里提供了两种饮料,一种有6种口味,另一种有24种口味。结果显示有24种口味的饮料吸引的顾客较多:242位经过的客人中,60%会停下试喝;看到6种口味的饮料时,停下试喝的只有40%。不过最终的结果却是出乎意料：在有6种口味的饮料前停下的顾客30%都至少买了一瓶饮料，而在有24种口味的饮料前停下的试喝者中只有3%的人购买了饮料。

为什么会出现这种结果呢？是因为太多的东西容易让人拿不定主意，反而更容易做出错误的选择。

87. 根据上文，在30种巧克力中进行选择的人：
   A 选择时间更长　　　　　　B 性格比较犹豫
   C 购物时心情比较愉快　　　D 更容易对选中的巧克力不满意

88. 与6种口味的相比，24种口味的饮料：
   A 口味更好　　　　　　　　B 销售情况更好
   C 能吸引更多的人购买　　　D 更能吸引人们的注意

89. 太多的选择导致：
   A 心情变坏　　　　　　　　B 资金的浪费
   C 选择过程中的犹豫　　　　D 消费者对商品的不信任

90. 两所大学的实验表明：
   A 选择越多越有利　　　　　B 选择多未必是件好事
   C 心情不好时应多吃巧克力　D 多数购买者会对自己的选择后悔

三、书写

第一部分

第91—98题：完成句子。

例如：发表　　这篇论文　　什么时候　　是　　的

这篇论文是什么时候发表的？

91. 不小心　　碎　　被　　摔　　鼠标　　了

92. 目前的　　问题　　解决　　离婚　　也不能　　彻底

93. 办理了　　保险　　多种形式的　　政府　　为志愿者们

94. 巨大的　　企业　　承受着　　相关　　资金　　压力

95. 这几种　　营养　　蔬菜的　　那么　　全面　　未必

96. 预订的　　把　　房间　　取消了　　上网

97. 设计得　　巧妙　　尤其　　展览区　　博物馆的

98. 非常　　珍惜　　他们共同的　　他　　宝贵　　记忆

第 二 部 分

第 99—100 题：写短文。

99. 请结合下列词语（要全部使用），写一篇 80 字左右的短文。

　　待遇　现象　到底　社会　精彩

100. 请结合这张图片写一篇 80 字左右的短文。

新汉语水平考试 HSK（五级）全真模拟题 1 答案

一、听　力

第一部分

1. D	2. D	3. C	4. C	5. B
6. A	7. C	8. D	9. A	10. D
11. C	12. B	13. B	14. D	15. C
16. C	17. A	18. C	19. C	20. C

第二部分

21. D	22. C	23. A	24. C	25. D
26. D	27. C	28. C	29. B	30. D
31. D	32. B	33. A	34. B	35. C
36. D	37. A	38. B	39. C	40. A
41. B	42. D	43. D	44. D	45. A

二、阅　读

第一部分

46. D	47. A	48. A	49. C	50. B
51. D	52. C	53. C	54. C	55. B
56. D	57. C	58. C	59. D	60. A

第二部分

61. B	62. D	63. C	64. D	65. B
66. D	67. C	68. D	69. A	70. C

第三部分

71. D	72. A	73. D	74. C	75. A
76. D	77. A	78. C	79. A	80. C
81. A	82. B	83. C	84. A	85. A
86. C	87. D	88. D	89. B	90. A

三、书 写

第一部分

91. 他的研究成果已经被报道了。
92. 卫生间安装了这种半透明的玻璃。
    这种卫生间安装了半透明的玻璃。
93. 这类商品的设计者的确很了不起。
94. 请工程师把规则再强调一遍。
95. 领导不得不答应他辞职的请求。
96. 恭喜你实现了自己的梦想。
97. 王总对这个项目的态度非常冷淡。
98. 这几个学生的试卷答得极其出色。

第二部分

99. 小明是一个粗心的人，上课不专心听讲，也不认真思考，所以每次考试，他的成绩都不好。班主任教育他：学习要仔细认真，才能取得好成绩。听了老师的话，小明学习努力了，考试分数也高了。

100. 大卫和安妮结婚了。大卫是摄影师，安妮是杂志模特儿，他们是在工作中认识的。今天，安妮穿上了白色的婚纱，手捧鲜花，笑容格外美丽。大卫则拿着他的照相机，对着心爱的人拍个不停。在他的眼里，安妮是最美的新娘。

新汉语水平考试 HSK（五级）全真模拟题 1 材料及题解

一、听力材料及听力部分题解

（音乐，30秒，渐弱）

大家好！欢迎参加 HSK（五级）考试。
大家好！欢迎参加 HSK（五级）考试。
大家好！欢迎参加 HSK（五级）考试。

HSK（五级）听力考试分两部分，共45题。
请大家注意，听力考试现在开始。

第 一 部 分

第1到20题：请选出正确答案。现在开始第1题：

题型介绍及解题技巧分析[①]

1—20题，男、女各说一句话。常见的题型有两大类型：判断题和选择题。判断题需要考生根据对话判断每个选项的正误，再选出唯一正确或错误的一项；选择题包括时间题、数字题、地点题、关系/身份题等，要求考生根据对话和问题选出唯一正确的一项。这部分对话简单，信息量少，相对容易。考生在听时，既要注意听力材料本身，也要注意问题，选出准确的答案。

1.

男：不是买一送一吗？怎么只给了我一双皮鞋，你们送的鞋子呢？
女：您误会了，本次活动是买一双皮鞋送一双袜子，都给您放到鞋盒里了。
问：根据对话，可以知道什么？

A 男的买了两双皮鞋
B 男的想再买一双皮鞋
C 女的忘记给男的袜子了
D 活动只送袜子，不送皮鞋

【题解】 从选项来看，这是一道判断题，内容和买皮鞋有关。

从听力材料可以知道男的买了一双皮鞋，他以为商场"买一送一"的

[①] 说明：本书中新汉语水平考试 HSK（五级）试题1的题型介绍及解题技巧分析部分保留，新汉语水平考试 HSK（五级）试题2、3、4、5中此部分省略。

活动是再送一双皮鞋，所以 A、B 都是错的。女的回答："本次活动是买一双皮鞋送一双袜子，都给您放到鞋盒里了。"说明 C 是错的，D 是对的。

2.

> 男：最近作文水平一直得不到提高，我想换套写作教材。
> 女：如果你还是这种学习态度的话，你就是请教授来专门辅导也没用。
> 问：根据对话，可以知道什么？

A 男的喜欢现在的教材
B 男的作文写得非常棒
C 女的建议男的找辅导老师
D 女的认为男的学习态度不好

【题解】 根据选项可以知道，这道题和男的学习状况有关，是一道判断题。

从听力材料来看，男的说自己作文水平"得不到提高"，"想换套写作教材"，说明 A、B 都是不对的。女的回答是个假设句，"就是……也"表示假设兼让步，说明女的不是建议男的找辅导老师，而是认为他的学习态度有问题，C 是错误的，D 是正确的。

3.

> 男：李红，我妹妹要来北京考试，能让她在你宿舍住几天吗？
> 女：学校有学校的规定，该遵守的必须遵守，你还是花点儿钱给她找家宾馆吧。
> 问：根据对话，下面哪项不正确？

A 男的有个妹妹
B 女的没答应男的
C 女的会帮男的找宾馆
D 学校不允许外人住在宿舍

【题解】 从选项来看，本题是一道判断题，内容可能是男的请女的帮忙安排住宿。

在听力材料中，男的说："我妹妹要来北京考试。"说明 A 正确；男的想让妹妹住在女的宿舍，女的说："你还是花点儿钱给她找家宾馆吧。"说明女的拒绝了男的，因为学校不允许外人住宿舍，所以 B、D 也都正确；女的建议男的给妹妹找宾馆，但没说帮男的找宾馆，因此 C 是错误的。注意本题是让考生选择错误的选项，答案是 C。

4.

> 男：我床底下那双球鞋哪儿去了？吃完饭我还要去踢球呢。
> 女：洗了，在阳台上晒着呢！踢什么球，去幼儿园接儿子去！
> 问：根据对话，可以知道什么？

A 男的要去洗球鞋
B 鞋子现在在床底下
C 女的反对男的去踢球

— 104 —

D 他们的女儿在幼儿园

【题解】 从选项来看，本题是一道判断题，需要考生通过对话，判断一些细节的正误。

在听力材料中，男的问女的球鞋在哪儿，女的回答："洗了，在阳台上晒着呢！"说明球鞋不在床底下，B错误；男的找球鞋是因为他吃完饭"还要去踢球"，而不是要去洗球鞋，说明A也是错误的；女的说："踢什么球，去幼儿园接儿子去！"说明女的不同意男的去踢球，C是正确的；他们的儿子在幼儿园，而不是女儿，所以D是错误的。

5.

男：宝贝女儿，快带弟弟去睡觉吧，明早带你们去博物馆玩儿。
女：什么叫博物馆啊？我想去动物园。
问：男的和女的是什么关系？

A 父子 B 父女 C 兄妹 D 姐弟

【题解】 从选项来看，本题是一道关系题。这一类型的题目，考生首先应该注意说话人之间的称呼，如果能从称呼中直接判断两人的关系，可以简化做题步骤；但如果说话人之间没有称呼，则需通过对话内容判断两人的关系。

从听力材料来看，对话一开始男的就称呼女的为"宝贝女儿"，考生可以忽略后面的内容，直接判断本题的答案为B。

6.

女：开会要迟到了，咱们赶紧打的去公司吧。
男：没必要，没见正堵车吗？再说今天经理又不出席，早去晚去一个样。
问：关于男的，下面哪项正确？

A 今天有会   B 准备打的
C 担心会迟到   D 开车去公司

【题解】 从选项来看，本题是一道判断题，内容和怎么去公司有关。

在听力材料中，女的提到"开会要迟到了"，说明他们今天有会，A正确；女的建议"打的"去公司，男的则觉得："没必要，……早去晚去一个样"，说明他不准备打的，也不担心迟到，B、C都是错误的。选项D材料中没有明确说明，所以也不正确。本题答案是A。

7.

男：服务员，烤鸭还是88一套吧？给我来半套。
女：现在正搞活动呢，烤鸭特价只要50，所以就不能点半套了。
问：男的现在要花多少钱才能吃到烤鸭？

105

A 88   B 44   C 50   D 25

【题解】 从选项来看，这是一道数字题，考生一定要注意听力材料中提到的数字。需要注意的是，对话中可能会提到不止一个数字，答案可能是提到的数字之一，也可能需要通过简单计算才能得到答案。因此考生一定要听清楚问题。

从听力材料来看，这家饭店平时烤鸭 88 一套，现在烤鸭特价只要 50 元，所以不能点半套了。说明 C 是现在一套烤鸭的价格。本题答案是 C。

8.

女：张东，你都多少年没来我家啦？
男：最后一次来还是你二十岁生日聚会的时候，这都四十年过去了，咱们都当爷爷奶奶啦！
问：女的现在多少岁？

A 二十岁   B 四十岁
C 五十岁   D 六十岁

【题解】 根据选项可以知道，这还是一道数字题，重点是岁数，考生听的时候要特别注意提到的岁数，并要听清楚问题。

从听力材料来看，男的提到了他们最后一次见面是女的"二十岁生日聚会"，然后又说"四十年过去了"，说明女的已经六十岁了，男的最后说"当爷爷奶奶啦"，进一步证明他们都

六十岁了。答案是 D。

9.

男：你怎么光给我叉子啊，没勺子怎么喝汤呢？
女：真抱歉，今天客人太多，实在忙不过来了。
问：男的可能在哪儿？

A 餐厅   B 超市   C 学校   D 家里

【题解】 从选项来看，这是一道地点题。做这一类型的题，考生要特别注意材料中带有明显地点特征的词语。

从听力材料来看，男的提到了"叉子"、"勺子"、"喝汤"等词，说明地点和吃饭有关，不是餐厅就是家里。男的用质问和责怪的语气表示不满，女的向男的道歉并解释原因：客人太多，忙不过来，说明对话发生在餐厅。答案是 A。

10.

女：快看，天空有道彩虹，太美了，今天真是美好的一天啊！
男：刚才下大雨的时候，你可没这么说啊。
问：根据对话，可以知道什么？

A 彩虹消失了
B 现在正在下雨
C 女的喜欢下雨
D 女的现在心情很好

【题解】 从选项来看，这是一道判断题，内容和下雨有关。四个选项中，A、B是两个关于天气的事实，C、D和女的心情有关，考生需要注意这两方面的信息。

从听力材料来看，"快看，天空中有道彩虹"和"刚才下大雨"，可以判断A、B都不正确；女的说："今天真是美好的一天啊！"说明她现在心情很好，D正确；男的说："刚才下大雨的时候，你可没这么说啊。"说明女的下大雨时心情没这么好，进一步告诉我们女的不喜欢下雨，C错误。答案是D。

11.

男：听说你的男朋友当了政府办公室主任，不错啊，这么年轻就当领导了，肯定有前途。
女：哪儿啊，是个班主任。
问：关于女的男朋友，可以知道什么？

A 有前途　　　　B 是领导
C 是老师　　　　D 在政府工作

【题解】 从选项上看，本题是一道关于身份的选择题。

在听力材料中，男的听说女的男朋友"当了政府办公室主任"、"当领导了"，因此认为女的男朋友"有前途"。而女的却说："哪儿啊，是个班主任。"考生应当了解这里的"哪儿啊"不是问地点，而是一种否定，因此A、B、D都不对。本题最大的难度在于"班主任"一词，这是学校里对班级负责老师的称呼，这要求考生对汉语的日常生活用语有一定的了解。答案是C。

12.

女：你要开电扇还是开空调？
男：我不热，把窗户打开通通风吧，我想呼吸呼吸新鲜空气。
问：关于男的，可以知道什么？

A 觉得热　　　　B 想开窗
C 希望开电扇　　D 希望开空调

【题解】 从选项上看，这段对话发生在天气热的时候，重点是对话人的想法。B、C、D三个选项很接近，答案很可能集中在这三项上。

从听力材料来看，虽然B、C、D三个选项都提到了，但问题是："关于男的，可以知道什么？"所以男的回答很关键："我不热，把窗户打开通通风吧，……"说明他想开窗，同时说明A错误。答案是B。

13.

男：你好，我想要两张28号去上海的火车票。
女：对不起，只能提前10天预订，后天再来吧。
问：男的可能在什么地方？

A 上海　　　　B 火车站
C 飞机场　　　D 汽车站

【题解】　从选项来看，这是一道地点题，其中B、C、D是同一类型的地点，答案比较可能集中在这几项上。

从听力材料来看，男的说："我想要两张8号去上海的火车票。"说明他在买火车票，他不可能在汽车站或飞机场，所以C、D错误，而A是他要去的地方。答案是B。

14.

> 男：你选择男朋友的时候最看重什么？外貌、身高还是学历？
> 女：这些我都不看重，只要他够幽默就行了。
> 问：女的找男朋友时，看重什么？

A 学历　　　　B 外貌
C 身高　　　　D 幽默感

【题解】　从选项来看，这是一道选择标准题。四个选项可能不止一个出现在材料中，考生一定要听清楚对话的内容和问题。

在听力材料中，四个选项全都提到了，其中A、B、C三个选项都是男的问的问题，而关键是女的回答；女的说："只要他够幽默就行了。"说明女的只看重幽默感。答案是D。

15.

> 女：你的表几点了？比赛怎么还不开始？
> 男：差一刻钟七点，咱们还得等45分钟。
> 问：比赛几点开始？

A 6：45　　　　B 7：15
C 7：30　　　　D 7：45

【题解】　从选项可以看出，这是一道时间题，考生要注意听清楚材料中提到的时间和问题。

在听力材料中，女的问男的时间，男的说："差一刻钟七点，咱们还得等45分钟。"说明现在是6：45，离比赛开始还有45分钟，通过简单计算，我们知道比赛是7：30开始。答案是C。

16.

> 男：告诉我你的地址，我把资料寄给你。
> 女：能发传真吗？我急用。
> 问：根据对话，可以知道什么？

A 女的不太着急
B 女的不知道地址
C 女的希望男的发传真
D 男的把资料寄给女的了

【题解】　从选项中我们可以看出，这是一道判断题。A、B、C三个选项都跟女的有关，可以推测女的话比较重要。

108

从听力材料来看，男的向女的要地址，要把资料寄给她，但还没寄，说明D错误；女的说："能发传真吗？我急用。"说明A错误，C正确，B材料中没有提到。答案是C。

17.

> 男：你还在原来的公司吗？
> 女：早就辞职了，那儿的经理看不起本科生，待遇又差，最关键的是没有前途。
> 问：关于女的辞职的原因，下面哪项不正确？

A 工作太累　　　B 待遇不好
C 工作没前途　　D 经理不喜欢她

【题解】　从选项来看，这是一道判断题。考生要特别注意本题的问题。

在听力材料中，女的评价原来的工作："那儿的经理看不起本科生，待遇又差，最关键的是没有前途。"除了A，其他几个选项都提到了。

本题的问题是要求考生选出错误的一项。选项A女的没有提到，不是她辞职的原因，答案是A。

18.

> 女：你怎么骑上自行车了？车呢？坏了吗？
> 男：没坏，给儿子开了，骑车不仅环保，还能锻炼身体，多
> 好啊，我已经骑了两个月了。
> 问：男的为什么没开车？

A 车坏了
B 身体不太好
C 改骑自行车了
D 车今天被儿子开走了

【题解】　从选项来看，A、D选项中的"车"应该指汽车，可以推测对话应该跟车有关。

在听力材料中，男的说他的车"没坏"，A错误；他又说："我已经骑了两个月了。"说明他改开车为骑车了，C正确；比较有迷惑性的选项是D，根据对话我们知道，他所说的"给儿子开了"，不是今天给儿子开，而是完全把车让给儿子开了，所以D也不正确。答案是C。

19.

> 女：你的新单位怎么样？
> 男：待遇挺好，就是竞争太激烈了，同事都是工程师，只有我是大学刚毕业的本科生。
> 问：男的现在有什么问题？

A 待遇低　　　　B 成绩差
C 压力大　　　　D 业务多

【题解】　从选项上看，四个选项属于同一类型，对话应该和说话人的工作状态有关。

从听力材料看，男的说自己的新

单位"待遇挺好,就是竞争太激烈了",说明 A 错误;而"竞争激烈"和 C 有关,所以 C 正确。B、D 两个选项没有提到。答案是 C。

C 女的正在工作
D 男的晚上睡不着

【题解】 从选项来看,这是一道判断题。

从听力材料看,男的让女的少喝点儿咖啡,"晚上又该睡不着了"是说女的睡不着,而不是男的,D 错误;"你以为我爱喝啊"这是一个反问句,说明女的不爱喝咖啡,B 也错误;女的又说:"总结报告还没写完呢,我得抓紧了。"说明她正在工作,C 正确;从两个人的说话内容看,老板应该是除对话双方以外的第三人,不是男的,A 也是错误的。答案是 C。

20.

男:少喝点儿咖啡,晚上又该睡不着了。
女:没办法,你以为我爱喝啊!总结报告还没写完呢,我得抓紧了,老板说明天必须交。
问:根据对话,可以知道什么?

A 男的是老板
B 女的爱喝咖啡

第 二 部 分

题型介绍及解题技巧分析

21—30 题,男、女各说两句话,对话比 1—20 题长,信息多。最常见的题型是判断题。

第 21 到 45 题:请选出正确答案。现在开始第 21 题:

21.

男:这是你宝贝女儿吗?真可爱,像个小公主似的。
女:哪儿啊,这是小时候的我,我爸妈用相机把我的成长过程都记录了下来,我没事儿就会拿出来看看。
男:原来是这样啊。你女儿跟你小时候可真像。
女:是吗?可是我怎么觉得她更像她爸爸呢。
问:关于女的,可以知道什么?

A 喜欢摄影
B 女儿是公主
C 经常看女儿的照片
D 认为女儿跟爸爸更像

110

【题解】 从选项来看，这是一道判断题。B、C、D三个选项都和女儿有关，答案可能集中在这几项上。

从听力材料看，男的说女的女儿"像个小公主似的"，不是说她真是公主，B错；女的说："这是小时候的我，我爸妈用相机把我的成长过程都记录了下来，我没事儿就会拿出来看看。"说明女的经常看自己的照片，而不是女儿的，C也错；女的话"可是我怎么觉得她更像她爸爸呢"说明D正确；A选项材料中没有提到。答案是D。

22.

男：最近怎么老是感觉你有心事啊？
女：唉，我妈不同意我跟我男朋友交往，说他根本买不起房子。这其实只是个借口，<u>主要是我男朋友的身高没达到她的标准</u>。
男：这有什么啊，只要你们感情好就行了。更何况你男朋友还是研究生，非常有前途啊！
女：我也是这么想的。
问：女的母亲为什么不喜欢她的男朋友？

A 学历太低
B 买不起房子
C 个子不够高

D 跟女儿的关系不好

【题解】 在听力材料中，女的妈妈不同意她和男朋友交往，男朋友买不起房只是妈妈的借口，主要原因还是她男朋友的身高不够。B错，C对。她男朋友是"研究生"说明学历不低，A错。D选项不符合事实。答案是C。

23.

男：真对不起，撞到你了。我送你去医院吧。
女：没事儿，好像没受伤。就破了点儿皮，我回去自己处理一下。
男：你的自行车坏了，我负责赔偿。另外，这是我的名片，上面有我的联系方式，如果有什么问题的话，你打我手机。
女：好的，以后开车注意点儿就行了。
问：根据对话，可以知道什么？

A 男的态度很好
B 女的非常生气
C 女的伤得很严重
D 女的汽车被撞坏了

【题解】 从选项来看，这是一道判断题，和一起交通事故有关。A、B两个选项和对话人的态度、情绪有关，考生要特别注意说话人的语气。

从听力材料看，男的撞了女的，

111

女的说:"没事儿,好像没受伤。就破了点儿皮,……"说明她伤得不重,C错;男的说:"你的自行车坏了。"说明D不对;从整段对话来看,男的撞了女的以后,马上道歉,表示要送她去医院,并赔偿撞坏的自行车,最后还留下了自己的联系方式,这一系列行为说明他的态度非常好,A正确;女的说自己"没事儿",让男的"以后开车注意点儿就行了",语气很平和,说明她没怎么生气,B错误。答案是A。

【题解】 从选项看,对话内容跟"买房子"和"租房子"有关,是一道判断题。考生既要注意说话人的语气,也要注意事实细节。

从听力材料看,女的"真羡慕你啊"这句话说明她很羡慕男的买了房子,A错误,同时可以判断B也不正确,因为如果女的也买了房子,就不会羡慕男的了。男的房子是"贷款买的","贷款"就是向银行借钱的意思,C正确。后面女的认为:"总比我们租房子好啊",说明她觉得租房不如买房,D错。答案是C。

24.

女:听说你买新房子了?真羡慕你啊!
男:也是贷款买的,以后可不能像以前一样,想怎么花钱就怎么花了。
女:总比我们租房子好啊,每次搬家都很麻烦。
男:租房子也有租房子的好处,至少能保证原来的生活质量。我现在不管买什么东西之前,都得想好半天,到底是不是我真正需要的。
问:根据对话,下面哪项正确?

A 男的很羡慕女的
B 女的也买房子了
C 男的向银行借了钱
D 女的觉得租房比买房好

25.

男:我想把我爸妈接过来跟我们一起住,他们人老了,需要人照顾。
女:行啊,他们辛苦了一辈子了,也该享受享受了。
男:你没什么意见啊,我以为你会反对呢。
女:你把我当成什么人了?谁都有老的时候,孝顺老人不是应该的嘛。
问:男的和女的是什么关系?

A 同事　B 同学　C 朋友　D 夫妻

【题解】 从选项来看,这是一道关系题。做这一类型的题,考生要注意说话人之间的称呼和对话的内容。

从听力材料来看，男的"我想把我爸妈接过来跟我们一起住"这句话说明了两点：一是男的和女的住在一起；二是他们将来可能和男的父母一起住，这样的关系不可能是同事、同学或朋友，只可能是 D——夫妻关系。

26.

> 男：冰箱里的那盒果汁呢？放哪儿了？
> 女：刚被我扔了。
> 男：为什么？我昨天刚在超市里买的，还没喝呢。
> 女：你自己去看看上面的生产日期，都过期了，喝坏了肚子怎么办？
> 问：果汁现在最有可能在哪儿？

A 桌子上　　　　B 冰箱里
C 超市里　　　　D 垃圾桶里

【题解】　从选项来看，这是一道地点题。

听力材料提到了 B、C 两个选项，"冰箱里"是果汁原来摆放的地方，"超市"是男的买果汁的地方。而问题是："果汁现在最有可能在哪儿？"女的说果汁"刚被我扔了"，因为果汁"过期了"。所以果汁现在在垃圾桶里，答案是 D。

27.

> 女：你认识张东吧？他是我一个好朋友的丈夫，我们是在一个聚会中偶然认识的，他还让我问候你一声。
> 男：哪个张东？我有两个同学都叫这个名字。
> 女：他说他高中跟你是一个学校的，比你低一届毕业。
> 男：哦，对了，我想起来了，是那个很活泼的小伙子，我们那时经常一起踢球的，毕业后就一直没再联系了。
> 问：根据对话，可以知道什么？

A 张东是女的好朋友
B 男的经常跟张东联系
C 男的上高中时经常踢球
D 张东是男的大学同学

【题解】　从选项来看，这是一道判断题，张东是最关键的人物，听材料时要注意他和说话人的关系。

从听力材料来看，女的说张东"是我一个好朋友的丈夫"，她和张东是"在一个聚会中偶然认识的"，说明张东不是女的好朋友，A 是错的；女的还说："他说他高中跟你是一个学校的"，说明男的和张东是高中同学，不是大学同学，D 是错的；男的说："我们那时经常一起踢球的，毕业后就一直没再联系了。"说明 B 是错的，C 正确。答案是 C。

28.

> 女：你喜欢什么类型的电影？
> 男：我经常看历史方面的影片，不过我最喜欢的是恐怖片，非常刺激。
> 女：是吗？我可不敢看，怕心脏受不了。我最喜爱看动作片和浪漫的爱情片。
> 男：真是胆小鬼，有什么好怕的，又不是真的。
> 问：女的不喜欢看哪种电影？

A 动作片　　　　B 爱情片
C 恐怖片　　　　D 和历史有关的

【题解】 从选项来看，对话可能和电影有关。

在听力材料中，男的"经常看历史方面的影片"，不过他"最喜欢的是恐怖片"。女的回答："我可不敢看，怕心脏受不了。我最喜爱看动作片和浪漫的爱情片。"四个选项都提到了，其中 A 和 B 是女的最爱，D 是男的经常看的电影类型，C 是男的最喜欢看的，却是女的不敢看的。

而本题问的是："女的不喜欢看哪种电影？"答案是 C。

29.

> 男：你咳嗽咳得这么厉害，怎么不吃药？
> 女：药太苦了，我吃不下。
> 男：没听说过吗？良药苦口利于病。
> 女：那我多吃点儿梨吧，报纸上说多吃梨对肺比较好。
> 问：根据对话，可以知道什么？

A 女的头疼
B 女的不想吃药
C 男的让女的多吃梨
D 女的吃了药却没有效果

【题解】 根据选项，这是一道判断题，女的很可能身体不舒服，男的劝她吃药。

在听力材料中，男的"你咳嗽这么厉害"这句话说明女的患了咳嗽，不是头疼，A 错误。女的说："药太苦了，我吃不下。"说明女的不想吃药，B 正确，D 错误。女的想多吃梨，而不是男的让她多吃梨，C 也不对。答案是 B。

30.

> 男：你怎么又用塑料袋了？说了多少次了，你就是不听。
> 女：不就两毛钱一个吗？多方便啊。
> 男：不是钱的问题，要注意保护环境。
> 女：知道啦，以后一定向你学习，带着布袋去超市。
> 问：男的为什么带着布袋去超市？

A 为了省钱　　　B 为了方便
C 喜欢用布袋　D 为了保护环境

【题解】　看到选项中"布袋"、"保护环境"这些词，我们可以联想到一个背景：近年来，中国为了提倡环保，超市不再提供免费塑料袋，市民去超市购物可以自带塑料袋或布袋。从听力材料来看，男的对女的用塑料袋很不满，并表达了自己的观点："不是钱的问题，要注意保护环境。"女的最后说向男的学习，自带布袋去超市，说明他不用塑料袋是为了环保。答案是D。

题型介绍及解题技巧分析

31—34题，男、女对话共6～7句，比21—30题长，信息更多。一段对话有两个问题，考生可以事先结合两个问题来对对话的内容、问题和答案进行简单的推测。最常见的题型是判断题。在听材料时一定要侧重细节。

第31到32题是根据下面一段对话：

> 女：张东，快帮我看看，这门怎么打不开啊？
> 男：拿错钥匙了吧？
> 女：就是这把啊，中午还用了呢。才几个小时的工夫啊，是不是锁坏了？
> 男：锁也没问题。这是你的房间吗？我怎么记得你是住在402啊？
> 女：这不是402吗？
> 男：楼上才是呢！

31．门为什么打不开？

A 锁坏了　　　B 钥匙坏了
C 拿错钥匙了　D 开错房间了

【题解】　根据31、32题的选项，我们可以推测对话内容与房间有关。31题是问原因，32题问的是位置。考生31题中，考生要注意听"锁"、"钥匙"和"房间"是哪一个出了问题。在听力材料中，男的说："拿错钥匙了吧？"女的回答："就是这把啊，中午还用了呢。"说明B、C两个选项错误；男的又说："锁也没有问题。"所以A也不是正确答案；女的问："这不是402吗？"男的回答："楼上才是呢！"说明女的开错房间了。正确答案是D。

32．两人现在在几楼？

A 二楼　　　B 三楼
C 四楼　　　D 五楼

【题解】　通过听力材料和上一题我们知道，女的住在402，但她开错房间了，男的说："楼上才是呢！"说明楼上是四楼，两人现在在三楼。答案是B。

第 33 到 34 题是根据下面一段对话：

> 女：我的一个文件不见了，放哪儿去了呢？
> 男：你搜索过没有？输入你的文件名试试。
> 女：试过了，搜不到。不知道是不是被我不小心删除了。
> 男：到回收站里找找。
> 女：也没有，这下麻烦了，下午有谈判，经理还等着我这个合同呢。
> 男：别太担心，听说有一种软件可以恢复被删除的文件。

33．女的可能在哪里工作？

　A 公司　　　　B 学校
　C 超市　　　　D 图书馆

【题解】　结合 33、34 题的选项来看，这段对话和工作有关。33 题问的是地点；34 题是一道判断题，其选项围绕着"软件"、"文件"、"合同"和"办公室"。因此我们可以推测 33 题 A 选项的可能性最大。

在听力材料中，女的一直在找一个电脑里的重要文件，并说："下午有谈判，经理还等着我这个合同呢。"说明女的可能在公司工作。答案是 A。

34．从这段话，可以知道什么？

　A 软件被删除了
　B 合同在文件里
　C 不记得文件名了
　D 文件丢在办公室里了

【题解】　从听力材料来看，女的说文件"不知道是不是被我不小心删除了"，说明"文件"不是纸质文件，而是电脑中的文件，D 是错的；男的让女的"输入你的文件名试试"，女的说"试过了"，说明她记得文件名，C 也不正确；A 选项带有迷惑性，因为女的确实说过不知道是不是被她不小心"删除了"，但删的是"文件"，不是"软件"，A 也不正确；女的一直在找文件，她说："经理还等着我这个合同呢"，说明合同就在她要找的这个文件里，B 选项正确。本题答案是 B。

题型介绍及解题技巧分析

35—45 题：考生需要听一段短文，回答 2~4 个问题。短文篇幅长，信息量很大。考生可以事先结合问题选项来对短文的内容、问题和答案进行简单的推测。题型既有判断题，也有选择题，需要考生在关注具体信息的同时，还要领会整篇短文反映的道理、观点等。为了避免遗忘信息，在听材料时可适当记录。

第 35 到 36 题是根据下面一段话：

张东买了架小型飞机，并主动邀请王中乘他的飞机飞行。王中心想："我虽然出差的时候经常乘大飞机，但还从来没有乘过小飞机，说不定会很有意思。"

升空后，张东飞了有半个小时，因为不太熟练，出了不少小问题。飞行结束后，王中很高兴能够安全返回地面，他用发抖的声音对他的朋友说："张东，非常感谢你让我乘小飞机做了两次飞行。"张东非常吃惊地问："两次飞行？""是的，第一次和最后一次。"王中答道。

35．飞行的时候，王中的心情怎么样？
　　A 兴奋　B 感激　C 害怕　D 遗憾

【题解】　35 题是关于心情的选择题，考生在听材料时，要注意和心情有关的细节。

在听力材料中，飞行时，张东"因为不太熟练，出了不少小问题"，飞行结束后，"王中很高兴能够安全返回地面"，并用"发抖的声音"说："非常感谢你让我乘小飞机做了两次飞行。"这是"第一次和最后一次"，说明王中很害怕，并再也不愿乘坐小飞机了。

因此答案是 C。

36．从这段话，可以知道什么？
　　A 两人是同事
　　B 张东的飞机很大
　　C 王中坐了两次小飞机
　　D 王中不会再坐小飞机

【题解】　在听力材料中，第一句就提到了"小型飞机"，证明 B 不正确；王中"用发抖的声音对他的朋友说"，说明他俩不是同事关系，A 也不对；C 具有迷惑性，因为王中说"非常感谢你让我乘小飞机做了两次飞行"，但他马上解释了"两次"是"第一次和最后一次"，说明他只坐了一次，而且不想再坐，因此 C 错误，D 正确。这篇短文是一个笑话，最后的部分是笑点，考生注意不要从字面意思理解这个"两次飞行"，而应领会全篇短文的寓意。

第 37 到 38 题是根据下面一段话：

各位旅客，为了您的安全和健康，为了创造一个舒适的乘车环境，本次列车禁止吸烟，对于违反规定在车厢吸烟的乘客，我们将处以 50 元的罚款。如果您一定要吸烟的话，可以到车厢两头的吸烟区，那里备有烟灰盒，用完的火柴和吸完的烟头一定要放在烟灰盒里，以免引起不必要的麻烦。谢谢各位的合作，祝大家旅途愉快！

37. 在车厢吸烟的人，会得到什么样的处理？

　　A 罚款　　　　　B 批评
　　C 下车　　　　　D 被关到吸烟区

【题解】　从 37、38 两题选项来看，短文的内容是关于在火车上抽烟的。37 题应该是对违反规定抽烟者的惩罚，根据常理推断，C、D 都不太可能，A 可能正确。

　　在听力材料中提到："对于违反规定在车厢吸烟的乘客，我们将处以 50 元的罚款。"因此答案是 A。

38. 从这段话，可以知道什么？

　　A 吸烟处火柴免费
　　B 吸烟处在车厢两头
　　C 在吸烟处吸烟也要罚款
　　D 火车上任何地方都不能吸烟

【题解】　38 题是一道判断题。听力材料中提到："如果您一定要吸烟的话，可以到车厢两头的吸烟区"，说明 B 正确，D 错误；同时，如果允许乘客到吸烟区吸烟，就不会罚款，因此 C 也是错的；材料中还提到吸烟区备有"烟灰盒"，而不是"火柴"，A 也是错误的。答案是 B。

第 39 到 42 题是根据下面一段话：

　　从前有个老太太，没有亲人，只养了一只母鸡。虽然日子很艰苦，但是老太太很勤劳，日子过得倒也很开心，没什么烦恼。突然有一天，母鸡变成了一个宝贝，每天居然能下一个金蛋。老太太每天能捡到这么一块大金子，马上就富起来了，什么事也不干了。她闲得没事干，就天天看着她的宝贝鸡，只盼望它早点儿下蛋。有一天，母鸡又下了一个金蛋。老太太把金蛋放在手上，心里想："这该死的鸡一天只下一个金蛋，真叫人着急。不如杀了它，把肚子里的蛋都取出来吧。"老太太拿定主意，真把鸡杀了。没想到打开肚子一看，一个金蛋也没找着——长成的金蛋已经下完了，新的金蛋还没长成。

39. 母鸡怎么了？

　　A 生病了　　　　B 不生鸡蛋
　　C 能生金蛋　　　D 生小鸡了

【题解】　结合 39—42 题的选项，我们可以推测这是一个寓言故事。寓言故事一般都有比较深刻的寓意，考生在听材料时，不仅要关注细节，更要领会全篇文章的含义。

　　39 题问的是"母鸡怎么了"，在材料中我们听到："母鸡变成了一个宝贝，每天居然能下一个金蛋。"因此答案是 C。

40. 母鸡每天下几个蛋？

　　A 一个　　B 两个　　C 三个　　D 四个

【题解】　这道题是一个数字题，应该和母鸡下蛋的个数有关。

　　材料中提到母鸡"每天居然能下一个金蛋"。因此答案是 A。

41. 老太太是个什么样的人？

　　A 乐观　　　　　　B 愚蠢
　　C 善良　　　　　　D 一直很勤劳

【题解】　根据选项，这道题应该是问主人公的性格特点。

　　故事开始是这样描述老太太的："虽然日子很艰苦，但是老太太很勤劳，过得倒也很开心，没什么烦恼"，说明她很勤劳，D 很有迷惑性。但母鸡开始生金蛋后，她也发生了变化，"闲得没事干"，所以 D 是错的；文中没提到老太太乐观，所以 A 也是错的；C 没有直接在材料中体现，但老太太因为想要更多金蛋就杀了母鸡，所以她也不是善良的人，C 也不正确；听完整段短文我们知道，老太太为了得到鸡肚子里的金蛋，杀了能生金蛋的鸡，这种做法很愚蠢。答案是 B。

42. 从这段话，可以知道什么？

　　A 老太太有儿女
　　B 老太太以前很有钱
　　C 母鸡肚子里有很多金蛋
　　D 老太太以后再也得不到金蛋了

【题解】　这是一道判断题。在短文的开始，提到老太太"没有亲人"、"日子很艰苦"，说明 A、B 都是错的；在短文最后，"没想到打开肚子一看，一个金蛋也没找着——长成的金蛋已经下完了，新的金蛋还没长成"，C 错误；老太太杀了母鸡，她以后肯定再也得不到金蛋了，因此答案是 D。

第 43 到 45 题是根据下面一段话：

下班后，公司总裁跟往常一样走进员工餐厅与员工一起就餐、聊天儿。为了维持与员工之间的良好关系，他多年来一直保持着这个习惯。这天他忽然发现一位年轻人一个人喝酒，谁也不理，好像有什么心事。于是，总裁就主动坐在这名员工对面，与他聊了起来。原来这个年轻人毕业于名牌大学，为了进公司放弃了一份待遇更优厚的工作。"当时，我认为进入公司，是我一生的最佳选择。但是，现在才发现，我不是在为公司工作，而是为领导干活。坦率地说，我的领导没什么能力，更倒霉的是，我所有的行动都得他批准。我对公司有一些很好的建议，他不仅不支持，还经常讽刺我。"年轻人生气地说。总裁十分吃惊，他想，类似的问题在公司内部员工中恐怕还有不少，年轻人需要鼓励，管理制度必须改革。之后，他每隔两年就让员工调换一次工作，此外，公司开始每周出版一次内部报纸，上面是公司各部门的"招聘广告"，员工可以自由而秘密地前去应聘，他们的领导无权阻止。在实行内部招聘制度以后，有能力的人才大多能找到自己满意的位置，公司也迅速发展起来。

43．总裁下班后习惯做什么？

A 加班

B 运动

C 去饭店喝酒

D 跟员工一起吃饭交流

【题解】 结合43—45题选项，这段短文和公司年轻员工的状况有关。43题应该是问下班后的活动，一般情况下，D选项的可能性比较大，因为只有和员工一起吃饭交流，才会有后面的故事发生。

短文一开始就提到："公司总裁跟往常一样走进员工餐厅与员工一起就餐、聊天儿。为了维持与员工之间的良好关系，他多年来一直保持着这个习惯。"因此可以看出，总裁下班后习惯跟员工一起吃饭、交流，因此答案为D。

44．年轻人因为什么而烦恼？

A 公司待遇太差

B 工作压力太大

C 对公司没有好建议

D 不能充分发挥自己的能力

【题解】 44题应该是年轻人工作中遇到的问题，而45题应该是公司解决问题的方法。结合44、45两题，B、C两个选项都不太可能是正确答案，因为工作压力大是不能通过45题的四个选项解决的，而C是员工自身的问题，需要自己提高能力，公司不会帮员工解决。因此44题答案主要集中在A、D两项上。

听力材料中，年轻人没提"这个公司待遇太差"、"工作压力太大"，而是说："我对公司有一些很好的建议，他不仅不支持，还经常讽刺我。"由此看出D是他烦恼的原因，正确答案为D。

45．总裁想出了什么办法？

A 内部招聘

B 提高待遇

C 鼓励年轻人去别的公司

D 给年轻人提供留学的机会

【题解】 从选项上来看，没有公司会鼓励自己的员工去别的公司，C选项不合常理，应该是错的；结合44题来看，如果44题答案集中在A、D两项上，那么45题的答案就比较可能集中在A、B两项上。

在短文的最后部分，提到："公司开始每周出版一次内部报纸，上面是公司各部门的'招聘广告',员工可以自由而秘密地前去应聘,他们的领导无权阻止",这指的是一种内部招聘制度,后面又提到"实行内部招聘制度以后",进一步说明 A 是正确答案。

听力考试现在结束。

二、阅读部分题解

第 一 部 分

第46—60题：请选出正确答案。

题型介绍及解题技巧分析

这一部分是阅读理解中难度比较大的部分，一共有四篇短文，每篇短文3～4题，考生要从每题的四个选项中，选出最合适的答案填入短文中指定的位置。一般来说，四篇短文中，第一篇和第二篇都是寓意深刻的小故事；第二篇通常是中国古代流传下来的小故事；第三篇是一个笑话，笑点通常在短文最后；第四篇是一篇科技性或说明性的小短文。这要求考生在平时学习时，尽量积累对中国传统故事和寓言的了解，加深对中国传统文化的理解。在答题时，要考虑短文的题材对答案的影响，如第一、二篇短文中，要尽量选择能使短文寓意深刻的词或短句；在第三篇短文中，要注意选择的答案是否能构成笑点；第四篇短文中，注意近义词的使用场合，分清哪些是科技用语。

分析这部分的选项情况，绝大部分题目中四个选项都是词性一致、意义有所差别的词语，考生要结合上下文，在清晰理解词义和词语搭配习惯的基础上，选出正确答案。如选项中出现词性明显不一致的情况，可以首先从语法角度考虑，排除语法功能不正确的选项，节省答题时间。如选项中有1～2组近义词，特别是共有一个相同语素的近义词，而其他选项与它们差别较大，考生要注意答案有可能集中在这些近义词选项上。

46—48.

> 有个女人一直 __46__ 住在对面的女人，觉得她又笨又懒，"那个女人的衣服永远洗不干净，看，她挂在院子里的衣服，总是黑一块，白一块，我真的不知道，她怎么 __47__ 衣服都不会洗。男人娶了这样的老婆可真是 __48__ 啊！"

> 直到有一天，有个细心的朋友到她家，才发现不是对面的女人不会洗衣服。朋友拿了一块抹布，把窗户上的灰擦掉，说："看，这不就干净了吗？"原来，是自己家的窗户脏了。

46. A 恨　B 担心　C 接触　D 看不起

【题解】　本题主要考查考生对词义的理解。

从选项来看，四个选项词性一致，其中A、B、D都表示和情感、看法有关的心理活动的动词，C是表示行为的动词，和这三个选项有明显区别，因此答案可能集中在A、B、D三个选项上。A表示怨恨、仇视，如"我就是恨你不争气"；B表示不放心、忧虑，如"担心父母的身体"、"担心孩子的教育问题"等；C表示挨上、碰上，或人和人之间接近并发生交往或冲突，如"这个人我接触过，人品不错"；D表示轻视，如"别看不起这本小字典，它可有用呢"。从文中"觉得她又懒又笨"看出，女人轻视、小看对面的女人，而不是怨恨或者不放心，因此D为正确答案。

47．A 连　B 把　C 将　D 对于

【题解】　本题主要考查考生对语法的掌握。

从选项来看，B、C是近义词，用法也差不多，都用在"把"字句中，但"把字句"的动词后需要加其他成分，"衣服都不会洗"显然不符合这一结构，首先排除B、C；D表示人、事物、行为之间的对待关系，如"精神愉快对于身体健康很重要"，47题中女人和衣服就是简单的主语和宾语的关系，不存在对待关系，所以也不是正确答案。"连……都/也……"结构表示"甚至"的意思，可用于肯定句或否定句，如"连校长都出席了我们的晚会"、"连这么简单的字都不认识"。在本文中，女人很瞧不起对面的女人，认为洗衣服这么简单的事她都不会做，因此A是正确答案。

48．A 倒霉　B 虚心　C 单纯　D 谦虚

【题解】　本题主要考查考生对词义的理解。

从选项来看，四个选项词性一致，词义差别较大，因此我们主要从语义角度出发进行判断。其中B、D是一组近义词，都是指不骄傲、不自满，如"他总是很谦虚，也能虚心接受别人的意见"；A表示遇事不顺利，如"真倒霉，差一点儿就赶上火车了"；C表示简单、不复杂，如"单纯的爱情是最美好的"。结合短文意思可以知道，女人看不起对面的女人，觉得她又懒又笨，衣服永远洗不干净，她觉得娶了这样女人的男人一定生活状况很不好，是很"倒霉"，所以A为正确答案。

49—52．

有一回，卞庄子住在一家旅馆里，两只胆大的老虎竟然在白天__49__进了隔壁的人家，咬死了一头小牛。卞庄子是一个__50__的人，他马上抽出刀来，要去杀老虎。旅馆的老板拦住他说："别__51__。只有一头小牛，

> 那两只老虎一定会互相咬起来，结果一定是一只被咬死，一只被咬伤。到时候你只要把伤的那只砍死就成了。"卞庄子听了他的话，待了一会儿，__52__，小的被咬死了，大的被咬伤了。卞庄子杀死了受伤的老虎，结果只动了一次手，得到了两只老虎。

49．A 走　B 爬　C 闯　D 躲

【题解】　本题主要考查考生对词义的理解。

从选项来看，四个选项词性一致，词义之间有一定的相关性，我们主要从语义角度出发进行判断。A 表示用脚行走；B 表示用手和脚一起着地向前移动；C 表示没有经过允许而进入，如"强盗闯进了村子"；D 表示躲避、躲藏，不让别人看见，如"她偷偷躲起来，让我找不到她"。49 题整句的意思是老虎强行进入了隔壁的人家，因此 C 是正确答案。

50．A 聪明　B 勇敢　C 坚强　D 结实

【题解】　本题主要考查考生对词义的理解。

从选项来看，四个选项词性一致，词义差别较大，我们主要从语义角度出发进行判断。A 表示智力发达，记忆和理解能力强，如"他是我见过的最聪明的孩子"；B 表示不怕危险和困难，有胆量，如"为了救孩子，她勇敢地冲进了火海"；C 表示强固有力，不可动摇或摧毁，一般形容人的意志品质，如"拥有一颗坚强的心比拥有一个强壮的身体更重要"；D 一般形容人的身体健壮或物品坚固耐用，如"身体结实"、"这双鞋很结实"等。卞庄子要抽刀杀死老虎，说明他很有胆量，因此他是一个勇敢的人，正确答案为 B。D 选项身体健壮也是能杀老虎所应该具备的条件之一，但不是所有身体健壮的人都敢杀老虎，这里主要还是突出卞庄子的勇敢。因此答案为 B。

51．A 害怕　B 犹豫　C 灰心　D 着急

【题解】　本题主要考查考生对词义的理解。

从选项来看，四个选项的词性一致，词义也有一定的相关性，都是表示人的心理活动的形容词。我们应结合文义进行判断。A 表示遇到困难、危险等而心中不安或发慌，如"害怕困难"等；B 表示拿不定主意，如"她犹豫要不要和他结婚"；C 表示因遭到困难、失败而意志消沉，如"遇到困难时千万别灰心"；D 表示急躁不安，如"孩子很晚了还没有回家，她很着急"。因为卞庄子要马上抽刀杀老虎，而旅馆的老板认为老虎会互相打起来，等到它们打得一死一伤的时候再杀它们就很容易，因此他让卞庄子耐心等待，不要着急，D 是正确答案。

52. A 牛被吃完了
　　B 两只老虎居然都死了
　　C 两只老虎果然互相咬了起来
　　D 卞庄子把两只老虎打倒在地

【题解】　本题主要考查考生对文义的理解和对情节的推测。

我们从文中可以看到，两只老虎后来真的相互咬了起来，结果是"小的被咬死了，大的被咬伤了"，跟旅馆老板预测的一样，因此 C 是正确答案。

53—56.

有一对兄弟，他们住在第40层楼。有一天，他们外出旅行回家，发现大楼停电了。虽然他们背着大包的行李，但看来没有什么别的　53　，于是哥哥对弟弟说："我们爬楼梯上去吧！"于是，他们背着两大包行李开始爬楼梯。爬到10楼的时候他们开始　54　了，哥哥说："包太重了，不如这样吧，我们把包放在这里，等来电后坐电梯来拿。"于是，他们把行李放在了10楼，轻松多了，然后继续向上爬。

他们有说有笑地往上爬，但爬到20楼的时候，两人实在爬不动了。想到才爬了一半，两人开始互相　55　对方不注意大楼的停电公告，才会落得如此下场。

他们边吵边爬，就这样一路爬到了30楼。到了30楼，他们累得连吵架的力气也没有了。弟弟对哥哥说："我们不要吵了，爬完它吧！"于是他们默默地继续爬楼，40楼终于到了。兄弟俩兴奋地来到家门口，才发现没法进门，原来　56　。

53. A 路　B 机会　C 选择　D 电梯

【题解】　本题主要考查考生对词义的理解。

从选项来看，四个选项可以分为 A、D 和 B、C 两组，A、D 都是实际事物，而 B 表示恰好的时候，如"错过了这个难得的机会，真是可惜"；C 表示可供挑选的对象，如"选择越多，人们往往越难做决定"。文中材料告诉我们，兄弟俩回家时发现大楼停电了，所以电梯不能用，不管楼里有几部电梯也没有用，D 首先被排除；停电和有没有其他的路也没有关系，因为兄弟俩住在40层，这里强调的是坐电梯还是爬上去，A 也被排除；这显然不是一个恰好的时候，而是一个无可奈何的选择，因为没有可供挑选的其他对象，B 排除，因此 C 为正确答案。

54. A 困　B 饿　C 累　D 悲观

【题解】　本题考查考生对词义的理解。

从选项来看，四个选项词性一致，

都是表示感觉的形容词，其中A、B、C都是身体方面的感觉，D是情绪方面的感觉，表示精神颓丧，对事物的发展缺乏信心，如"事情的发展让他觉得很悲观"。我们结合上下文来看，兄弟俩"背着两大包行李开始爬楼梯"，因为"包太重"，所以兄弟俩感到很累，C为正确答案。

55. A 吵架　B 责备　C 抗议　D 否定

【题解】　本题主要考查考生对近义词词义的辨析。

从选项来看，A"吵架"似乎是答案，但"吵架"是离合词，不能带宾语，"_55_"后有"对方"，所以A是错的；B表示批评指责；C的意思是对某人、某团体、某国家的言论、行为、措施等表示强烈的反对，一般用于正式场合，涉及政治、法律等方面的内容，因此C也被排除；D也是一种比较书面的用语，表示反对、不同意，一般用于建议或者评价，和兄弟俩互相批评埋怨意思不符，也被排除；材料告诉我们，兄弟俩因为爬楼的事互相吵架，互相批评对方不注意大楼公告，因此B为正确答案。

56. A 电梯坏了
　　B 他们已经搬家了
　　C 他们实在太累了
　　D 钥匙还在10楼的包里

【题解】　本题主要考查考生对文义的理解和对情节的推测。

从文中可以看出，56是故事的结局。从四个选项来看，A、B明显不符合逻辑，首先被排除；C"太累了"和上文的"才发现"不能构成因果关系。如果选择D，读者就会发现兄弟俩这40层楼白爬了，因为钥匙放在10楼，他们爬上来却没有办法进门，还需要重新下楼拿钥匙，这就构成了一个笑点，因此D为正确答案。

57—60.

闪电是一种自然放电_57_，而放电使空气_58_发出声音，就形成雷声。声音在空气中每秒钟约走340米，而光在空气里差不多每秒走30万公里，所以我们总是_59_。有时，由于放电云层离我们太远，或者发出的声音不够响，我们就只看见闪电而听不见雷声。雷电虽然有时很美，但它也会带来危害，一次闪电所带的能量极大，它不仅能击毁房屋，还会引起森林火灾，_60_人们的生命安全。

57. A 行为　B 行动　C 现象　D 系统

【题解】　本题主要考查考生对词义的理解。

从选项来看，A表示受思想支配而表现出来的活动，如"良好的行为习惯要从小培养"；B表示为实现某种意图而具体地进行活动,如"洪水过后,救灾行动一直在继续";C是指事物在发展、变化中所表现的外部形式,有"自然现象"、"社会现象"等;D是指同类事物按一定的关系组成的整体,如"网络系统"、"企业管理系统"等。文中的"闪电"应该是一种自然现象,因此C为正确答案。

58. A 动作　B 活动　C 振动　D 活跃

【题解】　本题主要考查考生对近义词词义的辨析。

从选项来看,四个选项词义有一定的相关性。A 一般做名词,表示和身体有关的活动,如"舞蹈动作"、"动作敏捷"等;B 做动词时可以表示身体运动,如"坐久了应该站起来活动活动",做名词时也可表示为某种目的而采取的行动,如"体育活动"、"政治活动"等;C 表示物体通过一个中心位置,不断作往复运动,如"机械振动"、"手机振动"等;D 表示使活泼、积极、热烈,如"活跃气氛"、"活跃经济"等,也可做形容词。文中"雷声"的产生是由于"放电让空气不断作往复运动,从而发出声音,也就是雷声",C 为正确答案。

59. A 听到雷声
　　B 害怕闪电
　　C 爱看闪电
　　D 先看到闪电后听到雷声

【题解】　本题考查考生对文义的理解。

文中提到:"声音在空气中每秒钟约走340米,而光在空气里差不多每秒走30万公里",可以看出59是从前面的句子得出的结论。前文中,提到了声音的速度和光的速度,光速远远高于音速。四个选项中,只有D是通过前面的句子而得出的结果,因为光速比音速快,所以我们总是先看到闪电,然后才听到雷声。D为正确答案。

60. A 威胁　B 危险　C 引起　D 恶劣

【题解】　本题主要考查考生对近义词词义的辨析。

从选项来看,A、C是动词,B、D都是形容词,因此我们首先从语法角度出发判断"60"的词性可能是动词,因此B、D首先被排除。A、C相比,A 有"使遭遇危险"的意思,如"洪水正威胁着整个村庄";C 指"一种事物、现象、活动使另一种事物、现象、活动出现",如"他的行为引起了大家的注意"。在本题中,雷电能"击毁房屋"、"还会引起森林火灾",这些结果使人们的生命安全遭遇危险,因此A是正确答案。

第 二 部 分

第61—70题：请选出与试题内容一致的一项。

题型介绍及解题技巧分析

61—70题，共有10篇100字左右的短文，篇幅都比较短小，一般选自报纸、杂志、网络新闻、科技报道等，也有少量寓言、故事和笑话。一部分题考查考生对短文中一些句子的理解，包括对重点词语的理解、对句义的理解、理解句义的基础上进行简单的推理或计算等；另一部分考查考生对短文的理解，如对整篇材料进行归纳总结、理解短文的深刻涵义等，有时还需考生根据短文作合理的推断。

61.

越来越多的年轻人把登记结婚的日子与一些特殊的日子联系在一起。2008年8月8日是北京奥运会开幕的日子，上海共有7189对新人登记结婚，为新中国成立以来该市登记结婚人数最多的一天。2009年9月9日，因为与"长长久久"谐音，上海再一次出现了结婚热。

A 2008年登记结婚的人最多

B 年轻人喜欢在特殊的日子结婚

C 北京奥运会开幕那天上海登记结婚的人数是全国最多的

D 2009年9月9日登记结婚的新人将来不会离婚

【题解】 A和D在文中未提及；C的意思是上海市在2008年8月8日的结婚人数全国最多，与"为新中国成立以来该市登记结婚人数最多的一天"不符；文中提到"越来越多的年轻人把登记结婚的日子与一些特殊的日子联系在一起"，与B的内容一致，B是正确答案。

62.

"大象求医"是一则关于大象和人类友好相处的有趣故事：有一天清晨，工作人员刚打开大门，就见一只大象站在门口高声叫着，管理人员开始没注意，想把大象赶走，但大象不愿意离开。管理人员感到奇怪，便跟着它来到了一群象中，发现地上躺着一头被打伤的大象，这时他才明白了大象的意思。

A 大象来找工作人员给自己看病

B 大象饿了，所以不愿意离开

C 管理人员被大象的叫声吵醒了

D 大象来找管理人员治疗受伤的同伴

【题解】 上文中的画线部分告诉我们，大象是想让管理员为自己的同伴治病，不是给自己治病。B 和 C 文中没有提到。A 错误，D 为正确答案。

63.

> "伤心小吃店"得名于一次偶然的机会。店主的朋友来这个小店吃东西，由于她刚刚失恋，又被店里的辣椒辣出了眼泪，所以她干脆大哭了一场。哭过以后，她痛苦的心情得到了缓解。于是，店主想出了"伤心小吃店"这个名称，一方面因为这个名字好玩儿，可以吸引顾客，另一方面也因为他们小店的辣椒辣得惊人。

A 吃辣椒会使人快乐
B 店主让朋友给小吃店取名
C "伤心小吃店"的辣椒非常辣
D 只有失恋的人才会去"伤心小吃店"

【题解】 "小店的辣椒辣得惊人"，意思就是辣椒非常辣，C 正确。A 未提及；B 认为小店的名字是店主想出来的，不是朋友起的；另外文中说店主朋友失恋了，去小店吃东西，并非只有失恋的人才去，所以，D 也是错的。

64.

> 中国的功夫电影需要新的思想，需要重视文化的作用。好的电影应该讲中国人自己的故事，中国功夫片中的人物应该反映中国人的生活习惯和思想看法，而不应只是"会打的机器"。

A 功夫片的演员应该会武术
B 中国功夫片的导演必须是华人
C 中国的功夫电影受到了国外观众的喜爱
D 中国功夫片仅有好看的功夫是不够的

【题解】 短文开头说中国功夫电影"需要新的思想，需要重视文化的作用"；后面说不应只是'会打的机器'"。"会打的机器"指的是功夫电影中只会打、没有思想的人物，好像机器一样。总结短文的意思是：好的功夫电影只有"功夫"是不够的，D 正确，A、B 和 C 文中都没有提到。

65.

> 一辆装满乘客的公共汽车沿着下山的公路快速前进着，有一个人在后面紧紧地追赶着这辆车。一个乘客从车窗中伸出头来对追车的人说："老兄！算啦，你追不上的！""我必须追上它，"这人一边跑一边说，"我是这辆车的司机。"

A 这个人跑得比车快
B 车里很可能没有司机
C 乘客驾驶着公共汽车
D 乘客认识追汽车的人

129

【题解】 本题需要考生运用推理回答问题。在文中，追车的人说："我是这辆车的司机。"那么这辆车是谁在开呢？回到短文开头，发现这辆公共汽车是沿着下山公路快速前进，说明有两种可能：一是别人驾驶着这辆车；二是没人驾驶，它是顺着下山公路滑下去的。从司机拼命追赶的动作和他说的"我必须追上它"看出车里没有司机，正确答案是B。

66.

　　就像人类可以通过学习掌握外国语一样，蜜蜂也可以理解不同地区的同类之间独特的舞蹈语言，从而正确地传递信息。一项研究证明：来自亚洲的蜜蜂和来自欧洲的蜜蜂有不同的舞蹈动作，但两种蜜蜂生活在一起能够相互交流信息，通过学习能够理解彼此的语言，并能根据所传递的信息成功找到食物所在地。

A 蜜蜂可以学习人类的语言
B 不同地区的蜜蜂有相同的语言
C 亚洲的蜜蜂可以听懂欧洲的蜜蜂所说的话
D 不同地区的蜜蜂互相学习后可以成功交流信息

【题解】 从文中画线部分可以看出，蜜蜂互相学习彼此的语言，而不是学习人类的语言，A不正确；"不同地区的同类之间独特的舞蹈语言"说明蜜蜂的"语言"不同，B不正确；蜜蜂通过舞蹈语言交流，不是"所说的话"，C不正确，因此正确答案为D。

67.

　　作为志愿者，我感受到了这份工作的光荣与责任。当我带着工作证走在路上的时候，会有外国人主动向我微笑，有各种人来向我问路。虽然我本身的工作地点不在街头，但是我知道这是人们对于志愿者的信任，我所肩负的是代表志愿者形象的重任。能够亲身参与此次运动会，我觉得十分荣幸。

A 人们只信任志愿者
B 志愿者的形象最重要
C 作为志愿者，"我"十分自豪
D 作为志愿者，"我"的工作是给外国人指路

【题解】 "作为志愿者，我感受到了这份工作的光荣与责任"，"能够亲身参与此次运动会，我觉得十分荣幸"这两句都表达了"我"自豪的情绪。正确答案为C。文中未提及"人们只只信任志愿者"、"形象最重要"，A和B不对；"我"的工作地点不在街头，D也不正确。

68.

"会买是学生,会卖是师傅",股市里要想赢得最大的收入和利益,把握卖股票的时间十分重要。以下是两种普遍的情况:一是买对了股票,但不会把握卖点,结果错失了获取利润的良机;二是买错了股票,买了就降,降了后更加舍不得卖,结果不仅亏了钱,还浪费了机会和时间。

A 买股票浪费钱和时间
B 学会何时买股票比何时卖股票更难
C 只要买对了股票,就一定能获得利润
D 选择合适的时间卖出股票是获取利润的关键

【题解】 "买错了股票"浪费钱和时间,并不是说"买股票"浪费钱和时间,A 不正确;文中提到"会买是学生,会卖是师傅",因此"会卖"更难,B 不正确;"买对了股票,但不会把握卖点",还是不能获得利润,C 不正确。"股市里要想赢得最大的收入和利益,把握卖股票的时间十分重要"。正确答案为 D。

69.

过年过节燃放鞭炮这一风俗在我国已有两千多年的历史,我们不能对其进行简单禁止。然而,燃放鞭炮存在危险,时常有人因为燃放不当而受伤。因此,我们应该加大力度宣传燃放鞭炮的正确方式及注意事项,预防因燃放不当造成的伤害。

A 正确燃放鞭炮可以避免受伤
B 过年过节应该禁止燃放鞭炮
C 经常有小孩儿因为燃放鞭炮而受伤
D 过年燃放鞭炮最近几年开始流行

【题解】 文中画线部分说明鞭炮虽然危险,但如果掌握正确的燃放方法,可以避免伤害,A 正确;"过年过节燃放鞭炮这一风俗在我国已有两千多年的历史",D 不正确;"不能对其进行简单禁止",B 不正确;"时常有人因为燃放不当而受伤",没有说是小孩儿,C 不正确。

70.

本人为护士,有两室一厅住房一套,配有厨房和卫生间,可以做饭洗澡,生活极为便利。住房位于王府井大街,对面有菜市场,上班购物交通方便,空间设计合理,家用电器齐全。现对外出租其中一间,月租1800元,只限女生。

A 房东想出售这套房子
B 作者的职业是房屋中介
C 这是一则出租房屋的广告

— 131 —

D 房东可以为租房的人提供一日三餐

【题解】 短文最后提到,"现对外出租其中一间,月租 1800 元,只限女生",说明作者想出租房屋,不是卖房,因此 C 正确,A 不正确;作者的职业是护士,不是房屋中介,B 不正确;D 文中没有提及。

第 三 部 分

第 71—90 题:请选出正确答案。

题型介绍及解题技巧分析

71—90 题,共有 5 篇篇幅较长的短文,每篇短文 3~4 个问题。一般来讲,问题是按照短文的顺序排列的。这些问题中一部分题考查考生对短文中一些句子的理解,包括对重点词语的理解、对句义的理解、理解句义的基础上进行简单的推理或计算等,考生可以在短文中找到问题对应的原句,并判断答案;另一部分考查考生对短文的理解,如对整篇材料进行归纳总结、理解短文所含的深刻涵义等,有时还需考生根据短文做合理的推断。

71—73.

有位孤独的老人,无儿无女,又体弱多病。他决定搬到养老院去。老人宣布出售他漂亮的高档公寓,底价 80 万块,但人们很快就炒到了 100 万块。价钱还在不断上涨。老人深陷在沙发里,十分悲观,要不是健康状况不行,他是不会卖掉这陪他度过大半生的房子的。

一个衣着朴素的青年来到老人眼前,弯下腰,低声说:"先生,我也很想买这个公寓,可我只有 10 万块钱。可是,如果您把公寓卖给我,我保证会让您依旧生活在这里,和我一起喝茶,读报,散步,天天都快快乐乐的——相信我,我会用整颗心来照顾您!"

老人微笑着点了点头,把公寓卖给了他。

完成梦想,有时,只要你拥有一颗爱人之心就可以了。

71. 老人为什么要卖房子?

A 缺钱
B 房子太旧了
C 儿女不管他
D 要去养老院生活

【题解】 从材料中可以看出,老人出售房子是因为:"无儿无女,又体弱多病"、"他决定搬到养老院去",D 正确;A 和 B 没有提及,他没有儿女,C 不正确。

72. 房子最后卖了多少钱?

A 10 万　　　B 80 万
C 18 万　　　D 100 万

【题解】 从材料中我们看出,老人把房子卖给了那个说自己"只有 10 万块"的年轻人,因此最后的价格是 10 万。A 是正确答案。

73. 老人为什么把房子卖给年轻人?

A 两人是亲戚
B 年轻人出价高
C 被年轻人骗了
D 年轻人能给老人快乐

【题解】 老人把房子卖给年轻人,是因为年轻人说:"我保证会让您依旧生活在这里,和我一起喝茶,读报,散步,天天都快快乐乐的——相信我,我会用整颗心来照顾您!"年轻人会给老人带来快乐,所以 D 正确。

74—77.

小张在一家咨询公司工作,总觉得自己没有得到领导的重视。他经常想:"如果有一天能见到老总,有机会表现一下自己的能力就好了!"

小张的同事小王,也有同样的想法,他更进一步,去打听老总上下班的时间,算好老总大概会在何时进电梯,他也在这个时候去坐电梯,希望能遇到老总,有机会可以打个招呼。

他们的同事小李准备得更加充分。他先充分准备了对公司发展的建议书,然后详细了解老总的奋斗过程,弄清老总毕业的学校、兴趣爱好、关心的问题,对打招呼的方式也进行了精心设计,在算好的时间去乘坐电梯,跟老总打过几次招呼后,终于有一天跟老总长谈了一次,提交了建议,不久就争取到了更好的职位。

蠢人错失机会,聪明人善抓机会,成功者创造机会。机会只给准备好的人,这"准备"二字,并非说说而已。

74. 关于小张,下面哪项正确?

A 能力非常强
B 与领导关系很好
C 有想法,没行动
D 得到了更好的工作

【题解】 从材料的第一段可以看出,小张虽然经常想有机会在老总面前表现一下自己,但只是想,没有采取任何行动,因此答案为 C。

75. 关于小李,下面哪项不正确?

A 跟领导是朋友
B 对老总十分了解

C 准备得比小张充分

D 最终受到了领导重视

【题解】　本题要求考生选出不正确的一项。在材料中，小李是三个员工中准备得最充分的，他在和老总打招呼前做好了对公司发展的建议书，详细了解了老总的情况，还精心设计了打招呼的方式，B、C 都是正确的；最后，小李"不久就争取到了更好的职位"，得到了领导的重视，D 也是对的；A 选项是错误的，因为如果小李和领导是朋友，就不需要花很多功夫去了解老总的奋斗背景、毕业学校、兴趣爱好等等，也不用精心设计和领导打招呼的方式。

76. 作者认为成功者必须：

　　A 头脑聪明

　　B 非常幸运

　　C 有好工作

　　D 能创造机会

【题解】　小张、小王、小李三人中，很显然小李是成功者。小李成功的原因有两点：一是善于创造在领导面前表现自己的机会；二是准备充分。这两点正是成功者必须具备的条件。正确答案为 D。

77. 上文主要谈了什么？

　　A 准备和成功

　　B 工作和电梯

　　C 蠢人和聪明人

　　D 如何得到好工作

【题解】　本题需要考生对全文做一个总结。文章的重点是小李是如何成功的，特别强调了他所做的大量的准备工作，文章最后也点明了主题："机会只给准备好的人，这'准备'二字，并非说说而已。"只有准备好的人，才能成功。这说明本文主要谈的是准备和成功的关系。正确答案为 A。

78—82.

　　25 年前，有位教社会学的刘教授，曾叫班上学生到一个非常贫穷的村子里，调查 200 名男孩儿的成长背景和生活环境，每个学生的结论都是"这些孩子将来毫无出头的机会"。

　　25 年后，另一位教授发现了这份研究，他叫学生做后续调查，看这些男孩儿今天是什么状况。结果根据调查，除了有 20 名男孩儿搬家或过世，剩下的 180 名中有 176 名成就不一般，其中很多人成了著名的律师、医生或商人。

　　这位教授在意外之余，决定彻底调查此事。他找到了当年的那些男孩儿，向他们询问同一个问题："你今日会成功的最大原因是什么？"结果他们都给出了一个相同的答案："因为我遇到了一位好老师。"

这位老师如今早已经退休了，虽然年迈，但还是耳聪目明，教授找到她后，问她到底有什么办法，能让这些在穷山村的孩子个个出人头地。这位老教师微笑着回答道："其实也没什么，我爱这些孩子。"

78. 第一次调查的结论是什么？

　　A 村子很贫穷
　　B 环境问题比较严重
　　C 孩子们没有发展前途
　　D 孩子们得不到好的教育

【题解】　文章第一段"这些孩子将来毫无出头的机会"中的"毫无"是"一点儿也没有"的意思；"出头"表示一个人取得成功，有发展前途。因此 C 为正确答案。

79. 在上文里，"出头"是什么意思？

　　A 获得成功
　　B 个子长高
　　C 受到良好教育
　　D 找到一份好工作

【题解】　"出头"表示一个人获得成功，出人头地。如果不懂这个词的考生，可以从下文推测出它的意思。第二段的画线部分告诉我们，很多男孩儿后来成了著名的律师，医生或商人，他们都很成功。因此正确答案为 A。

80. 关于第二次调查，可以知道什么？

　　A 不太成功
　　B 也是刘教授做的
　　C 多数孩子成年后很成功
　　D 第一次调查的结论很可靠

【题解】　文中提到 200 名男孩儿中有 176 名"成就不一般，其中很多人成了著名的律师、医生或商人"，他们多数都很成功，因此 C 正确。A 与 C 相反，不正确；"25 年后，另一位教授发现了这份研究"，B 不正确；第一次调查结果是这些孩子都不会成功，D 也是错误的。

81. 这些孩子长大后成功的关键是：

　　A 老师的爱　　B 家庭教育
　　C 社会环境　　D 把握住了机会

【题解】　男孩儿们都认为自己成功的原因是："因为我遇到了一位好老师。"指的就是下文中的那位退休教师，而退休教师告诉调查的教授，她能把孩子们都培养得这么成功，唯一的理由是："我爱这些孩子"。正确答案为 A。

82. 根据上文，下面哪项正确？

　　A 这位老师一个人生活
　　B 孩子们非常尊敬这位老师
　　C 这位老师所有的学生都很成功
　　D 两位教授对这些孩子的成功不觉得意外

【题解】　当教授问那些当年被调查的男孩儿为什么会成功时，他们都说：

"因为我遇到了一位好老师。"说明他们都非常尊敬这位老师；A文中没有提到；180名中有176名学生都很成功，C不正确；"教授在意外之余"说明D不正确。

83—86.

"赢了！"当看到女儿周洋得到冬季奥运会速度滑冰1500米冠军的时候，守在家中电视机旁的父亲周继文和母亲王淑英都激动得跳了起来。姑姑、姐姐、姐夫和家里的邻居都为周洋的夺冠激动不已。周家成了欢乐的海洋。得到冠军后，周洋说的话感动了电视机前所有的观众："<u>可以让我爸我妈生活得更好一点儿。</u>"周继文和王淑英腿上都有残疾，而且两人都没有稳定的工作，当过厨师，开过小店，家庭收入基本靠给别人打短工，所以当时生周洋的时候，两人跟其他父母想要儿子的想法不同，<u>就想要一个女儿，因为家里实在太困难了。</u>

由于出生在羊年，父亲给女儿取名周洋，意在让孩子的未来像海洋一样宽广。小周洋健康成长着。然而，在4岁那年，周洋患了一场大病，总是肚子痛，整天哭闹，不得不做手术。后来，父母怕周洋身体不好，就让她练习滑冰，没想到，一滑就滑成了世界冠军。

83. 周洋的父母为什么想生个女孩儿？

A 女孩子听话

B 只喜欢女孩子

C 养不起男孩子

D 已经生了个男孩子

【题解】 周洋父母"就想要一个女儿，因为家里实在太困难了"，所以选C。这里有一个文化背景：在中国，养儿子比养女儿花费大，因为将来结婚时，往往男方家要出更多钱。这点需要考生了解。

84. 从得到冠军后所说的话中，可以知道周洋是个什么样的人？

A 孝顺父母　　B 训练刻苦

C 喜欢安静　　D 性格像男孩子

【题解】 得到冠军后，周洋说："可以让我爸我妈生活得更好一点儿。"说明她成功后首先想到的是自己的父母，她很孝顺。因此正确答案为A。

85. 父母为什么要让周洋练滑冰？

A 锻炼身体

B 挣更多的钱

C 得奥运会冠军

D 没人陪周洋玩儿

【题解】 "在4岁那年，周洋患了一场大病，……后来，父母怕周洋身体不好，就让她练习滑冰"，因此可以知道，父母让周洋练习滑冰是为了锻炼身体。正确答案为 A。

86. 关于周洋的父母，下面正确的是：

A 工作稳定

B 一直很有钱

C 都是残疾人

D 周洋爸爸当过教练

【题解】 "周继文和王淑英腿上都有残疾"，都是残疾人。正确答案是 C。

87—90.

女孩儿聪明善良却不够自信，她喜欢上同院里的一个男孩儿。两个人从小一起长大，男孩儿太了解女孩儿了，只把她当做妹妹。一天，两人一起看电视，男孩儿被电视里女明星的美貌所深深吸引，女孩儿很好奇，问道："你看什么看得如此专心？"男孩儿有点儿不好意思，就骗她说："那位歌星的项链真漂亮！"

后来，女孩儿在商场里看到了同样的项链，但是价格不便宜。女孩儿犹豫再三，但想起男孩儿看电视时的样子，还是下决心买一条。由于钱没带够，女孩儿先交了定金，下回补齐钱再取货。女孩儿后来又去了商场交钱，补齐了项链的钱，就很自信地回家了，边走边想：我戴了美丽的项

链，该多好看哪！像电视里的那位女明星一样，男孩儿一定会喜欢我的……女孩儿越想越美，很高兴地回家了，一路上回头率很高。进了大院，男孩儿在与人聊天儿，抬头见了女孩儿，发现女孩儿像是变了一个人似的，非常漂亮。女孩儿更得意了。回到家里，女孩儿发现自己脖子上的项链没了，非常着急，一路找回去，一直找到商场里，原来，项链还在那儿，女孩儿忘了拿走。

自信的力量确实能够吸引人。

87. 男孩儿一开始为什么没有爱上女孩儿？

A 女孩儿不漂亮

B 女孩儿脾气不好

C 女孩儿爱乱买东西

D 对女孩儿太熟悉了

【题解】 "两个人从小一起长大，男孩儿太了解女孩儿了，只把她当做妹妹"，所以 D 正确，而 A、B、C 在文中都没有提到，都不正确。

88. 女孩儿为什么想买项链？

A 觉得便宜

B 喜欢高档货

C 想模仿女明星

D 为了获得男孩儿的喜欢

【题解】 男孩儿骗女孩儿说自己是被女明星的项链吸引，后来女孩儿想起

男孩儿看电视时的样子,还是下决心买一条跟歌星一样的项链。虽然是模仿女明星,但她最终的目的是为了获得男孩儿的喜欢。所以正确答案为D。

89. 男孩儿后来为什么觉得女孩儿变漂亮了?

  A 女孩儿长大了

  B 女孩儿变自信了

  C 女孩儿戴上了项链

  D 很多人说女孩儿漂亮

【题解】 女孩儿买了项链后,"就很自信地回家了"。看完故事我们知道,其实女孩儿根本没戴项链,男孩儿觉得女孩儿"像是变了一个人似的,非常漂亮"。不是因为她戴了项链,而是她变得自信了。故事结尾说:"自信的力量确实能够吸引人",进一步证明是自信改变了女孩儿。正确答案为B。

90. 根据上文,可以知道什么?

  A 自信使女孩儿更美

  B 男孩儿喜欢那串项链

  C 女孩儿一直戴着项链

  D 项链使男孩儿爱上女孩儿

【题解】 根据故事可以知道,让女孩儿变美的不是项链,而是自信。因此正确答案为A。

三、书写部分题解

第 一 部 分

第91—98题：完成句子。

题型介绍及解题技巧分析

完成句子要求考生运用语法知识，把词语排列成一个正确的句子，考生需要注意以下几点：

1. 所有的词语都要用上，不能少用，也不能多用，顺序不分先后。
2. 必须组成一个完整的句子，不能组成一个词组或短语。
3. 如果有几种正确答案，写一种就可以。
4. 注意不要写错字。

考生在做这一类型的题目时，首先要根据所给出的词语判断句子的基本结构，其中最关键的词是动词。如果句子只有一个动词，一般情况应该是动词谓语句，结构是"主语＋谓语动词＋宾语"；如果句子有两个以上的动词，句子就可能是连动句或兼语句等特殊句式；如果句子中没有动词，而有形容词，说明这很可能是一个形容词谓语句，结构是"主语＋形容词"。

有时候，句子中一些词语可以提示句子的基本结构，如有"把"说明可能是一个"把"字句，有"被/叫/让"说明可能是一个被动句，有动词和"得"说明很可能是一个带补语的动词谓语句。

考生写句子时，不必要求自己一次性写好句子，可以先在草稿纸上写出句子的主干，再依次添加定语、状语、补语等成分，这样准确率高，也不容易漏掉词语。

91. 研究成果　报道　被　他的　已经　了

【题解】从"被"这个关键词可以看出，这是一个"被"字句。"被"字句的基本结构是"主语（动作对象）＋'被'＋被字宾语（发出动作者）＋动词＋其他成分"，有时候，"被"后面的宾语可以省略。

本题中，"研究成果"是句子的主语，即动作对象；"报道"是谓语动词。句子的主干是"研究成果被报道"。

"他的"显然是"研究成果"的定语，"已经"作为状语放在动词"报道"前，但考生要注意在"被"字句或"把"字句中，"已经"等副词要放在

"被"、"叫"、"让"或"把"的前面。因此句子进一步扩展为"他的研究成果已经被报道"。

"了"是表示动作完成或结束的助词,放在句末或动词之后,所以完整的句子是"他的研究成果已经被报道了"。

92. 这种　安装了　玻璃　半透明的　卫生间

【题解】从本题所给出的几个词来看,有一个动词"安装",有两个名词"玻璃"和"卫生间",说明这是一个动词谓语句。根据语义判断,"卫生间"是主语,"玻璃"是宾语,句子的主干是"卫生间安装了玻璃"。

"半透明的"肯定是"玻璃"的定语,"这种"可以做"玻璃"的定语,也可以做"卫生间"的定语,因此完整的句子应该是"卫生间安装了这种半透明的玻璃"或者"这种卫生间安装了半透明的玻璃"。

93. 了不起　设计者　很　这类　商品的　的确

【题解】从本题所给出的几个词来看,有一个名词"设计者",有一个形容词"了不起",没有动词,说明这是一个形容词谓语句。句子的主干是"设计者了不起"。

"很"和"的确"作为状语,都用来修饰形容词"了不起",句子可扩展为"设计者的确很了不起"。考生要注意"很"和"的确"的顺序,"的确"这样表示语气的副词一般在前,"很"这样表示程度的副词在后。

"这类商品的"是定语,用来修饰"设计者",因此完整的句子是"这类商品的设计者的确很了不起"。

94. 规则　请工程师　把　一遍　再　强调

【题解】从"把"可以看出,这是一个"把"字句。"把"字句的结构是:"主语(发出动作者)+把+'把'字宾语(动作对象)+动词+其他成分",有时"把"前的主语可以省略。所给出的词语中,"强调"是动词;"工程师"应该是"强调"的主语,即发出动作者,"规则"应该是句子的宾语,即动作对象,因此句子的主干应该是"请工程师把规则强调"。

副词"再"用作状语修饰谓语动词,注意在"把"字句或被动句中,修饰动词的状语一般放在"把"或"被"、"叫"、"让"之前,因此句子可以扩展为"请工程师再把规则强调"。

"一遍"是"强调"的次数,充当"强调"的数量补语,放在"强调"之后,因此完整的句子是"请工程师把规则再强调一遍"。

95. 不得不　请求　辞职的　领导　答应　他
【题解】这道题的难点是判断"请求"的词性,进而判断句子的结构。如果"请求"是一个动词,句子就有两个动词"请求"和"答应",句子的主干就应该是"他请求领导答应",这是一个兼语句,但定语"辞职的"不能用来修饰主语"他"或者兼语"领导";而如果"请求"是名词,"辞职的"刚好用来修饰"请求",成为"答应"的宾语,因此判断"请求"不是动词,是名词。句子的主干是"领导答应他请求"。

"辞职的"做"请求"的定语,句子可以扩展为"领导答应他辞职的请求"。"不得不"用来做谓语动词"答应"的状语,完整的句子是"领导不得不答应他辞职的请求"。

96. 实现了　恭喜　梦想　自己的　你
【题解】动词"恭喜"的用法有二:(1)恭喜＋某人;(2)恭喜＋某人＋做了某事。本句是第二种用法。"自己的"修饰名词"梦想",共同组成了动词"实现"的宾语。因此,完整的句子为"恭喜你实现了自己的梦想"。

97. 非常　态度　对这个项目的　王总　冷淡
【题解】这个句子的主干是"王总态度冷淡",程度副词"非常"修饰形容词"冷淡"。"对这个项目的"是"态度"的定语。因此完整的句子是"王总对这个项目的态度非常冷淡"。

98. 试卷　极其　这几个　学生的　答得　出色
【题解】98题不是动词谓语句。句子的主语是"试卷",谓语动词是"答得",补语是"出色",句子的主干是"试卷答得出色"。

"极其"是一个程度副词,一般用来修饰形容词,本题中用来修饰形容词"出色",句子可扩展为"试卷答得极其出色"。

"这几个"、"学生的"都是定语成分,根据量词"个",我们判断"这几个"是"学生"的修饰语,因为"试卷"的修饰语是"份",因此完整的句子是"这几个学生的试卷答得极其出色"。

第 二 部 分

第 99—100 题：写短文。

99. 请结合下列词语（要全部使用），写一篇 80 字左右的短文。

专心　　成绩　　班主任　　教育　　思考

题型介绍及解题技巧分析

　　这一类型的题目，一般会给出五个词语，要求考生根据词语间的逻辑关系，完成一篇 80 字左右的短文。考生需要注意以下几点：

　　1. 所有规定词语都必须用到，一个也不能漏掉，但一个词语可以多次使用，词语的顺序也不分先后。

　　2. 句子之间要有逻辑性和连贯性，不能用五个规定词语造五个句子，拼凑成一篇短文。

　　3. 字数 80 字左右，不要写得太多或太少。

　　4. 注意不要写错别字。

【题解及步骤】

　　1. 根据所给词语确定短文中心。考生要首先根据重点词语或词语间的关系确定短文的中心内容。本题中，五个词语都和学习有关。

　　2. 构思短文内容。这里需要考生充分发挥想象力，结合自身的生活经历来进行构思。本题中，我们已经确定中心内容和学习有关，可以对几个词先进行扩展，如"上课专心听讲"、"成绩不好"、"班主任教育"，我们可以假设一个故事：一个人原来上课不专心听讲，考试成绩不好，班主任对他进行了教育。例文如下：

　　小明是一个粗心的人，上课不专心听讲，也不认真思考，所以每次考试，他的成绩都不好。班主任教育他：学习要仔细认真，才能取得好成绩。听了老师的话，小明学习努力了，考试分数也高了。

100. 请结合这张图片写一篇 80 字左右的短文。

题型介绍及解题技巧分析

  这一题型根据图片的内容可以分成三类：标识类、物品类和人物类。考生要根据图片的类型确定短文的内容和形式。本题的图片属于人物类，人物类可以有几种写法：图片描写型、故事型、知识介绍型以及议论型。图片中的女孩儿穿着婚纱，应该是新娘，她旁边的男人胸前戴着花儿，应该是新郎。我们可以采用"故事型"模式，假设一个结婚的故事。例文如下：

  大卫和安妮结婚了。大卫是摄影师，安妮是杂志模特儿，他们是在工作中认识的。今天，安妮穿上了白色的婚纱，手捧鲜花，笑容格外美丽。大卫则拿着他的照相机，对着心爱的人拍个不停。在他的眼里，安妮是最美的新娘。

新汉语水平考试 HSK（五级）全真模拟题 2 答案

一、听 力

第一部分

1. B 2. D 3. D 4. C 5. D
6. D 7. A 8. D 9. A 10. A
11. A 12. D 13. D 14. D 15. C
16. A 17. A 18. D 19. A 20. A

第二部分

21. B 22. D 23. B 24. C 25. A
26. D 27. D 28. D 29. D 30. A
31. A 32. D 33. D 34. B 35. C
36. D 37. D 38. A 39. C 40. B
41. D 42. D 43. D 44. D 45. D

二、阅 读

第一部分

46. B 47. C 48. A 49. D 50. B
51. A 52. C 53. B 54. C 55. C
56. C 57. A 58. B 59. C 60. B

第二部分

61. B 62. B 63. D 64. C 65. D
66. C 67. D 68. B 69. A 70. B

第三部分

71. D 72. A 73. D 74. D 75. A
76. B 77. D 78. D 79. D 80. A
81. D 82. D 83. C 84. A 85. B

86. B　　　87. B　　　88. C　　　89. B　　　90. D

三、书　写

第一部分

91. 这个导演拍的连续剧非常精彩。
92. 老百姓的平均收入仍没有得到提高。
93. 这几个部门共同开发了新的电脑软件。
94. 星期天商店特意延长了营业时间。
    商店星期天特意延长了营业时间。
95. 幼儿园的很多孩子被烫伤了。
96. 服务员辞职抗议受到的不公平待遇。
97. 专家们都称赞餐厅的烤鸭很地道。
98. 人们能感受到打工人员的无奈。

第二部分

99. 我非常感激张老师。记得我第一次参加演出的时候，张老师一直指导我、鼓励我。假如没有她的帮助，我可能一辈子都没有站在舞台上的自信，更不可能下决心成为一名出色的演员。

100. 小时候，天天吃妈妈做的饭，有些菜我都吃腻了。现在我长大了，因为工作的原因经常出国。品尝了世界各地的美食以后，我才发现，原来世界上最好吃的还是妈妈做的饭。

新汉语水平考试 HSK（五级）
全真模拟题 2 材料及题解

一、听力材料及听力部分题解

（音乐，30秒，渐弱）

大家好！欢迎参加 HSK（五级）考试。
大家好！欢迎参加 HSK（五级）考试。
大家好！欢迎参加 HSK（五级）考试。

HSK（五级）听力考试分两部分，共45题。
请大家注意，听力考试现在开始。

第 一 部 分

第1到20题：请选出正确答案。现在开始第1题：

1.

> 女：等着急了吧，真不好意思！今天有大雾，所以飞机晚点了，害你多等了半个小时。
> 男：没事儿，现在差一刻钟十二点，正好一起去吃饭。
> 问：根据对话，可以知道什么？

A 男的吃过饭了
B 现在是十一点三刻
C 飞机早到了半个小时
D 飞机因为大雪晚点了

【题解】 从选项来看，本题和飞机是否晚点有关，是一道判断题。

从听力材料来看，女的提到了"大雾"、"飞机晚点了"，说明C、D都是错的；男的说"现在差一刻钟十二点"，说明现在是十一点三刻，B是正确的；后面又提到"正好一起去吃饭"，说明他们还没吃饭，所以A也是错的。

2.

> 女：真没想到，这次节目的嘉宾竟然是姚明！
> 男：没什么啊，他是上海人，参加上海电视台的篮球节目不是很正常吗？
> 问：根据对话，下面哪项不正确？

A 女的很吃惊
B 姚明是嘉宾

C 姚明是上海人
D 男的认为不正常

【题解】 从选项来看，对话内容可能和姚明有关。姚明是中国著名篮球运动员，考生应适当了解一些中国的名人。

在听力材料中，女的提到"真没想到，这次节目的嘉宾竟然是姚明"，"真没想到"、"竟然"表示女的很吃惊，A、B都是正确的；男的说："他是上海人。"说明C也正确；男的说："不是很正常吗"，意思是他认为姚明当嘉宾很正常，因此D错误。

但本题需要选出不正确的一项，因此D为正确答案。

3.

女：你看见我的登机牌没有？刚刚还在口袋里。
男：你不是刚去过洗手间吗？快去那儿找找。
问：对话的地点可能在哪儿？

A 厕所　　　　B 宾馆
C 火车站　　　D 飞机场

【题解】 从选项上看，本题是一道地点题。一般地点题的材料中都会出现带有明显特征的事物；同时，对于A选项，考生还应了解"厕所"还可说成"洗手间"、"卫生间"等。

在听力材料中，女的提到了"登机牌"，这是乘客在上飞机时持有的凭证，表明所在地可能是机场。再从男的话"一会儿就要上飞机了"，可以肯定他们说话的地点就是飞机场。但需要注意的是，说话人也提到"洗手间"一词，但洗手间是女的刚去过的地方，不是现在说话的地方，所以D为正确答案。

4.

女：手机怎么打不出去了？中午才充的电，也没欠费啊。
男：待会儿再打吧，电梯里信号肯定没外边儿好。
问：为什么电话打不通？

A 欠费　　　　B 没充电
C 信号不好　　D 电话坏了

【题解】 从问题和选项可以看出，本题是一道选择题，四个选项类型完全一样，是电话打不通的原因。遇到这样的题目，有时四个选项可能会不止一个出现在听力材料中，考生需要仔细听对话和问题。

在听力材料中，四个选项有三个都提到了，其中A、B不是手机打不通的原因，因为女的说："中午才充的电，也没欠费啊。"说明A、B不正确；男的说："电梯里信号肯定没外边儿好。"说明男的觉得信号不好是手机打不通的原因；D说话人没有提到。因此C为正确答案。

5.

> 男：你眼睛怎么这么红啊？昨夜没睡好吗？
> 女：你又不是不知道，做编辑的，天天对着电脑，累死了。
> 问：女的眼睛为什么很红？

A 生病了　　　　B 睡得不好
C 原因不清楚　　D 经常用电脑

【题解】 从选项来看，本题可能和身体不舒服的原因有关，是一道选择题。

在听力材料中，女的说自己"天天对着电脑"，说明眼睛红是因为经常用电脑，D 是正确答案；男的说"昨夜没睡好吗"是对女的眼睛红的原因的猜测，女的没有直接回答，但却提出了另外的原因，因此 B 错误。

6.

> 女：尝尝我做的鱼怎么样？
> 男：味道还不错，就是稍微咸了点儿，再放点儿糖吧。以后记住少放点儿酱油。
> 问：根据对话，可以知道什么？

A 鱼的味道不好
B 女的放了很多盐
C 鱼的味道太甜了
D 女的把酱油放多了

【题解】 从听力材料来看，男的说鱼"味道还不错，就是稍微咸了点儿"，说明 A、C 都是错的；"咸了"说明盐放多了，因此 B 不对。男的又说："以后记住少放点儿酱油。"说明女的酱油放多了，因此 D 为正确答案。

7.

> 女：别太悲观了，说不定你以后可以找到更好的工作呢。
> 男：谢谢你安慰我，我没事儿，反正我早就不想在那儿干了。
> 问：关于男的，可以知道什么？

A 现在失业了
B 现在不想找工作
C 找到了更好的工作
D 对原来的工作很满意

【题解】 从选项来看，本题是一道判断题，内容和失业或者换工作有关。

在听力材料中，女的说男的"以后可以找到更好的工作呢"，这说明男的或者失业，或者还没找到更好的工作，所以 A 为正确答案，C 是错的；男的说："反正我早就不想在那儿干了。"从这句看出男的不喜欢原来的工作，因此 D 是错的；B 没有在材料中体现，也是错的。

8.

> 女：你帮我看看，我的电脑怎么不动了？是不是有病毒了？
> 男：我来检查一下，键盘没问题，

> 好像是鼠标坏了，再买一个吧，也没多少钱。
> 问：女的电脑怎么了？

A 中了病毒　　B 键盘坏了
C 速度很慢　　D 鼠标有问题

【题解】　从选项来看，本题是一道选择题，很可能是问电脑出现了什么问题。

在听力材料中，说话人提到了"病毒"、"键盘"和"鼠标"，男的说："键盘没问题，好像是鼠标坏了。"说明B是错的，D可能是对的。说话人没有提到C，C不正确。女的问"是不是有病毒"，男的没有直接回答，而是提出了别的原因，因此是否定了有病毒，A也不对。D为正确答案。

9.

> 男：这么热的天，你怎么不开空调啊？
> 女：停电啦，电扇也用不了了，你找把扇子扇扇吧。
> 问：为什么没开空调？

A 没电了
B 天不热
C 电扇也很凉快
D 扇扇子就可以了

【题解】　从选项来看，本题和降低温度的方式有关。

在听力材料中，女的提到："停电了，电扇也用不了了"，说明是因为停电，所以没开空调，A为正确答案，扇扇子是因为没电，无法开空调和电扇是不得已的做法，因此D是错的。

10.

> 女：真不敢相信自己的眼睛，你居然也开始做家务了。
> 男：老婆下个月就要生孩子了，我不做谁做？
> 问：根据对话，可以知道什么？

A 女的很吃惊
B 男的一直做家务
C 女的眼睛有问题
D 男的已经当爸爸了

【题解】　从选项来看，这是一道和家庭生活有关的判断题。C选项看起来和其他几个选项不太一样，可以推测这是对一句俗语的字面解释。这种类型的选项在一般情况下是错误的。

从听力材料看，女的说："真不敢相信自己的眼睛，你居然也开始做家务了。"说明她很吃惊，而不是眼睛有问题，A正确，C错误；如果男的一直做家务，她不可能这么吃惊，因此B也是错的；男的说："老婆下个月就要生孩子了。"说明他即将当爸爸了，现在还没当爸爸，D也是错的。正确答案为A。

11.

> 男：小李，我这两天的日程安排好了吗？
> 女：经理您放心，早就安排好了，明天去工厂跟新工人见个面，后天跟李总裁谈合同。
> 问：女的最可能是做什么的？

A 秘书　B 经理　C 工人　D 总裁

【题解】　从选项来看，本题是选择题中的一类"关系题"。对于这一类型的题，对话人的称呼和对话的内容都很重要。

在听力材料中，男的说："小李，我这两天的日程安排好了吗？"说明女的为男的安排日程。女的说："经理您放心，早就安排好了。"说明男的是经理，女的应该是男的秘书，因此正确答案为A。C、D选项虽然也出现在对话中，但不是指对话人，因此不是正确答案。

12.

> 女：你去中国旅游的时候都吃了哪些美食？
> 男：我在北京吃了著名的烤鸭和饺子，在大连吃了很多海鲜。但给我印象最深的还是四川的小吃。
> 问：男的最喜欢吃什么？

A 烤鸭　B 饺子　C 海鲜　D 小吃

【题解】　从选项来看，本题和食物有关，是一道选择题。四个选项可能不止一个出现在对话中，考生应注意结合问题选出正确的答案。

在听力材料中，四个选项都提到了，都是男的去中国旅游的时候吃的。男的最后说"给我印象最深的还是四川的小吃"，说明男的虽然吃了很多中国美食，但最喜欢的还是四川的小吃。正确答案为D。

13.

> 女：我看你最近一直很用功，在忙什么呢？
> 男：我在准备汉语演讲比赛，如果拿到第一名，不仅可以得到一笔数目不小的奖金，还有机会去中国留学呢。
> 问：根据对话，可以知道什么？

A 男的以前不用功
B 男的在准备考试
C 第一名只有奖金
D 男的想去中国学习

【题解】　根据选项可以推测，这是一道判断题。男的正在准备一件和学习有关的事，四个选项基本都和男的有关，因此听的时候要把重点放在男的说的话上。

在听力材料中，男的说"我在准备汉语演讲比赛"，说明B是错的；男的又说"如果拿到第一名，不仅可以得到一笔数目不小的奖金，还有机会去中国留学呢"，说明C也是错误的，而且男的想通过拿第一名，得到去中国留学的机会，因此D是正确答案；A在材料中没有体现，是错误的。

14.

> 男：王老师，您知道刘东老师家住哪儿吗？
> 女：我只知道在4号楼3单元，不是501室就是601室。
> 问：刘老师家住在第几单元？

A 6单元　　　　B 5单元
C 4单元　　　　D 3单元

【题解】　从选项看，这是一道和单元数有关的数字题。

从听力材料来看，女的说"我只知道在4号楼3单元"，D是本题的正确答案。

15.

> 女：张东，你的车怎么停这儿不走了？坏了吗？
> 男：没汽油了，早上急着去机场接人，忘记加油了。
> 问：张东的车为什么不走了？

A 坏了　　　　　B 等人
C 没油了　　　　D 在加油

【题解】　从选项来看，本题应该是一道关于原因的选择题，C、D都和加油有关，答案比较可能集中在这两项上。

在听力材料中，女的问男的车是不是坏了，男的回答："没汽油了，早上急着去机场接人，忘记加油了。"可见，"没汽油"是车不走的原因，C正确。张东是去接人，不是等人，所以B是错的；男的忘了加油，而不是在加油，D也是错的。因此正确答案为C。

16.

> 男：汤怎么这么咸？你让我怎么吃啊！
> 女：真抱歉，是我们太马虎了，马上给您换一份新的。
> 问：男的可能在哪儿？

A 餐厅　　　　　B 学校
C 动物园　　　　D 理发店

【题解】　从选项上看，这是一道地点题。考生要注意对话中带有明显地点特征的词句。

在听力材料中，男的问："汤怎么这么咸？你让我怎么喝啊！"女的马上道歉，并表示要换一份新的。从说话内容和对话人的态度上看，对话可能发生在餐厅。另外，对话中"汤""咸""喝"都和吃饭有关，而四个选项中只有A是吃饭的地方，由此也可以判断出正确答案是A。

17.

> 男：没想到啊，你居然也看起足球啦！成球迷了吗？
> 女：没有，只是随便看看，电影频道和新闻频道都没好节目。
> 问：女的可能在看什么频道？

A 体育　B 电影　C 新闻　D 历史

【题解】　从听力材料来看，男的说："你居然也看起足球啦！"女的提到："电影频道和新闻频道都没好节目"，所以女的不是在看电影频道和新闻频道，她正在看足球，足球是体育节目，因此 A 为正确答案。

18.

> 女：我把银行卡密码忘了，这可怎么办呢？
> 男：带上卡去银行，身份证别忘了带啊。
> 问：关于女的，可以知道什么？

A 银行卡丢了　　B 在银行工作
C 没带身份证　　D 不记得密码了

【题解】　从选项来看，本题和银行有关，是一道判断题。

从材料来看，女的说"我把银行卡密码忘了"，说明 D 正确；男的说："带上卡去银行，身份证别忘了带啊。"说明女的卡没丢，A 错误；男的提醒女的要带身份证，不是女的没带身份证，C 也是错的；从对话来看，女的不知道忘了密码怎么处理，说明她不太可能是银行工作人员，B 也是错的。正确答案为 D。

19.

> 女：先生，这里禁止拍照，谢谢配合。
> 男：噢，对不起，这件艺术品实在是太完美了，我忍不住就拍了几张，把这里的规定都忘了，下次一定注意。
> 问：这里最可能是什么地方？

A 博物馆　　　B 动物园
C 照相馆　　　D 图书馆

【题解】　从选项来看，这是一道地点题。考生需要注意对话中透露的有地点特征的信息。

从材料来看，女的说："这里禁止拍照。"说明这里肯定不是照相馆；男的又提到了"艺术品"，艺术品更有可能在博物馆展出，而不是在动物园或图书馆展出，说明这里可能是博物馆。正确答案为 A。

20.

> 男：祝贺你，你获得了这次钢琴比赛的冠军。
> 女：真的吗？我不是在做梦吧！
> 问：关于女的，下面哪项不正确？

A 在做梦　　　B 很高兴
C 是第一名　　D 会弹钢琴

【题解】　从选项来看，这是一道判断题。B、C、D有内部联系，只有A选项看起来比较特殊，可能是对一句俗语的字面解释，一般情况下都是错误的选项。

从听力材料来看，男的说："祝贺你，你获得了这次钢琴比赛的冠军。"说明女的会弹钢琴，而且得了冠军，即第一名，C、D都是对的。女的说："我不是在做梦吧！"这是考查考生对中国俗语的了解程度，这句话的意思是女的很高兴，而不是真的在做梦。本题要选择错误的一项，所以答案为A。

第 二 部 分

第21到45题：请选出正确答案。现在开始第21题：

21.

男：来点儿花生吧，刚炒的，特别香。
女：谢谢，我不能吃。我对花生过敏。
男：什么？还会有人对花生过敏？
女：是啊，你不会是第一次听说吧？
问：女的为什么不吃花生？

A 不饿　　　　B 过敏
C 不爱吃花生　D 不爱吃炒的花生

【题解】　从选项上推测，四个选项是不吃花生的原因，是一道选择题。

从材料来看，男的让女的吃花生，女的说："我不能吃。我对花生过敏。"她提到了B，其他几个选项都没有提到。正确答案为B。

22.

男：最近有什么好电影？给我推荐一个吧。
女：《阿凡达》挺受欢迎的，值得一看。
男：我在网上看过了，还行，感觉没有想象的那么好。
女：网上的效果可不能跟电影院比，我建议你去电影院重看一次。
问：根据对话，可以知道什么？

A 男的想再看一次
B 网上看的效果最好
C 男的去电影院看过了
D 女的觉得《阿凡达》很好看

【题解】　从听力材料来看，男的让女的推荐电影，女的推荐了《阿凡达》，并说"挺受欢迎的，值得一看"。说明D是正确的；男的在网上看过了，说明C不正确；"没有想象的那么好"，

153

说明他不想再看一次，A 也是错误的；女的说："网上的效果可不能跟电影院比。"说明 B 也不对。正确答案为 D。

23.

> 女：你现在能看懂中国的电视剧了？真厉害。
> 男：哪里啊，还没到那水平呢。你看，上面有字幕的。
> 女：据说这样不利于提高汉语水平，你可以试试不看字幕。
> 男：我试过了，不看字幕，大部分都看不懂。
> 问：关于男的，可以知道什么？

A 爱看电视剧
B 能看懂字幕
C 汉语水平极高
D 没字幕也看得懂

【题解】　从选项考生可以推测，本题和能否看懂汉语电视剧有关，其中 B、C、D 都围绕同一话题，可能性比较大；C、D 的意思差不多，因此推测 B 选项的可能性最大。听的时候要注意说话人对自己汉语水平的描述。

从听力材料看，男的说自己看中国电视剧"还没到那水平呢"，说明他的汉语水平不能算极高，C 不正确；他又说"上面有字幕的"，说明他边看字幕边看电视剧，B 正确；他还说自己"不看字幕，大部分都看不懂"，说明 D 错误；A 材料中没有提到，A 也

是错误的。正确答案为 B。

24.

> 男：服务员，结账！
> 女：好的，先生，您一共消费 260 元。按照我们饭店的规定，满 200 元可以打九折。
> 男：是吗？真不错，你们这里菜做得好吃，还可以打折，下次我一定介绍朋友来。
> 女：谢谢您，这是找您的 16 元钱。欢迎下次光临！
> 问：男的应该付多少钱？

A 260 元　　　　B 180 元
C 234 元　　　　D 254 元

【题解】　从选项来看，这道题是跟价格有关的数字题。这类题型，考生一定要注意对话中提到的选项之间的关系，也要注意最后所问的问题，判断是否需要计算得出答案。

从听力材料看，女的说："您一共消费 260 元。……满 200 元可以打九折。"考生如果了解"九折"的计算方法，就应该知道男的一共消费的是"260×90％＝234 元"；后面女的又说："这是找您的 16 元钱。"这里没有提到男的付给女的多少钱，因此考生不能随便拿 260 减 16 得出答案。

本题的问题是："男的应该付多少钱？"说明和"16 元"没关系，就是 234 元，正确答案为 C。

25.

> 男：驾照拿到了没有？我看见你的新车了。
> 女：别提了，教练不让我去考。
> 男：为什么？你不是上完规定的课程了吗？
> 女：是呀。可是他说我倒车还不熟练，还需要多练练。
> 问：关于女的，可以知道什么？

A 刚买了车　　B 刚拿到驾照
C 没上完课程　D 还没开始学倒车

【题解】　从选项可以知道，本题和学车有关，是一道判断题。

从材料来看，男的看见女的新车了，说明女的刚买了车，A 是正确的；女的说："教练不让我去考。"说明女的还没有拿到驾照，B 是错误的；男的问："你不是上完规定的课程了吗？"说明 C 是错的；女的教练认为她"倒车还不熟练，还需要多练练"，说明女的学过倒车了，D 也是错的。正确答案为 A。

26.

> 女：小王，你换新手机了？
> 男：我这手机是免费送的。
> 女：还有这样的好事？
> 男：现在很多卖手机的公司都有这样的活动。只要你存入一定数量的钱，然后根据协议，每个月消费一定的数额，手机就是你的了。
> 问：根据对话，可以知道什么？

A 手机很贵
B 男的卖手机
C 男的送手机给女的
D 女的对这个活动有兴趣

【题解】　根据选项来看，本题是和买手机有关的判断题。

在听力材料中，男的"手机是免费送的"，首先说明 A 不对；同时也说明他不是卖手机的，B 也不对；本段对话的主题是手机公司送客户手机，而不是男的送手机给女的，C 也是错误的。女的说："还有这样的好事？"说明她对免费送手机的活动很感兴趣，D 是正确答案。

27.

> 女：我真佩服张东，每次都能考出好成绩。
> 男：那当然，他平时学习非常自觉刻苦。
> 女：我估计他把时间都花在学习上了。
> 男：才不是呢，该参加的活动张东都参加。他不仅会弹钢琴，足球踢得也相当不错。
> 问：关于张东，下面哪项不正确？

155

A 会弹钢琴　　　B 学习很认真
C 足球踢得很好　D 从来不参加活动

【题解】　从材料来看，本题是对一个人的描述，是一道判断题。四个选项中，只有D选项意思不太好，而且和A、C相反，有可能是错误的。

根据听力材料，男的认为张东"平时学习非常自觉，也非常刻苦"，说明B是正确的；男的又说："该参加的活动张东都参加。"说明D是错的；他又进一步说："他不仅会弹钢琴，足球踢得也相当不错。"说明A、C都是正确的。

本题问的是"下面哪项不正确"，因此答案为D。

28.

男：都说"相爱容易相处难"，我现在是真体会到了。
女：怎么了？又跟女朋友吵架了吗？
男：现在连架都不吵了，她干脆不跟我说话了。这样下去早晚得分手。
女：多沟通沟通，有什么问题解决不了的？
问：男的跟他女朋友怎么了？

A 分手了　　　　B 吵架了
C 不想结婚了　　D 女朋友不理他了

【题解】　从选项上看，本题是一道选择题，问的是男的和女朋友现在的关系，考生在听材料时要特别注意男的说的话。

在材料中，男的提到"连架都不吵了，她干脆不跟我说话了"，说明B是错的，D为正确答案；男的认为他们"这样下去早晚得分手"，说明他们还没有分手，A也是错的；C在材料中没有体现，也不对。

29.

男：运气真不好，找不到工作，刚毕业就失业了。
女：你可以自己注册公司啊，现在政府很支持大学生自己开公司的。
男：我也想啊，可是哪有那么容易啊？再说也没有那么多资金啊。
女：你可以贷款，国家在这方面是有优惠政策的，你可以先咨询一下。
问：根据对话，可以知道什么？

A 男的正在上大学
B 女的在政府工作
C 男的注册了公司
D 男的没那么多钱开公司

【题解】　从选项看，这是一道判断题。A、C、D三个选项都是关于男的，C、D两个选项都和开公司有关，而且意思相反，答案可能集中在这两项上。

根据听力材料，男的说自己"刚毕业就失业了"，说明他已经毕业了，A不正确；女的劝男的自己注册公司，男的说："哪有那么容易啊？再说也没有那么多资金啊。"说明男的资金不足，还没注册公司，C是错的，D是正确的；B在材料中没有体现，也不正确。因此正确答案为D。

30.

男：糟糕，我的钱包丢了。钱倒是没多少，主要是里面有我的护照，过几天我还得回国呢。
女：钱包有什么特征？我听说隔壁班小张捡到了一个，不过不知道是不是你的。
男：他是在哪儿捡的？我今天除了去过图书馆，一直待在宿舍。
女：好像是在图书馆捡到的，你去问问吧。
问：根据对话，下面哪项正确？

A 男的要回国了
B 钱包在宿舍里
C 钱包里有不少钱
D 钱包被女的捡到了

【题解】 从选项上看，本题是一道判断题，重点是钱包。

从听力材料来看，男的说："我的钱包丢了。钱倒是没多少，……，过几天我还得回国呢。"说明C错误，A正确；女的听说"小张捡到了一个"，说明女的没有捡到钱包，D是错的；男的今天除了去过图书馆，一直待在宿舍，是说自己在宿舍，不是说钱包在宿舍，B也是错的。因此正确答案为A。

第31到32题是根据下面一段对话：

女：外边真吵啊！怎么回事儿？
男：是大家在外边放鞭炮呢！
女：中国人为什么喜欢在这个时候放鞭炮呢？
男：热闹啊。春节是中国最重要的传统节日，不放鞭炮总觉得缺少了些什么。
女：可是我觉得很危险，而且也污染环境，现在不是都提倡环保嘛！
男：你说得也对。现在中国政府也很关注这个问题，特别是在城市里，放鞭炮是有时间和地点限制的。

31. 现在是什么节日？

A 春节　　　　B 圣诞节
C 五一节　　　D 国庆节

【题解】 结合31、32题的选项来看，本题和节日风俗有关，考生应该在日常学习中积累对中国传统节日风俗的了解。31题四个选项中除了B，都是中国节日，而32题D选项也是关于春

157

节的，可以推测春节的可能性比较大。

在听力材料中，被提到的节日是春节，因此正确答案为 A。

32. 关于放鞭炮，可以知道什么？
　　A 很环保
　　B 很安全
　　C 政府不允许
　　D 是中国人过春节的习俗

【题解】　从四个选项推测，本题问的是过春节的一种习俗。熟悉中国文化的考生知道，春节有很多风俗，但和"环保"、"安全"有关的应该是指放鞭炮，也知道放鞭炮既不环保也不安全，所以 A、B 两个选项的可能性都不大。

　　在听力材料中，男的说"春节……不放鞭炮总觉得缺少了些什么"，说明 D 是正确的；女的认为放鞭炮"很危险，而且也污染环境"，可见 A、B 是错的；男的说："在城市里，放鞭炮是有时间和地点限制的。"说明政府允许放鞭炮，只是有限制，C 是错误的。因此正确答案为 D。

第 33 到 34 题是根据下面一段对话：

> 男：张经理，价格再降点儿怎么样？要是每吨能再便宜五百，我立刻就签合同。
> 女：利润已经很少了。这样吧，考虑到您是我们的老客户了，每吨便宜三百吧。
> 男：好的，那这样的话，我们一共买5吨，付您1万，对吧？
> 女：没错儿。
> 男：有现货吗？今天能交货最好。
> 女：我们尽量争取在明天交货，这两天工人正在加班呢。

33. 原价每吨多少钱？
　　A 500　　　　B 300
　　C 2000　　　D 2300

【题解】　从选项上看，这道题是一道数字题。因为本题对话长，信息量大，在做数字题时，考生最好适当做记录。

　　在听力材料中，女的提到"每吨便宜三百"，男的答应了，并且说："一共买5吨，付您1万"，说明男的是按照 2000 元/吨的价格买的。"每吨便宜三百"说明原价是 2300 元，因此正确答案为 D。

34. 女的打算什么时候交货？
　　A 今天　　　　B 明天
　　C 下周　　　　D 两天后

【题解】　34 题是一道时间题。在材料中，女的说："我们尽量争取在明天交货。可以看出，交货时间是"明天"，所以正确答案为 B。

第 35 到 36 题是根据下面一段话：

> 车厢内有六位旅客，其中五位很守规矩，但第六个是一个特

158

别没有礼貌的年轻人，给其他人带来了许多麻烦。最后，年轻人在一个火车站带着两个沉重的皮箱下了车，没有一个人愿意帮他。这个糟糕的年轻人已经走了很远了，一位旅客突然打开车窗，对着他大声喊："你把东西留在车厢里了！"年轻人转过身子，拎着两个又沉又大的皮箱，赶了回来。他跑回来时，显得非常疲倦，对着车窗大声喊："我把什么东西留在车上了？""一个坏得不能再坏的印象！"

35. 年轻人把什么留在车上了？

A 一个大包　　B 一个坏箱子
C 不好的印象　D 一张旧照片

【题解】　结合35、36题选项，可以推测本题应该是一个关于旅行的故事，故事的主人公是一个年轻人。对于故事，考生不仅需要听清楚故事细节，也要领会整篇故事的寓意。

35题四个选项中，A、B、D三个选项都是具体的东西，只有C选项是抽象的，一般情况下，抽象选项往往能够表达故事的深刻寓意，是答案的可能性比较大。

在听力材料中，一开始就提到年轻人"特别没有礼貌"、"给其他人带来了许多麻烦"、"没有一个人愿意帮他"，说明其他旅客都不喜欢年轻人；在材料最后，一位旅客对年轻人说："你把东西留在车厢里了！"——"一个坏得不能再坏的印象！"因此答案为C。

36. 从这段话，可以知道什么？

A 年轻人很有礼貌
B 旅客们坐的是汽车
C 年轻人把箱子丢在车上
D 大家都很讨厌这个年轻人

【题解】　本题是一道判断题。A、D选项的意思相反，答案比较可能集中在这两项上。

在材料中，一开始就提到年轻人"特别没有礼貌"、"给其他人带来了许多麻烦"、"没有一个人愿意帮他"，说明A是错的，D是对的；材料中又提到，年轻人"在一个火车站下了车"，说明旅客们坐的是火车，B也是错的；根据整篇故事和35题答案可以知道，年轻人不是真的留下什么东西在火车上，而是给其他旅客留下了一个没礼貌的坏印象，C也是错的。所以答案为D。

第37到38题是根据下面一段话：

同学们好，我是你们的班主任老师李红。今天是入学的第一天，有很多事情需要大家做，过一会儿大家首先得去办公楼402室交5000元学费和3000元住宿费，下午两点钟请准时来这个教室

> 领取本学期所用的教材，然后我会带大家参观我们的校园和图书馆。晚上七点，王教授还将给大家做一个讲座，内容是如何学好汉语，地点是图书馆一楼大会议室，请大家准时出席。

37. 每个学生一共要交多少钱？

　　A 3000　　　　B 4020
　　C 5000　　　　D 8000

【题解】　结合37、38题选项，可以推测本题的内容和新生报到有关。37、38题都是选择题，考生做这题时要特别注意短文的细节。

　　在听力材料中，每位学生需要交"5000元学费和3000元住宿费"，因此答案很清楚，是D。

38. 晚上学生们要干什么？

　　A 听讲座　　　B 领教材
　　C 参观校园　　D 去办公楼交费

【题解】　A、B、C、D四个选项都是新生的报道时需要做的事，可能都在听力材料中出现，考生要特别注意这四件事发生的时间和顺序以及本题的问题。考生可以在选项后做适当记录。

　　在材料中，考生会听到以下几个关键词："首先……"、"下午两点钟……"、"然后……"、"晚上七点……"。考生可以做这样的记录：

　　A 听讲座　7：00 p.m.　④
　　B 领教材　2：00 p.m.　②
　　C 参观校园　③
　　D 去办公楼交费　①

　　本题问的是"晚上学生们要干什么"，可见答案是A。

第39到42题是根据下面一段话：

> 从前有一个下棋高手名叫秋。他非常厉害，没人能赢得了他。有两个学生跟秋学习下棋，一个聪明，一个有点儿笨。笨学生虽然学得慢，但是非常专心，集中精力跟老师学习。聪明学生却不这样，他认为学下棋很容易，用不着认真。老师讲课的时候，他虽然坐在那里，眼睛也好像在看着棋子，可心里却想着："要是现在到田野上射只兔子烤着吃多好啊！"因为他不珍惜学习的机会，结果什么都没学会。最后，虽然两个学生同是一个名师传授，但是，一个进步很快，成了著名的棋手，另一个却没学到一点儿下棋的本事，当了一名厨师。

39. 老师叫什么名字？

　　A 春　B 夏　C 秋　D 冬

【题解】　从39—42题的选项来看，这是中国一个传统的成语故事"三心二意"，如果考生熟悉这个成语故事，做本题就比较容易。

　　39题选项看起来是四个季节，但熟悉这个成语故事的考生应该知道，这是问老师的名字。材料一开始就提到"从前有一个下棋高手名叫秋",因此很容易选出正确答案C。

40. 老师有几个学生?

　　A 一个　　B 两个　　C 三个　　D 四个

【题解】　　从选项上看,这是一道数字题。材料中只有一句话涉及数字"有两个学生跟秋学习下棋",本题问的是"老师有几个学生",答案为B。

41. 上课时,聪明学生在干什么?

　　A 烤兔子　　　　B 认真听课
　　C 跑到田野上　　D 想着出去玩儿

【题解】　　听力材料中,秋有两个学生,一个聪明,一个有点儿笨。而聪明学生"虽然坐在那里,眼睛也好像在看着棋子,可心里却想着:'要是现在到田野上射只兔子烤着吃多好啊!'"因此,上课时,聪明学生在想着出去玩儿,答案为D。

　　本题的问题是:"上课时,聪明学生在干什么?"这道题A和C选项很有迷惑性,但去田野上烤兔子只是学生的想法而不是真的到田野上烤兔子了,答案是D。

42. 从这段话,可以知道什么?

　　A 聪明学生很专心
　　B 笨学生当了厨师
　　C 老师喜欢聪明学生
　　D 聪明学生下棋水平很差

【题解】　　通过听完整篇故事,我们知道,秋的两个学生中,笨学生比较认真,但聪明学生从不认真听课,A是错的;文中没有提到老师喜欢哪个学生,C是错的;聪明学生"不珍惜学习的机会,结果什么都没学会",说明D是正确的;在故事的最后,两个学生:"一个进步很快,成了著名的棋手,另一个却没学到一点儿下棋的本事,当了一名厨师。"结合前面的故事可以判断,成为著名棋手的应该是笨学生,而聪明学生最后当了厨师,因此B也是错的。正确答案为D。

第43到45题是根据下面一段话:

在很多企业里,内部员工谈恋爱是被禁止的。公司确实也有自己的考虑,如果双方分手的话,肯定会影响到正常的同事关系;如果两人最终走到一起,说不定又会刺激公司里其他的追求者,最终导致大家都不能正常工作。但是这种做法既不合法,也不合理。有的员工为了保住工作不得不分手,他们对公司充满了仇恨,怎么可能把工作做好呢?外国的某家公司则采取了相反的做法,公司专门成立为内部员工服务的"婚姻介绍所"。很多年轻人在公司的帮助下找到了理想的对象,建立了幸福的家庭。公司的做法起到了稳定员工的作用，有了家庭的温暖，员工自然就能专心工作。同时员工对公司十分感激，把公司当成了自己的家，工作效率和热情就更高了。发奖金、涨工资也难以取得这样的效果。

43．为什么有的公司禁止员工谈恋爱？

　　A 是法律规定的
　　B 员工会变自私
　　C 会给客户留下不好的印象
　　D 怕影响同事关系和正常工作

【题解】　结合43—45题的选项，可以看出本段短文的内容和公司员工内部谈恋爱有关。43题四个选项很可能是问公司禁止员工内部谈恋爱的原因。而根据常理推断，可以首先认为 A 是不正确的。

　　听力材料中提到："如果双方分手的话，肯定会影响到正常的同事关系；如果两人最终走到一起，说不定又会刺激公司里其他的追求者，最终导致大家都不能正常工作。"说明 D 是正确的；A、B、C 都没有在材料中体现，都不对。所以答案是 D。

44．这个公司采取了什么做法？

　　A 不管不问
　　B 阻止员工谈恋爱
　　C 发奖金鼓励员工谈恋爱
　　D 成立婚姻介绍所为员工服务

【题解】　从选项来看，这是谈某个公司针对员工内部谈恋爱的具体做法。根据常理判断，结合43题选项，A、C 都不太可能是正确的，答案应该集中在 B 和 D 上。

　　听力材料中提到："外国的某家公司则采取了相反的做法，公司专门成立为内部员工服务的'婚姻介绍所'。"可见，D 是正确答案。

45．从这段话，可以知道什么？

　　A 家庭比事业重要
　　B 员工们都不支持内部谈恋爱
　　C 涨工资对提高工作热情最有效
　　D 这家公司的做法收到了积极效果

【题解】　从选项来看，本题也是一道判断题。根据常理推断，B 选项太绝对了，也和本段材料的意思相反，应该是错误的。

　　听力材料中提到："公司的做法起到了稳定员工的作用，有了家庭的温暖，员工自然就能专心工作……发奖金、涨工资也难以取得这样的效果。"说明 D 正确，C 错误。A、B 没有在材料中体现，也不正确。因此答案为 D。

听力考试现在结束。

二、阅读部分题解

第 一 部 分

第46—60题：请选出正确答案。

46—48.

> 有两个女人在聊天儿，其中一个问道："你儿子还好吧？"
>
> "别提了，真是不幸哦，这孩子最让我___46___了。"这个女人说道："他实在是___47___，娶的媳妇懒得不得了，不烧饭、不扫地、不洗衣服、不带孩子，整天就是睡觉，早饭还要我儿子送到她的床上呢！"
>
> "那你女儿呢？"
>
> "那她可就幸运多了。"女人满脸微笑："她嫁了一个不错的丈夫，从来不做家务，全部都由先生一手包办，煮饭、洗衣、扫地、带孩子，而且每天早上还送早点到床上给她吃呢！"
>
> 同样的状况，但是当我们从不同___48___去看时，就会产生不同的看法。学会换位思考之后，很多事就不一样了。

46. A 疼爱　B 操心　C 委屈　D 不耐烦

【题解】　本题主要考查考生对词义的理解。

四个选项词性一致，词义差别较大，因此本题我们主要从词义角度进行判断。A 表示关切喜爱，主要是父母或长辈对孩子或晚辈，如"奶奶最疼爱这个小孙子了"；B 表示费心考虑或料理，如"家里的事总让我操心"；C 表示受到不应该有的指责或待遇，心里难过，如"他无理的挑剔让我很委屈"；D 表示因为时间过长或次数过多等原因而厌烦、不能忍耐，如"这路公交车特别少，每次都让我等得不耐烦"。短文中，母亲觉得儿子"不幸"，原因是"娶的媳妇"什么也不做，她为儿子感到担心，因此 B 是正确答案。A、D 与内容无关，母亲可能觉得儿子委屈。但不是儿子让她委屈，C 也不正确。

47. A 匆忙　B 不利　C 可怜　D 勤劳

【题解】　本题主要考查考生对文义的理解。

从选项来看，四个选项词性一致，词义差别较大，因此我们主要从词义角度出发进行判断。A 表示急急忙忙，如"他来得很匆忙，忘了带雨伞"；B 表示没有好处，不顺利，如"增加关税对进出口贸易造成了不利的影响"；C 表示值得怜悯，如"她这么小就要离开家独立生活，真可怜"；D 表示努力劳动,不怕辛苦,如"他有一双勤劳的手"。四个选项中,D是褒义词,A是中性词,B、C是贬义词,我们首先从感情色彩的角度出发进行判断。

女的提到儿子的媳妇"不烧饭、不扫地、不洗衣服、不带孩子,整天就是睡觉,早饭还要我儿子送到她的床上",因此可以知道,母亲对于儿子做很多家务这件事的态度是:为儿子担心,觉得他吃了亏,因此47一定是一个贬义词,A、D首先被排除;B和C相比,B在语义上虽然说得通,但"不利"一般用来形容事物,不能说人很不利,也不正确,C是正确答案。

48. A 角度　B 矛盾　C 背景　D 概念

【题解】　本题主要考查考生对词义的理解和对词语搭配的掌握程度。

四个选项词性一致,词义差别较大,因此我们主要从语义角度出发进行判断。A表示看事情的出发点,如"不能只从自己的角度看问题";B表示事物相互抵触或排斥,如"他说的话前后矛盾";C表示对人物、事件起作用的历史情况或现实环境,如"生活背景"、"家庭背景"等;D表示反映客观事物的一般的、本质的特征,如"家庭的概念就是爱和温暖"。

48题原句是:"同样的状况,但是当我们从不同__48__去看时,就会产生不同的看法。"这句话位于短文的最后,是对短文的总结。在文中,女人的两个孩子的婚姻状态是一样的,都是丈夫家务做得多,妻子家务做得少。但她感到儿子的婚姻很不幸,女儿的婚姻很幸福。短文最后一句话"学会换位思考之后,很多事儿就不一样了"有提示作用,说明从不同角度看问题会产生不同看法,A是正确答案。

49—52.

古代有个卖酒的人,开着一家小饭店。这个人十分勤劳,总是将饭店打扫得干干净净,酒壶、酒杯、筷子之类的东西也__49__得干干净净。为了__50__更多的顾客,他还在门外挂了一个"天下第一酒"的大牌子。应该说这个人确实很有生意头脑,然而奇怪的是,酒的销售情况却非常不__51__,很多酒因为长期卖不出去都变酸变臭,十分可惜。

因为损失非常严重,卖酒的人十分着急,于是向旁边的邻居咨询为什么这么香的酒竟然卖不出去。邻居们告诉他:"__52__。我们都亲眼看到过,有的人高高兴兴地提着酒壶准备到你家去买酒,可是还没等走到店门口,你家的狗就跳出来狂叫不止,甚至还要扑上去咬人家。这样一来,又有谁还敢到你家去买酒呢?因此，你家的酒就只好放在家里等着变坏啦。"

49. A 放　B 摆　C 搞　D 收拾

【题解】　本题主要考查考生对词义的理解。

从选项来看，四个选项词性一致，词义有一定相关性，其中A、B为一组近义词，都有使东西处于一定的位置的意思；C的意思是"做、干、弄"，如"搞卫生"、"搞经济建设"等；D有打扫、整理的意思，如"收拾房间"、"收拾行李"等。我们主要从语义角度出发进行判断。

49的补语是"干干净净"，因此49应该有打扫、整理的意思，D的词义与文义相符，常常由"干净"、"整齐"等形容词作为"收拾"的补语，如"收拾得整整齐齐"等，D为正确答案。

50. A 卖　B 吸引　C 构成　D 感兴趣

【题解】　本题主要考查考生对词语搭配的掌握程度。

从选项来看，四个选项，都是动词性词语，但完全不是同一类型，因此可以推测本题可能从词语搭配角度进行判断。

从选项来看，A、C的语义不适合与"更多的顾客"搭配，A、C首先被排除；B"吸引"的意思是"把别的物体、力量或别人的注意力引到自己这方面来"，如"她时髦的打扮常常能吸引人们的注意"。卖酒的人在酒店门外挂了"天下第一酒"的牌子，就是为了"吸引更多的顾客"，让更多的人到酒店来喝酒。B为正确答案。D"感兴趣"是动宾短语，后面不能再加宾语"顾客"，D也不对。

51. A 乐观　B 充分　C 出色　D 可靠

【题解】　本题主要考查考生对词义的理解。

从选项来看，四个选项词性一致，词义的差别较大，因此我们主要从语义角度出发进行判断。A表示对事物的发展充满信心，如"对将来的生活很乐观"；B表示足够，如"她准备得很充分"；C表示特别好，超出一般，如"出色的外表让她在招聘中优势明显"；D表示可以信赖依靠或真实可信，如"他的消息应该是比较可靠的"。四个选项中，A、B、C三个选项都和事物的好坏程度有关；D和真实性有关，和其他三个选项差别较大，答案可能集中在A、B、C三个选项上。

从51题的原句来看，酒的销售情况很不好，很多酒卖不掉都变质了，51应该和销售情况的好坏程度有关，和真实性无关，D首先被排除；A、B、C三个选项中，"不充分"和"不出色"都表示情况不够好，但与"情况"不搭配，"不乐观"表示前景不好，和后文的"长期卖不出去都变酸变臭，十分可惜"相符，因此 A 是正确答案。

52. A 地点太偏僻了
    B 酒的味道一般
    C 你家养的狗太可怕了
    D 你这个店的名字起得不好

【题解】 本题主要考查考生对文义的理解。

根据短文，邻居帮卖酒的人分析他的酒卖不出去的原因，他们说有人去饭店买酒时，还没到店门口，店主家的狗就跳出来狂叫，老是咬人。这是酒家不能去的原因。因此，C 为正确答案。

53—56.

老张夫妇晚上很少出门，但上星期六，太太对老张说："电影院今晚有场好电影，我们去看好吗？"

老张同意了，电影非常 __53__，他们非常满意。

晚上十一点，他们从电影院出来，钻进汽车，开始驾车回家。天很黑。这时，太太说："看，一个高大结实的男人正在大街上追一个女人，女的可能有 __54__，咱们去帮帮她吧！"

老张说："好的。"他慢慢把车开近那个女人，说道："__55__？"

"不，谢谢，"女人答道，但她没有放慢速度，"我丈夫跟我在看完电影后，经常跑步回家，后到家的做 __56__。"

53. A 激烈 B 精彩 C 无聊 D 活泼

【题解】 本题主要考查考生对词义的理解。

从选项来看，四个选项词性一致，词义差别较大，因此我们主要从语义角度出发进行判断。A 表示动作、言论剧烈，如"激烈的比赛"、"激烈的争吵"等；B 表示节目、表演、展览、言论、文章等非常好、出色，如"精彩的表演"、"精彩的演讲"等；C 表示言谈、行动等没有意义而使人讨厌，如"无聊的电视剧"、"无聊的假期"等；D 表示具有活力的，如"活泼的表情"、"活泼的形式"等。四个选项中，A 是中性词，B、D 是褒义词，C 是贬义词，因此我们首先根据语义判断 53 的感情色彩。

53 题原句为："电影非常 __53__，他们非常满意。"说明 53 需要填一个褒义词，A、C 首先被排除；B 和 D 相比，D 不能修饰电影，而 B 说明电影很好看，因此 B 是最佳答案。

54. A 钱　B 损失　C 危险　D 问题

【题解】　本题主要考查考生对文义的理解。

从选项来看，四个选项之间完全没有意义上的联系，因此我们首先要理解文义。文中提到"一个高大结实的男人正在大街上追一个女人"，说明老张太太认为男人可能要做对女人不利的事情，女人很危险，因此C为正确答案。

55. A 你快点儿跑吧
　　B 你有事吗
　　C 你需要帮忙吗
　　D 你去哪儿

【题解】　本题主要考查考生对文义的理解和对情节的推测。

结合短文，我们知道老张太太认为女的可能会有危险，让老张帮助那个女人。老张答应了，并开车靠近那个女人，他最有可能问的问题是"你需要帮忙吗"，因此C为正确答案。

56. A 作业　　　B 事情
　　C 家务　　　D 健身

【题解】　本题主要考查考生对文义的理解。

从选项来看，四个选项，词义差别较大，因此我们主要从语义角度出发进行判断。56题原句为："我丈夫跟我在看完电影后，经常跑步回家，后到家的做　56　。"这是女人向老张解释她为什么拒绝了他的帮助。从这句话看出，那个高大结实的男人其实是女人的丈夫，他们俩在比赛看谁先跑回家，原因是"后到家的做　56　"。很显然，56一定是夫妇之间都不想做的事情，所以他们才会比赛，输的人做，四个选项中只有"C家务"是既符合常理，同时又能制造笑点的选项，C是正确答案。

57—60.

可爱的大熊猫是动物园里最受欢迎的明星。很多小朋友以为大熊猫也是猫的一种，但实际上，科学家认为它跟熊才是真正的"　57　"呢，所以在台湾地区人们都叫它"猫熊"。大熊猫爱吃竹子是出了名的，高山地区的各种竹子它都爱吃，因此在当地又被称为"竹猫"。但是如果竹子全开花儿的话，熊猫就有　58　了，它就要　59　没有食物的危险。有时大熊猫也爱吃肉，尤其爱吃羊肉。大熊猫的力气可大啦，遇到老虎也不怕，真打起来的话，　60　。

57. A 亲戚　B 朋友　C 对手　D 敌人

【题解】　本题主要考查考生对词义的理解。

从选项来看，四个选项词性一致，词义相关，都是表示人与人之间关系的名词，A表示有血缘联系的关系，

B表示有相互间感情的一种关系，C、D是一对近义词，都存在一种对立关系，C有时也用于比赛或竞争。这道题我们主要从语义角度出发进行判断。文中提到："很多小朋友以为大熊猫也是猫的一种，但实际上，科学家认为它跟熊才是真正的'　57　'呢"，这句话说明熊猫从科学角度上讲，是"熊"的一种，熊猫和熊有"血缘关系"，用了拟人化的手法，把熊猫和熊比作了"亲戚"。A为正确答案。

58. A 遗憾　B 麻烦　C 慌张　D 糟糕

【题解】　本题主要考查考生对词义的理解。

从选项来看，四个选项中A、B是名词，C、D是形容词，因此我们需要首先从语法角度判断58的词性。58题原句为："但是如果竹子全开花儿的话，熊猫就有　58　了。""熊猫"是主语，"有"是宾语，后面多跟名词宾语，因此58可以是一个名词，C、D首先被排除。A和B相比，A是指由无法控制的或无力补救的情况所引起的后悔，一般已经发生了不幸的事情，是一定主观上的疏忽造成的，不可挽救的，如"上次去北京忘了吃烤鸭，真遗憾"；B表示繁琐难办的事情，和"困难"是近义词，如"再不好好儿学习，你就有麻烦了"。在短文中，熊猫爱吃竹子，但如果竹子开了花儿就不能吃了，这样熊猫就会遇上

"困难"，B是正确答案。

59. A 改善　B 光临　C 面临　D 控制

【题解】　本题主要考查考生对词义的理解和对词语搭配的掌握。

从选项来看，四个选项词性一致，词义差别较大，其中B、C有一个共同的语素"临"，答案可能集中在这两项上。59题原句为："它就要　59　没有食物的危险。"可以看出59的宾语是"危险"，意思是如果竹子开花儿，熊猫就会遇到危险。A表示改变原有情况使好一些，如"改善生存环境"、"改善教学条件"、"改善产品质量"等，不和"危险"搭配，A首先被排除；B表示宾客到来，是一种敬语，宾语一般是地点，如"欢迎光临××商场"，语义也和原句不符，B也被排除；D表示掌握住，不使任意活动或越出范围，如"控制局面"、"控制人数"、"控制体重"等等，也不和"危险"直接搭配使用；C表示"面前遇到（问题、形势等），面对"，常和危险搭配，如"地球正面临着气候变暖的危险"，语法和语义都与原句相符，C是正确答案。

60. A 大熊猫会逃走
　　B 一般大熊猫会赢
　　C 大熊猫根本不占优势
　　D 大熊猫就会成为对手的食物

【题解】 本题主要考查考生对文义的理解。

从材料可以判断，60是大熊猫和老虎打架的结果，短文强调大熊猫"力气大"、"遇到老虎也不怕"，说明大熊猫打架很厉害，根本不害怕老虎。A、C、D都与短文的意思相反，认为大熊猫打不过老虎，只有B符合文义，是正确答案。

第 二 部 分

第61—70题：请选出与试题内容一致的一项。

61.

> 人们喜欢利用动物的特点来编写故事和创造有趣的表达。传说很久以前，动物们都没有尾巴，于是森林里召开了一个选尾巴大会，这天，动物们都一大早上山去了，只有兔子起得晚，因此只领到了一条短短的尾巴。现在，人们则用"兔子尾巴长不了"来形容某一情况无法长期坚持下去。

A 传说兔子不喜欢长尾巴
B 尾巴短是兔子的突出特点
C 传说最初的时候，动物们都是短尾巴
D "兔子尾巴长不了"这句话与这个传说有关

【题解】 本题需要考生对短文进行简单的总结和归纳，要理清短文的结构。材料第一句是总起句，概括了后面的意思。后面分为两个部分：一个选尾巴的故事和一句"兔子尾巴长不了"的俗语。故事和俗语的作用是证明材料第一句话的正确，都和兔子尾巴短有关，说明尾巴短是兔子的突出特点。要注意故事和俗语是并列的，俗语和传说没有关系。正确答案是B。

62.

> 为抗议英国政府减少科学研究的资金支持，科学巨人霍金近日打算告别工作了近50年的大学，离开英国到加拿大继续理论物理研究。有分析称，如果霍金离开，将对英国的学术界造成巨大损失。

A 加拿大比英国更富有
B 霍金对英国政府的行为表示不满
C 霍金离开了工作了近50年的加拿大
D 霍金的离开对英国的学术界影响不大

【题解】 霍金打算离开英国的原因是"为抗议英国政府减少科学研究的资金支持"，"抗议"是人们在表达不满时会采取的举动，说明霍金对英国政府减少科研资金支持的行为表示不满。正确答案为B。

63.

> 在连续四年的暖冬之后，今年北京迎来了一个"冷冬"。市相关部门报告了今冬本市的主要气候特征，其中最突出的特点是气温比常年偏低，雨水偏多。多年的资料显示，北京地区常年平均正式入春的时间在三月，但根据目前的天气情况，北京的春天在短期内还不会到来。

A 北京前年冬天比去年暖和
B 三月份北京通常还是冬天
C 今年冬天，北京又干又冷
D 跟往年相比，今年北京将推迟入春

【题解】 解答本题的关键是最后一句话，考生要读懂句子的意思。

句中"但"说明前后的意思相反，"还"表示某种情况继续，没有发生变化。这句话的意思是：今年北京的入春时间和平时不一样，不是早了，而是"在短期内还不会到来"，今年北京将推迟入春。正确答案为D。

64.

> 在全国运动会女子1000米比赛中，王蒙成功夺冠，成为本届运动会的三冠王。此外，江苏女队创造历史，赢得了一届全运会长跑项目的全部四枚金牌。自1976年全运会将长跑列为正式比赛项目以来，还从未有一个省队能够赢得全部金牌，无论是男子还是女子。

A 江苏男队没有获得金牌
B 1976年以前没有全国运动会
C 江苏女队获得了前所未有的好成绩
D 王蒙在本届运动会上获得了四枚金牌

【题解】 "江苏女队创造历史，赢得了……四枚金牌"，"创造历史"的意思是做出了新的成绩或做了以前没人做成功的事，"还从未有一个省队能够赢得全部金牌，无论是男子还是女子"，这两句话都是一个意思：江苏女队获得了前所未有的好成绩。"前所未有"即以前从来没有。正确答案为C。

65.

> 卫生部希望全社会和广大公众能够接受基本药物的观念，转变长期以来养成的不良用药习惯。基本药物多数价格比较低，有些人总觉得这些药太便宜了，就担心它的治疗效果，应该说在这方面有一些不正确的理解，所以要加强医生和病人之间的沟通。

A 基本药物价格太高
B 价格便宜的药物治疗效果更好
C 医生和病人应该一起决定药品价格
D 有些人在用药方面存在不正确的认识

【题解】 "基本药物多数价格比较

低，有些人总觉得这些药太便宜了，就担心它的治疗效果，应该说在这方面有一些不正确的理解"，"不正确的理解"和"不正确的认识"意思一样。正确答案为D。

66.

> 调查显示，78%的网友认为目前的就业形势依然不容乐观，专家认为毕业生人数增多，竞争更加激烈是造成当前就业形势紧张的主要原因，大学毕业生、失业工人、农民工受就业形势的影响最大。

A 大部分毕业生找不到工作
B 工人没有受到就业形势的影响
C 大部分网友认为目前的就业形势不好
D 缺乏竞争是造成当前就业形势紧张的主要原因

【题解】　"78%的网友认为目前的就业形势依然不容乐观"，78%的网友即大部分的网友；"不容乐观"的意思是让人感到不乐观、前景不太好的意思。正确答案为C。

67.

> 人们大多习惯于清晨起来锻炼身体，但这种锻炼方法并不科学。研究表明，一年中，夏、秋两季空气最清洁，头一两个月份空气污染最严重；一天中，中午和下午空气比较清洁，早晨、傍晚和夜间空气污染较严重。因此，专家建议，应该掌握空气污染的时间规律，科学地选择锻炼的时间。

A 清晨是最好的锻炼时间
B 专家建议晚上锻炼身体
C 夏天头一两个月空气质量不好
D 人们应该选择空气清洁的时候锻炼身体

【题解】　材料中提到："人们大多习惯于清晨起来锻炼身体，但这种锻炼方法并不科学"，"早晨、傍晚和夜间空气污染较严重"，说明清晨锻炼身体不科学的原因是空气污染较严重；后面专家建议"应该掌握空气污染的时间规律，科学地选择锻炼的时间"，结合这几个句子可以看出，专家建议人们选择空气清洁的时候锻炼。正确答案为D。

68.

> 中央电视台科学与教育频道的大型节目《人物》关注现当代文明发展过程中那些做出突出贡献的人们。该节目以纪录片为主要形式，利用人物的语言叙述和影像资料来加深观众对于人物的了解。同时科学与教育频道和海外

> 电视台密切合作，大规模引进海外高水平人物纪录片，极大地丰富了节目的内容。

A 《人物》的观众大都为小孩儿
B 《人物》可能会有关于外国人的内容
C 孔子有可能出现在《人物》节目中
D 《人物》是一部描写科学家生活的电影

【题解】 根据材料我们知道，《人物》节目"大规模引进海外高水平人物纪录片"，"海外"即国外的意思，说明《人物》可能会有关于外国人的内容。正确答案为B。

69.

> 近日，工业和信息化部重新确定了手机充电器的统一标准，明确要求同一充电器需具备对不同品牌和机型的手机进行充电的功能。这样，人们就不再需要在每次出门的时候都带上充电器，遇到手机没电的情况可以借用他人的标准充电器给自己的手机充电。

A 标准充电器可以方便人们的生活
B 新标准受到了手机制造商的欢迎
C 不同品牌的手机将生产同一品牌的充电器
D 新的标准实行以后，人们将需要多部手机

【题解】 "人们就不再需要在每次出门的时候都带上充电器，遇到手机没电的情况可以借用他人的标准充电器给自己的手机充电"，说明标准充电器给人们的生活带来了方便。正确答案为A。

70.

> 在今年的新年晚会上，12名北大学生每人获得了一份特殊奖品，这就是记录他们大学期间课外实践经历的"校园生活简历"。简历涉及课外学术研究、社会实践实习及志愿活动等三个方面的内容，能够帮助招聘单位全面了解学生的情况。

A 12名学生制作了一份特殊的简历
B "校园生活简历"有助于学生求职
C "校园生活简历"记录了学生的课堂成绩
D "校园生活简历"记录了学生的全部生活

【题解】 材料中提到："简历……能够帮助招聘单位全面了解学生的情况"，"招聘单位"即学生求职的地方，"招聘单位"如果能"全面了解学生的情况"，一定会对学生求职找工作有所帮助。正确答案为B。

第 三 部 分

第71—90题：请选出正确答案。

71—74.

老刘经常出差，买不到对号入座的车票是常有的事。可是无论长途短途，无论车上多挤，他总能找到座位。他的办法其实很简单，就是耐心地一节车厢一节车厢找过去。这个办法听上去似乎并不高明，但却很管用。每次，他都做好了从第一节车厢走到最后一节车厢的准备，可是每次没走到最后就会发现空位，而且还往往不止一个，而此时在车厢的两头总是挤满人。老刘认为这是因为像他这样坚持找座位的乘客实在太少了。大多数乘客轻易就被一两节车厢拥挤的表面现象给骗了，很少人会想到每次停车的时候，从火车十几个车门下车的旅客都会留下没有主人的座位；即使有人想到了，他们也没有那一份寻找的耐心。眼前一方小小立足之地很容易让大多数人满足，有些人觉得为了一两个座位背着行李大包小包地挤来挤去也不值。他们还担心万一找不到座位，回头连个好好儿站着的地方也没有了。其实生活中这样的人也不少，因为害怕失败而放弃继续努力，就永远得不到人生的"坐票"。

71. 关于老刘，可以知道什么？

A 特别喜欢出差
B 从来不买车票
C 火车站里有朋友
D 总能找到空的座位

【题解】 老刘"经常出差，买不到对号入座的车票是常有的事"，说明 A 和 B 都不对。"可是无论长途短途，无论车上多挤，他总能找到座位"，因此 D 是正确答案，C 未提到。

72. 关于其他旅客不愿意去找座位的原因，下面哪项不正确？

A 觉得坐着站着都一样
B 不愿意背着东西挤来挤去
C 认为人太多，不太可能还有空位
D 害怕万一找不到座位连站的地方都没有

【题解】 本题要求考生选出不正确的一项。

"大多数乘客轻易就被一两节车厢拥挤的表面现象给骗了，很少人会想到每次停车的时候，从火车十几个车门下车的旅客都会留下没有主人的座位"，说明 C 是正确的；"有些人觉得为了一两个座位背着行李大包小包地挤来挤去也不值。他们还担心万一找不到座位，回头连个好好儿站着的地方也没有了"，说明 B、D 都是正确的；A 文中没有提到，是不正确的。

73. 老刘是怎样找座位的？

A 通过朋友帮忙

B 花钱买别人的座位

C 在要下车旅客的旁边等

D 从第一节车厢开始，一直找下去

【题解】 老刘的"办法其实很简单，就是耐心地一节车厢一节车厢找过去"。A、B和C文中都没提到，正确答案为D。

74. 作者认为，在生活中，应该：

A 学会满足

B 经常思考

C 不断努力，抓住机会

D 对成功失败不要考虑太多

【题解】 作者举老刘找座位的例子，说明人在做事前不要考虑太多成功和失败，不要像其他乘客那样一上车就觉得找不到座位，因为害怕找不到座位而不找。如果"因为害怕失败而放弃继续努力，就永远得不到人生的'坐票'"。正确答案是D。

75—77.

从前，有两个失去土地和粮食的人得到了一位老人的帮助：一套钓鱼的工具和一大袋新鲜的鱼。其中，一个人要了鱼，另一个人要了工具，然后他们就分开了。得到鱼的人没几天就把鱼吃光了，不久，他便饿死在路边。另一个人则提着工具继续挨饿，一步步艰难地向海边走去，可当他看到不远处那片蓝色的海洋时，他浑身的最后一点儿力气也使完了。

又有两个类似的人，他们同样得到了老人所给的鱼和工具。只是他们并没有各奔东西，而是商量好共同去寻找大海。他俩每次只煮一条鱼，经过艰苦的旅行后，终于来到了海边。从此，两人开始了钓鱼为生的日子。几年后，他们盖起了房子，有了各自的家庭、子女，有了自己建造的渔船，过上了幸福的生活。

前两个人只顾个人眼前的利益，得到的终将是短暂的欢乐；后两个人目标高远，互相帮助来面对现实的生活。只有把理想和现实完美结合起来，才有可能成为一个成功之人。

75. 关于第一个选择了钓鱼工具的人，可以知道什么？

A 是累死的

B 是饿死的

C 想去河边钓鱼

D 希望能死在海边

【题解】 第一个选择了钓鱼工具的人，"提着工具继续挨饿，一步步艰难地向海边走去，可当他看到不远处那片蓝色的海洋时,他浑身的最后一点儿力气也使完了","力气使完了"就是累死了,A为正确答案。

76. 关于后两个人,下面哪项不正确?
A 目光很长远
B 后来成了夫妻
C 后来靠钓鱼生活
D 把理想和现实完美结合了起来

【题解】 本题要求选出不正确的一项。材料中说,这两个人"有了各自的家庭、子女",不是说他们成为了夫妻,而是分别成了家。正确答案为B。

77. 在上文中,作者主要想谈什么?
A 饥饿和死亡
B 人与人的关系
C 鱼和钓鱼工具
D 理想和现实的关系

【题解】 作者在文章最后做了总结:"只有把理想和现实完美结合起来,才有可能成为一个成功之人。"正确答案为D。

78—82.

在古老的西藏,有一个叫爱地巴的人,每次生气和人吵架的时候,就以很快的速度跑回家去,绕着自己的房子和土地跑三圈,然后坐在田地边休息。爱地巴工作非常勤劳努力,他的房子越来越大,土地也越来越广,但不管房子土地有多大,只要与人争论生气,他还是会绕着房子和土地跑三圈。爱地巴为何要这么做?所有认识他的人,尤其是村里人和他的儿女都很想知道这个秘密。但是不管怎么问他,爱地巴都不愿意回答。在爱地巴90岁那年,他的房子和土地已经非常大了,但他也跑不动了。有一天他又生儿子的气了,就让孙子扶着他绕着土地和房子走,等他好不容易走了三圈,太阳都下山了。爱地巴独自坐在田边休息,他的孙子在身边向他请求道:"爷爷,您年纪已经这么大了,拥有的土地又是如此广大,您不能再像从前一样了。您可不可以告诉我这个秘密,为什么您一生气就要在土地上绕三圈?"

爱地巴禁不起孙子的请求,终于说出隐藏在心中多年的秘密,他说:"年轻时,我一和人吵架、争论、生气,就绕着房子和土地跑三圈,边跑边想,我的房子这么小,土地这么小,我哪儿有时间和资格去跟人家生气,一想到这里,气就消了,于是就把所有时间用来努力工作。"孙子又问道:"爷爷,您现在已经变成最富有的人,为什么还要绕着房子和土地跑?"

爱地巴笑着说:"我现在还是会生气,生气时绕着房子和土地走三圈,边走边想,我的房子这么大,土地这么多,我又何必跟人生气?一想到这儿,气就消了。"

78. 每次生别人气时,爱地巴有什么习惯?

A 跑回家去

B 努力干活

C 坐在地上休息

D 绕自家的房子和土地跑三圈或走三圈

【题解】 爱地巴"每次生气和人吵架的时候,就以很快的速度跑回家去,绕着自己的房子和土地跑三圈"。正确答案为D。

79. 年轻时的爱地巴为什么跑上三圈后就不生气了?

A 跟别人和好了

B 跑累了就气消了

C 跑的过程中把不开心的事忘了

D 知道自己很穷,要抓紧时间工作

【题解】 爱地巴老的时候告诉孙子他的秘密,他绕着房子和土地跑三圈的时候"边跑边想,我的房子这么小,土地这么小,我哪儿有时间和资格去跟人家生气,一想到这里,气就消了,于是就把所有时间用来努力工作",说明他觉得自己还很穷,要抓紧时间工作。正确答案为D。

80. 谁知道了爱地巴的秘密?

A 孙子   B 儿子

C 女儿   D 村里人

【题解】 "爱地巴禁不起孙子的请求,终于说出隐藏在心中多年的秘密",从这句话可以看出正确答案是A。

81. 关于爱地巴,可以知道什么?

A 一直喜爱跑步

B 年轻时就很富裕

C 是个不爱生气的人

D 善于调整自己的情绪

【题解】 爱地巴每次和人吵架,就绕着房子和土地跑三圈,年轻时是告诫自己太穷,应该努力工作;老了以后,则是安慰自己,我已经很富有,应该知足了,没必要和别人吵架。这都说明他很会调整自己的情绪。正确答案为D。

82. 跟年轻时相比,老爱地巴有了很多变化,下面哪项不正确?

A 跑不动了

B 土地更多了

C 房子更大了

D 生气时的习惯变了

【题解】 本题要求选出不正确的选项。老爱地巴"房子和土地已经非常大了,但他也跑不动了",说明A、B、

C都是正确的;虽然跑不动了,老爱地巴生气时还"让孙子扶着他绕着土地和房子走,等他好不容易走了三圈,太阳都下山了"。说明这个习惯一直没改变。正确答案为D。

83—86.

张艺谋是中国第五代导演中的代表人物,2008年,他所导演的北京奥运会开幕式获得了巨大的成功。很多人都羡慕张艺谋的成功,却很少有人了解他是怎样从痛苦和困难中一步步走过来的。

张艺谋十几岁时,不得不和父亲来到农村生活,条件十分艰苦,几十个人住在一个小房间里,他这时才真正明白了什么叫"苦",什么是"累"。在这期间,他的一个弟弟因生病无人照顾而留下了残疾。三年后,张艺谋因为篮球打得好,幸运地被当地一家工厂招为工人,但实际上干的是搬运原料的重活,并不轻松。这样一干又是七年,那时父亲不挣工资,家里还有年过八十的奶奶和两个弟弟,所以生活很苦。张艺谋用血汗为自己的人生创造出机会。爱好摄影的张艺谋,在当时是没有办法从家中或朋友那里得到帮助的,他用自己卖血的钱买了个照相机,也就是用这台照相机,张艺谋获得了全国摄影一等奖。这对他进入北京电影学院起到了很大作用。但由于当时年纪太大,开始未被学院正式录取,后因成绩突出才转为正式生。因为别的同学都是正式生,所以很多人瞧不起他,再加上长得貌不惊人,脚还特别臭,没有人愿意跟他一起住,但是后来越来越多的同学开始佩服这位老大哥,他不仅能吃苦,而且也很聪明,从不缺乏创造力,这些因素最终使他从一个工人成长为世界著名导演。

83. 张艺谋为什么能够被工厂看中?

A 会摄影　　　B 能吃苦
C 会打篮球　　D 头脑灵活

【题解】　"张艺谋因为篮球打得好,幸运地被当地一家工厂招为工人",正确答案为C。

84. 张艺谋买照相机的钱是怎么来的?

A 卖血　　　　B 借朋友的
C 家里给的　　D 工厂提供的

【题解】　张艺谋"用自己卖血的钱买了个照相机"。正确答案是A。

85. 关于张艺谋在大学里被看不起的原因,下面哪项不正确?

A 脚臭　　　　B 年纪太大
C 长得很普通　D 不是正式学生

【题解】 本题要求选出不正确的一项。"因为别的同学都是正式生,所以很多人瞧不起他,再加上长得貌不惊人,脚还特别臭,没有人愿意跟他一起住"。A、C、D都是张艺谋被看不起的原因;"由于当时年纪太大,开始未被学院正式录取",B是他一开始没成为正式生的原因,不是被瞧不起的原因。正确答案为B。

86. 下面哪一项不是张艺谋成功的因素?

　A 聪明　　　　B 成熟
　C 创造力强　　D 特别能吃苦

【题解】 本题问的是:"下面哪一项不是张艺谋成功的因素?"文章重点讲述了张艺谋成名前艰辛的生活以及他为了实现理想不惜卖血买照相机的事,说明他非常能吃苦;最后作者又提到,大学里的同学对张艺谋从一开始的瞧不起到后来的佩服,因为"他不仅能吃苦,而且也很聪明,从不缺乏创造力",所以A、C、D都是张艺谋成功的原因。B没有提到,不是他成功的因素。正确答案为B。

87—90.

　　科学家将四只猴子关在一个房间里,每天只喂很少的食物。几天后,实验者在房间上面的小洞放下一根香蕉和一桶热水,一只大猴子冲向前,可是当它还没有拿到香蕉时,就被热水烫得全是伤,当后面三只猴子依次爬上去拿香蕉时,一样被热水烫伤。于是众猴子只好放弃。

　　几天后,实验者换了一只新猴子进入房内,当饿着肚子的新猴子也想去吃香蕉时,立刻被其它三只老猴子制止,并告知有危险,千万不可尝试。实验者再换一只猴子进入房间内,当这只猴子想吃香蕉时,有趣的事情发生了,这次不仅剩下的老猴子阻止它,连没被烫过的半新猴子也极力阻止它。

　　实验继续着,当几只老猴子都被换过之后,房间里没有一只猴子曾经被烫过,此时热水也拿走了,香蕉伸手可得,却没有一只猴子敢前去享用。

87. 猴子们去拿香蕉时,发生了什么?

　A 香蕉是假的
　B 被热水烫到了
　C 互相打起来了
　D 香蕉都被大猴子拿走了

【题解】 "一只大猴子冲向前,可是当它还没有拿到香蕉时,就被热水烫得全是伤,当后面三只猴子依次爬上去拿香蕉时,一样被热水烫伤",因此B为正确答案。

88. 新来的猴子为什么没去拿香蕉？

A 食物很多

B 香蕉是老猴子吃的

C 被其它猴子阻止了

D 放香蕉的地方太高了

【题解】 "当饿着肚子的新猴子也想去吃香蕉时，立刻被其它三只老猴子制止，并告知有危险，千万不可尝试。"C是正确答案。

89. 根据上文，可以知道什么？

A 猴子们成功拿到了香蕉

B 不是所有猴子都被烫伤过

C 猴子爱吃用热水烫过的香蕉

D 只有被烫过的猴子才会阻止其他猴子

【题解】 根据材料，从第五只猴子进入房间起，后面进入的猴子都被原来的老猴子告知香蕉不能吃，因此也就没有猴子再被烫伤过，B是正确答案。"这次不仅剩下的老猴子阻止它，连没被烫过的半新猴子也极力阻止它"，说明D不正确。

90. 作者想告诉我们什么？

A 猴子并不聪明

B 有时放弃也是值得的

C 经验能使你更快地走向成功

D 经验教训有时也会起到不好的作用

【题解】 实验最后，"房间里没有一只猴子曾经被烫过，此时热水也拿走了，香蕉伸手可得，却没有一只猴子敢前去享用"，猴子们继续饿肚子。说明经验有时也会起不好的作用。正确答案为D。

三、书写部分题解

第 一 部 分

第 91—98 题：完成句子。

91. 连续剧　非常　精彩　拍的　这个导演

【题解】从本题给出的词来看，句子没有动词，只有形容词"精彩"，说明这是一个形容词谓语句；有两个名词"连续剧"和"这个导演"，但"精彩"应该与"连续剧"搭配，因此句子的主干是："连续剧精彩"。

"拍"是一个动词，"这个导演"是"拍"的主语。但在本句中，它们都做"连续剧"的定语，即"这个导演拍的"做"连续剧"的定语，句子可扩展为："这个导演拍的连续剧精彩"。

"非常"是一个程度副词，用作状语修饰动词或形容词，本题中用来修饰"精彩"，完整的句子是："这个导演拍的连续剧非常精彩"。

92. 平均收入　老百姓的　仍　没有　得到　提高

【题解】从本题给出的词来看，有一个名词"平均收入"，一个动词"得到"，"提高"在这里可以做"得到"的宾语，因此句子主干是："平均收入得到提高"。

"没有"是一个否定副词，用作状语放在动词"得到"之前；"仍"也是一个副词，用作状语修饰动词，句子可扩展为："平均收入仍没有得到提高"。

"老百姓的"用作定语修饰"平均收入"，因此完整句子为："老百姓的平均收入仍没有得到提高"。

93. 电脑软件　共同　开发了　新的　这几个部门

【题解】从本题给出的词来看，有一个动词"开发"，有两个名词"电脑软件"、"这几个部门"，说明这是一个动词谓语句，句子的主干是："这几个部门开发了电脑软件"。

"共同"是一个副词，用来修饰动词"开发"，句子可扩展为："这几个部门共同开发了电脑软件"。

"新的"与"电脑软件"搭配，因此完整的句子是："这几个部门共同开发了新的电脑软件"。

94. 营业　时间　延长了　星期天　商店　特意

【题解】从本题给出的词来看，有两个名词"时间"和"商店"，有两个动词"延长了"和"营业"。虽然有两个动词，根据句义，动词"营业"应该是"时间"的定语，"延长了"是句子的谓语动词，因此句子的主干应该是："商店延长了营业时间"。

"特意"是一个副词，用作状语修饰动词，放在"延长了"的前面，句子可扩展为"商店特意延长了营业时间"。

"星期天"是一个时间名词，可以放在主语之前，也可以放在主语之后、谓语动词之前，因此完整的句子是"星期天商店特意延长了营业时间"或"商店星期天特意延长了营业时间"。

95. 很多孩子　伤了　被　幼儿园的　烫

【题解】从"被"可以看出，这是一个"被"字句。"被"字句的结构是："主语/动作对象＋被＋被字宾语（发出动作者）＋谓语＋其他成分"，有时候，"被"后面的宾语可以省略。本题中，"很多孩子"是主语，即动作对象，"烫"是谓语动词，句子的主干是"很多孩子被烫"。

"伤了"是动词"烫"的补语，句子可扩展为"很多孩子被烫伤了"。

"幼儿园的"是一个定语，用来修饰主语"很多孩子"，因此完整的句子是"幼儿园的很多孩子被烫伤了"。

96. 辞职　服务员　受到的　抗议　不公平　待遇

【题解】从本题给出的词来看，有两个动词"辞职"和"抗议"，因此这应该是一个兼语句或连动句。兼语句和连动句的区别是兼语句中有一个主语和一个兼语，而连动句中只有一个主语。本句中只有一个名词"服务员"可以作为主语，另一个名词"待遇"是"抗议"的宾语，因此这是一个连动句，句子的主干是"服务员辞职抗议待遇"。

"不公平"可做"待遇"的定语，"受到的"也可做"待遇"的定语，那么根据多层定语排列顺序的一般规律：定语跟核心名词的语义关系越密切，就越靠近核心名词。本题的排列顺序是"受到的不公平待遇"，因此完整的句子是"服务员辞职抗议受到的不公平待遇"。

97. 餐厅的　很地道　都　称赞　烤鸭　专家们

【题解】本题有一个动词"称赞",两个名词"烤鸭"和"专家们",因此可以判断这是一个动词谓语句,句子的主干是:"专家们称赞烤鸭"。

"餐厅的"做定语,修饰"烤鸭";"都"是一个副词,做状语修饰动词"称赞"。

"地道"是形容词,这时本句是兼语句,其结构是:"主语1＋谓语动词＋宾语/主语2＋形容词","烤鸭"不仅是"称赞"的宾语,也是"很地道"的主语。因此完整的句子应该是:"专家们都称赞餐厅的烤鸭很地道"。

注意,当我们遇到句子的第二部分是一个形容词谓语句的兼语句,因为所给出的词中往往只有一个动词,因此容易和普通的动词谓语句混淆。考生遇到这种情况,不需要立刻判断出句子的结构,可以先按照普通动词谓语句的分析方法组成动词谓语句,最后多余出来的形容词就应该是兼语句第二部分的谓语。

98. 无奈　能　感受到　打工人员的　人们

【题解】从本题所给的词语来看,有一个动词"感受",有一个名词"人们",有一个形容词"无奈",而"无奈"与"感受到"搭配,因此这是一个动词谓语句,句子的主干应该是:"人们感受到无奈"。

"能"是一个能愿动词,放在动词"感受"之前;"打工人员的"是一个定语,根据词义,它不是"人们"的定语,而是"无奈"的定语,因此完整的句子是:"人们能感受到打工人员的无奈"。

第 二 部 分

第 99—100 题:写短文。

99. 请结合下列词语(要全部使用),写一篇80字左右的短文。

　　出色　　假如　　一辈子　　决心　　感激

【解题技巧分析】

1. 根据所给词语确定短文中心。考生要首先根据重点词语或词语间的关系确定短文的中心内容。本题没有特别明显的中心词语,但根据"出色"、"感激"等词之间的关系,我们确定本题的中心是"有人得到了帮助,因此他非常感激"。

2. 构思短文内容。这里需要考生充分发挥想象力，结合自身的生活经历来进行构思。本题的思路可以是这样："我"非常感激一个人，假如没有他/她的帮助，"我"一辈子都不会成功，不能表现出色。本题中有几个难度比较大的词："假如"、"一辈子"、"决心"。考生要注意正确的用法，如"假如……可能……"、"一辈子都……"、"下决心"等。

例文如下：

我非常感激张老师。记得我第一次参加演出的时候，张老师一直指导我、鼓励我。假如没有她的帮助，我可能一辈子都没有站在舞台上的自信，更不可能下决心成为一名出色的演员。

100. 请结合这张图片写一篇80字左右的短文。

【解题技巧分析】

考生要根据图片的类型确定短文的内容和形式。本题的图片属于人物类，人物类可以有几种写法："图片描写型"、"故事型"、"知识介绍型"、"议论型"。图片中的两个人应该是妈妈和女儿，她们正在吃东西。我们可以采用"故事型"模式，假设一个和家庭生活有关的故事。

例文如下：

小时候，天天吃妈妈做的饭，有些菜我都吃腻了。现在我长大了，因为工作的原因经常出国。品尝了世界各地的美食以后，我才发现，原来世界上最好吃的还是妈妈做的饭。

新汉语水平考试 HSK（五级）全真模拟题 3 答案

一、听 力

第一部分

1. D	2. C	3. A	4. C	5. A
6. A	7. D	8. C	9. D	10. D
11. A	12. B	13. B	14. B	15. B
16. D	17. C	18. D	19. A	20. A

第二部分

21. D	22. D	23. C	24. D	25. C
26. B	27. B	28. D	29. B	30. B
31. C	32. B	33. B	34. B	35. C
36. C	37. B	38. C	39. B	40. D
41. C	42. D	43. A	44. D	45. A

二、阅 读

第一部分

46. A	47. C	48. D	49. B	50. D
51. B	52. D	53. A	54. B	55. B
56. C	57. C	58. B	59. D	60. C

第二部分

61. B	62. B	63. C	64. B	65. B
66. C	67. D	68. C	69. D	70. C

第三部分

71. D	72. A	73. A	74. B	75. D
76. C	77. C	78. B	79. C	80. D
81. D	82. D	83. C	84. C	85. C
86. D	87. C	88. D	89. D	90. D

三、书 写

第一部分

91. 签字后可以凭支票提取现金。
92. 包子这一类的小吃很受欢迎。
93. 班主任被逗乐了。
94. 小伙子不得不假装欣赏操场附近的建筑。
95. 士兵们特别感激指导员的关怀。
96. 球迷非常期待运动员们可以创造奇迹。
97. 这位姑娘的身材更加苗条了。
98. 保险公司根本没有同意赔偿房东的损失。

第二部分

99. 如果你要出国留学，我建议你最好找一家留学中介，因为留学的手续十分复杂，办理起来很麻烦。但如果有中介的帮助，很多事情根本不需要自己操心，至少可以节省一半的时间和精力。

100. 现在手机的功能越来越多，不仅可以打电话、发短信，还能上网、听音乐、听广播或者看电视，甚至可以拍照片或录像。买一款照相功能强大的手机，可以随时随地拍照，出去旅游时也不需要另外再带相机了。

新汉语水平考试 HSK（五级）全真模拟题 3 材料及题解

一、听力材料及听力部分题解

（音乐，30秒，渐弱）

大家好！欢迎参加 HSK（五级）考试。
大家好！欢迎参加 HSK（五级）考试。
大家好！欢迎参加 HSK（五级）考试。

HSK（五级）听力考试分两部分，共 45 题。
请大家注意，听力考试现在开始。

第 一 部 分

第 1 到 20 题：请选出正确答案。现在开始第 1 题：

1.

> 女：张东，我手机没电了，你的充电器呢？
> 男：在我抽屉里的钱包旁边，自己拿吧。
> 问：女的想借什么？

A 包　　　　　B 钱
C 手机　　　　D 充电器

【题解】 从选项来看，这道题是一道选择题，重点是一件东西。选择题的特点是，所有选项中可能有不止一项出现在听力材料中，很有迷惑性。考生需要听清楚对话内容，并根据问题选出正确的答案。在听力材料中，出现了"手机"、"充电器"和"钱包"，问题是："女的想借什么？"因为女的说："我手机没电了，你的充电器呢？"说明女的想借充电器。正确答案为 D。

2.

> 女：老刘，你不是说周日才回去吗？怎么今天就要走了？
> 男：有个老客户找我谈合同，所以我要比原来早两天走。
> 问：今天是星期几？

A 星期一　　　B 星期三
C 星期五　　　D 星期日

【题解】　从选项来看，这是一道时间题，这一类型的题目，答案可能是听到的某个选项，也可能要通过计算才能得到正确答案，考生要结合问题来判断。

因此听材料时，考生要特别注意和时间有关的信息。材料中，女的说："你不是说周日才回去吗？怎么今天就要走了？"男的说："我要比原来早两天走。"由此我们知道，男的计划周日走，但现在要早两天走，所以今天是星期五。正确答案为 C。

3.

女：我结婚的时候你不来就算了，我生了孩子你还不来看我，太过分了，你还当我是好朋友吗？
男：我工作实在是太忙，走不开啊。
问：女的是什么语气？

A 生气　B 高兴　C 兴奋　D 遗憾

【题解】　从选项上看，这道题和情绪或语气有关。这一类型的题目，考生需要注意两个问题：一是听清对话的内容，判断说话人应有的情绪或语气；二是注意说话人表达情绪或语气的关键词语。

在听力材料中，女的说："我结婚的时候你不来就算了，我生了孩子你还不来看我，太过分了。"说明男的没有参加她的婚礼，她生孩子也没来看她，她很不高兴，"太过分了"是人生气时常用的表达。因此正确答案为 A。

4.

男：李红，是什么风把你吹来了？
女：这是你导演的第一部电影，我当然要来祝贺祝贺。
问：根据对话，可以知道什么？

A 刮风了　　　B 男的很生气
C 男的是导演　D 女的是演员

【题解】　从选项上看，这是一道判断题，需要考生判断每个选项的正误。C、D 两个选项有联系，这道题很可能和导演、演员有关，考生听时要注意说话人的身份；A 选项与其他选项完全没有联系，看起来比较突兀，很可能是对材料中一句俗语的字面解释。考生需要知道一些常用的俗语，同时也应了解，这样的选项是正确答案的可能性较小。即使遇到听不懂的俗语，通常情况下也不要选择这一类的选项。

从听力材料来看，男的说："是什么风把你吹来了？"考生如果具备一定的俗语知识，就知道这句话和风没有关系，它的意思是："你怎么来了？"A 错误；女的提到"这是你导演的第一部电影"，说明男的是导演，C 是正确答案。B 和 D 在材料中都没有提及。

5.

> 男：没想到这次王中居然考了第一名，上学期他还只是四十多名呢。
> 女：他是班上最聪明的学生，只是以前不太爱学习。
> 问：男的是什么语气？

A 吃惊　B 高兴　C 不满　D 遗憾

【题解】 从选项上看，这道题和情绪或语气有关。考生需要注意两个问题：一是听清对话的内容，判断说话人应有的情绪或语气；二是注意说话人表达情绪或语气的关键词语。

在听力材料中，男的说："没想到这次王中居然考了第一名，上学期他还只是四十多名呢。"说明王中进步非常快，让男的感到吃惊，"没想到"、"居然"都是表示惊讶的词语。

本题问的是"男的是什么语气"，因此 A 为正确答案。

6.

> 男：都几点了，你怎么现在才来啊！不知道今天开会吗？经理都等得不耐烦了。
> 女：我也没办法啊，接了几个大客户的电话，实在走不开啊。
> 问：女的为什么迟到了？

A 打电话　　　B 见客户
C 见经理　　　D 忘记时间了

【题解】 从选项来看，本题和工作有关，A、B、C 三个选项都是在做一件事，和 D 区别较大，答案可能主要集中在 A、B、C 三个选项中。

在听力材料中，女的说："接了几个大客户的电话，实在走不开啊。"说明她迟到是因为打电话。

本题问的是："女的为什么迟到了"，因此 A 为正确答案。

7.

> 女：都这么晚了，外边怎么还这么吵？
> 男：那是鞭炮声，春节放鞭炮是中国的传统习俗。
> 问：现在最可能是什么季节？

A 春天　B 夏天　C 秋天　D 冬天

【题解】 从选项来看，本题和季节有关。做这一类型的题，考生要注意句子中和季节有关的信息，特别是某些带有"符号性"的信息，同时最好还要具备中国文化中和季节有关的知识，包括有明显季节特征的成语和一些传统节日。

在听力材料中，男的提到了"鞭炮"、"春节"，了解中国文化的人都知道，春节一般在公历二月，是在冬天。因此答案为 D。

8.

> 女：你居然也愿意来加班了，太阳从西边出来了吧？
> 男：别提了，我老婆用信用卡买了很多时髦服装，现在欠了银行很多钱。
> 问：根据对话，可以知道什么？

A 男的很有钱　　B 太阳出来了
C 女的非常吃惊　D 男的经常加班

【题解】　从选项来看，和第4题一样，B和其他选项无关，很有可能和一句俗语有关，是答案的可能性不大；A、C、D三个选项是三个事实，需要考生根据材料判断对错。

从听力材料来看，女的说的话中包含几条信息：

① 男的在加班；

② 女的很吃惊（使用"居然"一词）；

③ 男的很少加班（"太阳从西边出来"是一句俗语，表示不可能发生的事发生了）。

考生这时可以判断B、D不正确；男的又说："现在欠了银行很多钱。"说明A也不正确。

因此C为正确答案。

9.

> 男：明天我该怎么称呼你爸爸呢？叔叔还是爸爸？
> 女：第一次见面还是叫叔叔吧，等咱们结了婚再喊爸爸也不迟。
> 问：男的和女的是什么关系？

A 夫妻　　　　B 同学
C 同事　　　　D 男女朋友

【题解】　从选项来看，本题是一道关系题。这一类型的题目，考生需要注意两点：一是男女双方的称呼，可以直接反映两人的关系；二是男女双方谈话的内容，根据内容判断两人的关系。

从听力材料来看，女的说"等咱们结了婚再喊爸爸也不迟"，说明男的和女的准备结婚，但还没有结婚，因此应该是男女朋友关系。正确答案为D。

10.

> 女：亲爱的，还记得今天是什么日子吗？
> 男：结婚三周年的日子我怎么会忘呢？猜猜我给你买了什么礼物？
> 问：关于男的和女的，下面哪项不正确？

A 是夫妻
B 已经结婚三年了
C 男的准备了礼物
D 女的今天过生日

【题解】 从选项来看，本题和"结婚"、"礼物"或者"生日"有关，考生需要根据听力材料判断每个选项的对错。

从听力材料来看，女的称呼男的为"亲爱的"，由此我们可以知道，男的和女的是夫妻或者恋人。

男的说："结婚三周年的日子我怎么会忘呢？猜猜我给你买了什么礼物？"说明男的和女的已经结婚三年了，男的给女的买了礼物，A、B、C都是正确的。

本题要求选出不正确的一项，因此答案为D，今天是他们的结婚纪念日，而不是女的生日。

11.

女：坏了，我的火车票找不到了，快帮我找找。
男：怎么这么马虎，都说过你多少次了，真是的！
问：根据对话，可以知道什么？

A 男的不太高兴
B 火车票是真的
C 他们在飞机上
D 他们在动物园里

【题解】 从选项来看，本题是一道判断题。

从听力材料来看，男的说："怎么这么马虎，都说过你多少次了，真是的！""马虎"表示粗心、不仔细，和动物没有关系，所以D是错的；"真是的"是表示抱怨和不满时说的，和真假没有关系，B是错的，A正确；C没有直接从对话中反映出来，也是错的。本题主要考查的是考生对汉语常用语是否存在误解，考生千万不能从字面的意思理解常用语。

本题的问题是："根据对话，可以知道什么？"因此答案为A。

12.

男：你好，我想找一本逻辑方面的书，作者是王东。
女：抱歉，那本书已经卖完了，您下周再过来看看吧。
问：对话的地点可能在哪儿？

A 家里　　　　B 书店
C 学校　　　　D 图书馆

【题解】 从选项看，这是一道地点题。对话中一定会出现带有明显地点特征的事件或物品，考生在听的时候要注意。B、D都和书有关，其中一个是答案的可能性比较大。

在听力材料中，男的说："我想找一本逻辑方面的书，作者是王东"，表示他是在"借书"或"买书"，答案应该是B或D。女的说"那本书已经卖完了"，说明这里是卖书的地方，应该是书店而不是图书馆，正确答案是B。

13.

> 男：小姐，能再拿条毯子给我吗？睡觉的时候有点儿冷，怕感冒。
> 女：请稍等，起飞后会发给大家。
> 问：对话的地点在哪儿？

A 船上　　　　B 飞机上
C 医院里　　　D 超市里

【题解】　从选项上看，这也是一道地点题。考生同样需要通过对话中提到的事件或物品，判断正确答案。

从听力材料来看，男的说："小姐，能再拿条毯子给我吗？睡觉的时候有点儿冷，怕感冒。"通过"睡觉"首先排除 D，因为人不可能在超市睡觉；通过另一个关键词"小姐"，可以基本排除 C，因为"小姐"一般是对女服务员的称呼，在医院里应该称"护士"。

女的说："起飞后会发给大家。"通过关键词"起飞"，考生可以马上知道，他们是在飞机上，B 是正确答案。

14.

> 男：上周我回家过春节，没想到车厢里竟然会有那么多人，连站的地方都没有。
> 女：都赶着回家过年呢，人能不多吗？
> 问：根据对话，可以知道什么？

A 男的这周回家
B 车厢里人很多
C 女的也在车厢里
D 男的认为人多很正常

【题解】　从选项上看，本题是一道判断题，和"车厢"有关。

在听力材料中，男的说："上周我回家过春节，没想到车厢里竟然会有那么多人。"说明 A 错误，B 正确；同时，"没想到"、"竟然"两个词说明男的感到很惊讶，D 错误；另外，男的把"车厢很挤"这件事告诉女的，说明女的当时不在场，C 也错误。因此答案为 B。

15.

> 男：今晚的京剧表演不是七点开始吗？现在都七点半了。
> 女：再等等吧，估计还有半小时才能开始。
> 问：表演大约什么时候开始？

A 七点　　　　B 八点
C 六点半　　　D 七点半

【题解】　从选项上看，本题问的是时间。和数字题一样，答案有时直接出现在题目中，有时需要考生通过计算得出。

在材料中，男的说："现在都七点半了"，女的说："估计还有半小时才能开始。"通过计算，我们可以知道表演是八点开始。因此 B 是正确答案。

16.

> 女：你带了什么好吃的？
> 男：我带了两瓶水果罐头和三个馒头，还带了几瓶矿泉水。
> 问：下面哪项男的没带？

A 罐头　　　　B 馒头
C 矿泉水　　　D 新鲜水果

【题解】　从选项来看，本题是一道和食物有关的选择题。四个选项可能不止一个出现在材料中，考生不能听到什么就选什么，一定要听清楚问题。

在听力材料中，男的说："我带了两瓶水果罐头和三个馒头，还带了几瓶矿泉水。"A、B、C三个选项都出现了，但问题是："下面哪项男的没带？"所以答案是D。

17.

> 男：元旦你有什么打算？还加班吗？
> 女：不了，我想去北京，看看那儿的名胜古迹，好好儿享受一下。我有好几年没给自己放假了。休息好，工作才能更有效率。
> 问：女的元旦做什么？

A 加班　B 回家　C 旅游　D 学习

【题解】　从选项来看，本题很可能是询问做了什么事或打算做什么事。

从听力材料来看，男的问女的元旦有什么打算，女的说："我想去北京，看看那儿的名胜古迹，好好享受一下儿。"说明女的打算去旅游。因此C是正确答案。

18.

> 女：你说我儿子调皮不调皮？家里能拆的电器都被他拆了。
> 男：你应该高兴才是，这说明他动手能力强，应该多鼓励鼓励他，以后说不定能成发明家呢。
> 问：关于女的，可以知道什么？

A 很高兴　　　　B 经常鼓励儿子
C 儿子是发明家　D 认为孩子太调皮

【题解】　从选项来看，这是一道判断题。本题和父母对儿子的看法有关，听的时候要注意父母说话的语气和态度。

从听力材料来看，女的"你说我儿子调皮不调皮，家里能拆的电器都被他拆了"这句话说明女的认为儿子很调皮，D正确；

男的说："你应该高兴才是，这说明他动手能力强，应该多鼓励鼓励他，以后说不定能成发明家呢。"这句话反映了以下几点：

①"应该高兴才是"，说明女的不高兴；

②"应该多鼓励鼓励他"，说明女的不经常鼓励儿子；

③"以后说不定能成发明家呢",说明儿子现在还不是发明家。

因此,A、B、C都是错的。答案为D。

19.

> 男:你去跟小李说说吧,我说了半天也没说服他。
> 女:他不想去就随他吧。那我们三个明天早上七点出发。
> 问:从对话里,可以知道什么?

A 男的刚才去劝小李了
B 女的过会儿去跟小李说
C 他们四个人明天七点出发
D 男的不想让小李跟他们一起去

【题解】 从选项来看,本题是一道判断题,和几个人一起出发做一件事有关,关键人物是"小李"。

从听力材料来看,男的说:"你去跟小李说说吧,我说了半天也没说服他。"因此男的应该刚才去劝过小李了,A正确,D错误;女的说:"他不想去就随他吧。"说明女的不想去劝小李,B错误;女的又说:"那我们三个早上七点出发。"C也错误。因此答案为A。

20.

> 女:你怎么又换工作了?
> 男:我有什么办法,待遇太差了,工资交完房租就没剩多少了。
> 问:男的为什么换工作?

A 工资太低　　B 公司太远
C 压力太大　　D 公司办不下去了

【题解】 从选项上看,本题很可能问的是说话人的工作情况或辞职的原因。

从听力材料来看,女的问男的换工作的原因,男的说:"待遇太差了,工资交完房租就没剩多少了。"他是因为工资低才换工作,因此A是正确答案。

第 二 部 分

第21到45题:请选出正确答案。现在开始第21题:

21.

> 女:现在广告真是太多了,电视上,报纸上,连公交车上都有,你想不看都不行。
> 男:没办法啊,现在什么都讲究名牌。商品质量再好,你不宣传,别人也不知道,谁会去买啊?

女：倒霉的是我们消费者，做广告花的钱都算在商品价格里了，能不贵吗？

男：是啊，真希望那些商家在商品质量上多花点儿工夫，贵就贵点儿，还可以接受。就怕花的钱不少，买来的东西还不好，那才真叫倒霉呢。

问：根据对话，下面哪项不正确？

A 商家喜欢到处做广告
B 商品的价格包含广告费
C 有些商家不重视商品质量
D 质量好的商品可以不做广告

【题解】　根据选项，对话主题跟商品和广告有关。四个选项中，D 明显不符合常理，可以推测是不正确的。

从材料来看，女的说："现在广告真是太多了，电视上，报纸上，连公交车上都有。"说明 A 是对的；男的说："商品质量再好，你不宣传，别人也不知道，谁会去买啊？"说明 D 是错的；女的认为"做广告花的钱都算在商品价格里了"，说明 B 也是对的；男的说："真希望那些商家在商品质量上多花点儿工夫。"说明有的商家不够重视商品质量，C 也是对的。

本题要求选出不正确的一项，因此 D 是正确答案。

22.

女：喂，你刚才就说快到了，究竟几点能到啊？饭都凉了。

男：今天是周末，又有大雾，路上堵车。你先吃吧。

女：还是等你一起吧。你不会忘了今天是什么日子了吧？

男：怎么会呢？今天是我们结婚纪念日，我还给你买了礼物呢。

问：根据对话，下面哪项不正确？

A 男的迟到了
B 今天天气不好
C 男的和女的是夫妻
D 男的和女的今天结婚

【题解】　根据选项来看，本题和"夫妻"、"结婚"有关。其中 C、D 的意思相反，答案可能集中在这两项上。

从材料来看，女的说："你刚才就说快到了，究竟几点能到啊？饭都凉了。"说明男的迟到了，A 正确；男的提到有大雾，说明天气确实不好，B 正确；后面男的又说"今天是我们结婚纪念日"，说明男人和女人已经结婚了，C 正确，D 错误。

本题要求选出不正确的一项，因此 D 是正确答案。

23.

> 男：来北京好几年了，这里的气候你适应了吗？
> 女：看样子我是永远适应不了了。我的家乡气候很湿润，来北京后一点儿也不习惯，天天要喝很多水。
> 男：我以前也是，现在好多了。
> 女：不过这儿的冬天倒是很舒服，屋里很暖和，我都不想回家了。
> 问：根据对话，下面哪项正确？

A 男的是北京人
B 男的冬天也怕冷
C 女的家乡气候湿润
D 女的很习惯北京的气候

【题解】 首先根据C、D两个选项猜测女的可能不是北京人。考生听的重点是他们对天气的感受。

从听力材料来看，男的问女的是否适应了北京的气候，女的说"永远适应不了了"，说明女的不习惯北京的天气，D错误；她又说："我的家乡气候很湿润"，说明C正确；女的说自己来北京后"天天要喝很多水"，男的说他以前也是，现在好多了"，说明男的和女的一样，一开始不习惯北京的气候，他不是北京人，A错误；B没有在材料中体现，因此C为正确答案。

24.

> 女：王经理，我想问一下，贵公司会录取我吗？
> 男：你的学习成绩是很不错，但坦率地讲，社会实践经历太少，我们这儿需要至少有三年工作经验的人员。
> 女：不能再给我一次机会吗？我会很努力工作的。
> 男：非常遗憾，你再去别的公司试试吧。
> 问：关于女的，可以知道什么？

A 被录取了
B 工作很努力
C 有三年工作经验
D 缺乏社会实践经验

【题解】 从选项来看，C、D两个选项的意思是相反的，答案是其中一个的可能性比较大。

在材料中，男的认为女的"社会实践经历太少"，说明D正确；男的又说："非常遗憾，你再去别的公司试试吧。"说明女的没有被公司录取，A错误。B只是女的愿望，不是真实的情况，是错误的；C和女的没关系，也是错误的。

因此D是正确答案。

25.

> 男：想吃什么？今天我请客。

女：太好了。吃饺子吧，上次吃的那种萝卜的味道不错。

男：不来点儿肉的？别给我省钱啊。这家的羊肉饺子最出名了。

女：饺子我没吃过几次，你是专家，就听你的吧！

问：女的吃过哪种饺子？

A 牛肉的　　B 羊肉的
C 萝卜的　　D 白菜的

【题解】　本题从选项上来看和某种食物有关。和常见的判断题不一样，本题是选择类型的题目，四个选项可能不止一个在材料中出现，很具有迷惑性。考生需要特别注意最后的问题问的是什么。

材料中女的说："吃饺子吧，上次吃的那种萝卜的味道不错。"说明她和男的一起吃过萝卜饺子，C 正确；男的说："不来点儿肉的？……这家的羊肉饺子最出名了。"说明男的建议这次吃羊肉饺子。

而本题问的是"女的吃过哪种饺子"，因此 C 是正确答案。

26.

女：我要从明天开始减肥，以后不吃零食了。

男：真是的，你又不胖。

女：我还要再苗条一点儿，人才能显得有精神，穿衣服也好看。

男：你这样的还要减，那像我这样的就没法活了。其实健康才是最重要的，太瘦了也不是什么好事。

问：根据对话，下面哪项正确？

A 女的非常胖
B 男的比女的胖
C 女的不爱吃零食
D 男的支持女的减肥

【题解】　从选项来看，本题和"胖"、"减肥"这个话题有关。

从材料来看，女的说她以后不吃零食了，说明女的爱吃零食，C 是错误的；男的说："你又不胖。"说明 A 是错误的；男的还说："你这样的还要减，那像我这样的就没法活了。"说明男的比女的胖，B 是正确的；男的认为"太瘦了也不是什么好事"，说明他不支持女的减肥，D 是错的。

因此 B 为正确答案。

27.

男：你的股票最近怎么样了？

女：真倒霉，又损失了不少。

男：别这么说，说不定哪天就涨了。

女：我看形势可不乐观，要是当初我把钱存银行的话，虽然利息低点儿，还不至于损失这么多呢，真是后悔啊。

问：关于女的，可以知道什么？

A 想买股票　　　B 心情不太好
C 买的股票涨了　D 把钱存在银行了

【题解】　从选项来看，本题和"钱"、"银行"、"股票"有关。

从材料来看，男的问女的股票情况，女的说："真倒霉，又损失了不少。"由此我们知道女的买的股票跌了，心情不太好，因此A、C错误，B正确；女的又说自己没把钱存银行，"真是后悔"，说明D也是错误的。

因此B是正确答案。

28.

> 男：小张，小王正好明天要出差，估计这次得你代替他去谈判了。
> 女：哎呀，明天正好是我的结婚纪念日，你可以代替我去吗？
> 男：明天我要和经理去保险公司。你去问小刘吧。
> 女：那我一会儿打电话问问他吧。
> 问：根据对话，明天谁会去谈判？

A 小王去　　　B 小张去
C 小刘去　　　D 还没确定

【题解】　从选项来看，这也是一道选择类型的题目。四个选项可能不止一个出现在听力材料中，考生要注意听清楚问题，适当时候可以记录。

在听力材料中，男的让小张代替小王去谈判，说明小王明天没法去。考生可以这样在选项后标注：

A. 小王去　　（×）

女的就是"小张"，她说："你可以代替我去吗？"说明她不想去。男的让她问问小刘，女的回答："那我一会儿打电话问问他吧。"但没有说结果。考生可以这样标注：

B. 小张去　　（？）
C. 小刘去　　（？）

本题问"明天谁会去谈判"，A不正确，B、C都不确定，因此答案为D。

29.

> 男：你是中国人吗？汉语说得这么好。
> 女：不是，我是华裔，从小在美国长大的。不过我爸妈一直在家教我汉语，他们是在中国出生长大的。
> 男：难怪，原来你有这么好的学习环境。
> 女：其实要想提高汉语水平也不难，多说多练，不要怕出错，多跟中国人交流。
> 问：关于女的，下面哪项正确？

A 是中国人
B 父母会说汉语
C 汉语水平一般
D 汉语是在中国学的

【题解】　从选项来看，本题和汉语水平有关，人们一般不会讨论中国人的汉语水平，可以先推测A不是正确答案。

在材料中，男的说："你是中国人吗？汉语说得这么好。"可以知道女的汉语很好，C是错的；女的说她是华裔，从小在美国长大，"华裔"、"华人"都指有中国血统，但国籍非中国的人，说明A是错的；女的又说是她爸妈在家教她汉语，说明她的父母会说汉语，她的汉语是在美国学的，B正确，D错误。因此答案是B。

30.

> 男：能借我点儿钱吗？我爸刚给我一千块，又被我花光了。
> 女：你要节约一点儿，父母挣钱也不容易。你要多少？
> 男：两百吧，这次我得省着点儿花。我很好奇，你怎么好像从来不缺钱？
> 女：我自己打工挣了一些，自己挣钱很辛苦，就会知道珍惜了。
> 问：根据对话，可以知道什么？

A 男的很节约
B 女的不乱花钱
C 女的借给男的一千块
D 男的父母很能挣钱

【题解】 从选项来看，本题和"钱"有关，B、C选项是关于女的，A、D选项是关于男的，考生要根据对话判断每个选项的正误。

从材料来看，男的想向女孩儿借钱，说"我爸刚给我一千块，又被我花光了"，说明男的花钱很快，A错误；女的说："你要节约一点儿，父母挣钱也不容易。"说明D也是错误的；同时从材料中看出，男的向女的借两百，不是一千，C也是错误的；最后女的说："自己挣钱很辛苦，就会知道珍惜了。"说明女的很节约，B正确。因此答案是B。

第31到32题是根据下面一段对话：

> 男：李红，听说你想换宿舍，怎么回事啊？张华人不是挺好的吗？
> 女：她人确实不错，在学习上也经常帮助我，但是我实在受不了她养的宠物。
> 男：养的什么啊？
> 女：老鼠！不卫生不说，要是跑出来咬人怎么办啊？
> 男：那是宠物鼠，我家里以前也养过，不用担心。
> 女：老鼠也就算了，最近她居然打算养条蛇。
> 男：那你还是早点儿换吧。

31. 关于张华，可以知道什么？

A 不讲卫生　　B 学习很差
C 爱养宠物　　D 性格有问题

【题解】 根据31和32题的选项来看，本题的内容很可能和"养宠物"、"换宿舍"有关。而且从32题A、B

选项可以看出，本题提到的宠物是"蛇"、"老鼠"一类的奇怪宠物。31题可能是对同屋的描述，考生可以首先推测，C很有可能是正确答案。

在材料中，女的想换宿舍，她的同屋是张华。女的说："她人确实不错，在学习上也经常帮助我。"说明B、D都是错误的；女的又说"实在受不了她养的宠物"，后面又提到"老鼠"、"蛇"，说明张华很爱养奇怪的宠物，C正确；文中提到老鼠不卫生，不是说张华不讲卫生，因此A不对。

本题问的是张华的情况，因此C是正确答案。

32. 根据对话，下面哪项正确？

　A 张华养了条蛇
　B 女的不喜欢老鼠
　C 女的跟张华是好朋友
　D 男的觉得女的不应该换宿舍

【题解】 结合31题选项，我们可以推测本题是因为同屋爱养宠物导致女的想换宿舍。

从材料来看，女的说"实在受不了她养的宠物"，后面又说张华养的老鼠"不卫生"、"跑出来咬人"等，说明她不喜欢老鼠，B正确；女的又说张华"最近她居然打算养条蛇"，说明张华还没养蛇，A错误；男的说："那你还是早点儿换吧。"说明他支持女的换宿舍，D错误；C文中没有提到。因此B是正确答案。

第33到34题是根据下面一段对话：

男：最近房子怎么这么难找啊？烦死了！
女：你是不是要求太高了？
男：不高啊，不超过两千一个月，有卧室有卫生间就行了。
女：现在正是毕业生离校的时候，很多人在找房子，能不紧张吗？实在不行，只能找中介了，听说不少房东为了省事，都把房子租给中介公司了。
男：找中介要给他们一个月的房租呢，太贵了。而且听说有的公司服务态度也不行。
女：贵就贵吧，总不能老住宾馆吧。我建议你去找那些有名气的中介公司，跟他们签正式的合同，这样会比较保险。

33. 关于男的对房子的要求，下面哪项不正确？

　A 有卧室　　　B 离公司近
　C 有卫生间　　D 月租两千以内

【题解】 从33题和34题选项来看，这段对话和租房有关。33题问的应该是租房的要求。

根据材料，男的对房子的要求是："不超过两千一个月，有卧室有卫生间就行了"，说明A、C、D都是正确的；B选项没有提到，是错误的。本题要求选出不正确的一项，因此B为正确答案。

34. 根据对话，可以知道什么？

　　A 房子很好找
　　B 中介费很贵
　　C 男的要求很高
　　D 男的想住宾馆

【题解】　材料一开始，男的就说："最近房子怎么这么难找啊？"说明 A 错误；女的问男的是不是要求太高了，男的说不高，C 也不正确；男的又说："找中介要给他们一个月的房租呢，太贵了。"说明 B 正确；D 选项材料中看不出，因此 B 是正确答案。

第 35 到 36 题是根据下面一段话：

　　一个冬天的早晨，下着大雪。秘书迟到了两个小时一刻钟才来上班，她向经理解释道："外面太滑了，根本没法开车，所以我就提前两个小时出发，走路上班。"经理很怀疑地看着她，"是吗？那你怎么迟到了这么长时间？""但是我五秒钟内就摔倒了十次，所以我决定放弃，"她说，"然后我就回到床上，等着雪停。"

35. 女的迟到了多长时间？

　　A 十五分钟　　B 四十五分钟
　　C 两个多小时　D 一个半小时

【题解】　从选项来看，这是一道时间题。可能需要计算才能得到正确答案。考生在听材料时对提到时间的句子一定要听仔细，并且注意本题的问题。材料中提到秘书："迟到了两个小时一刻钟"，因此，很显然，C 为正确答案。

36. 从这段话，可以知道什么？

　　A 早上下大雨
　　B 秘书很诚实
　　C 秘书平时开车上班
　　D 经理很相信秘书的话

【题解】　材料中提到"下着大雪"，说明 A 错误；秘书说"外面太滑了，根本没法开车"，说明她平时开车上班，C 正确；从"经理很怀疑地看着她"看出，D 错误；从整篇材料可以看出，秘书撒谎欺骗经理，说明她不诚实，B 也错误。

　　因此 C 是正确答案。

第 37 到 38 题是根据下面一段话：

　　尊敬的旅客，欢迎您乘坐本次 D31 次列车。本次列车由北京南站开往上海方向，途经泰山、徐州和南京，全程运行 1463 公里，用时 10 小时 18 分，正点到达终点站上海的时间是 21 点 23 分。列车马上将离开北京车站，请送亲友的同志赶快下车。列车的中部设有餐车，供应各种小吃和饭菜，需要用餐的旅客可以到 4 号车厢。

37. 火车开往哪个城市？

　　A 北京　B 上海　C 南京　D 徐州

【题解】　从 37、38 选项上看，本篇短文和火车有关。37 题问的应该是火车的起点、终点或途经的城市。这是一道地点题，几个选项可能不止一个出现在材料中，要注意听本题的问题。

材料中提到"本次列车由北京南站开往上海方向，途经泰山、徐州河南京"，说明 A 是起点站，B 是终点站，C、D 是途经站。

本题的问题是"火车开往哪个城市？"因此 B 是正确答案。

38. 餐车在哪儿？

A 火车的前部　　B 火车的后部
C 在 4 号车厢　　D 在 10 号车厢

【题解】　本题问的是餐车的位置。材料中提到"需要用餐的旅客可以到 4 号车厢"，因此 C 为正确答案。

第 39 到 42 题是根据下面一段话：

> 有一家姓王的人家过年时买了一壶酒。酒实在太少了，要是每个人尝一小口，就太没意思了，还不如让一个人喝个痛快。可是到底让谁喝呢？王大想了个办法，对大家说："我看这么办吧，咱们来比赛画蛇。谁先画好，壶里的酒就让给谁喝。"大家都同意这么办，就在地上画起蛇来。王二先画好了，他看到别人还低着脑袋在画，就说："闲着也是闲着，我还来得及给蛇画上四只脚呢。"他左手拿起酒壶，右手又在地上画起来。他还没把四只脚画齐，王三也把蛇画好了，就抢过他手里的酒壶，几口就把酒喝光了，对他说："蛇本来没有脚，你干吗要给他加上四只脚呢？"

39. 关于酒，可以知道什么？

A 太贵　　　　B 太少
C 太多　　　　D 太难喝

【题解】　短文是成语"画蛇添足"的故事。如果熟悉这个成语故事，可以很容易找到 39 题、40 题、42 题的答案。

材料中提到"酒实在太少了"，本题其他几个选项材料并没有提到。因此答案是 B。

40. 什么样的人才能喝到酒？

A 出钱最多的人　B 力气最大的人
C 年纪最大的人　D 先把蛇画好的人

【题解】　从选项上看，应该是从很多人中间选出一个人，问题问的是理由。

在材料中，王大说："咱们来比赛画蛇。谁先画好，壶里的酒就让给谁喝。"说明 D 是正确答案。

41. 谁喝到酒了？

A 王大　B 王二　C 王三　D 老王

【题解】　从选项上看，这是四个人的名字。了解中国文化的考生知道，A、B、C 三个选项应该是按照年龄顺序排列的三个兄弟，D 选项和他们的关系不大，答案应集中在 A、B、C 三个选项上。

从材料来看，王大是想出比赛办法的那个人；王二是最先画好蛇的人，但他没有喝到酒，因为他又给蛇画了四只脚；在他画脚时，"王三也把蛇画好了，就抢过他手里的酒壶，几口就把酒喝光了"。王三是最终喝到酒的人。因此答案是C。

42. 关于王二，可以知道什么？

　　A 喜欢画蛇
　　B 王二很认真
　　C 王二很大方
　　D 先画好蛇，却没喝到酒

【题解】　从选项上看，问题主要关注的是"王二"。结合40题选项，A、D都和画蛇有关，答案比较可能集中在这两项上。需要注意的是，这道题需要考生对全文的内容和观点有一个整体把握。

　　从材料我们可以知道，王二先画好蛇，但又多余地给蛇画脚，让王三抢先画好，把酒喝了，因此D是正确答案。

第43到45题是根据下面一段话：

有一个小孩儿，大家都说他傻，因为如果有人同时给他五毛和一块的硬币，他总是选择五毛，而不要一块。有个人不相信，就拿出两个硬币，一个一块，一个五毛，叫那个小孩儿任选其中一个，结果那个小孩儿居然真的挑了五毛的硬币。那个人觉得非常奇怪，便问那个孩子："难道你真的分不清哪个更值钱吗？"孩子小声说："如果我选择了一块钱，以后就没有钱买糖吃了！"这就是那个小孩儿的聪明之处。的确，如果他选择了一块钱，就没有人愿意继续跟他玩儿下去了，而他得到的，也只有一块钱。但他拿五毛钱，把自己装成傻子，于是傻子当得越久，他就拿得越多，最终他得到的，将是一块钱的很多倍。因此，在现实生活中，我们不妨向那"傻小孩儿"看齐——不要一块钱，而取五毛钱。

43. 关于这个小孩儿，可以知道什么？

　　A 很聪明
　　B 有点儿傻
　　C 家里很穷
　　D 不知道五毛和一块钱的差别

【题解】　结合43、44和45题选项，考生可以推测，这是关于一个小孩儿的故事。43题选项中B、D的意思接近，和A的意思相反，我们可以关注这几项。对于这种篇幅较长的短文，一般都是有深刻寓意的故事，A的可能性更大一些。

　　根据材料，当同时给这个孩子一块和五毛钱时，孩子总是选择五毛钱，他说："如果我选择了一块钱，以后就没有钱买糖吃了！"说明这个小孩儿不是不知道五毛和一块钱的差别，他这么做是为了赚更多钱，他很聪明，A

— 202 —

是正确答案。

44. 小孩儿为什么只选五毛的硬币？
  A 好看   B 不认识数
  C 家里很有钱 D 可以赚更多的钱

【题解】 从选项来看，本题问的应该是原因，D 说明小孩儿很聪明，B 说明小孩儿很傻，答案应该集中在这两项，其中 D 的可能性大。

  材料中提到："如果他选择了一块钱，就没有人愿意继续跟他玩儿下去了，而他得到的，也只有一块钱。但他拿五毛钱，把自己装成傻子，于是傻子当得越久，他就拿得越多，最终他得到的，将是一块钱的很多倍。"说明这个孩子每次拿五毛钱的目的是为了赚更多的钱。因此答案是 D。

45. 从这段话，可以知道什么？
  A 小孩儿在装傻
  B 小孩儿没有朋友
  C 小孩儿以前是傻子
  D 小孩儿爱玩儿游戏

【题解】 通过短文我们知道，这个小孩儿不是真的傻，相反他很聪明，孩子"把自己装成傻子，于是傻子当得越久，他就拿得越多"。说明小孩儿是在装傻，目的是要赚更多的钱，A 是正确答案。

听力考试现在结束。

二、阅读部分题解

第 一 部 分

第 46—60 题：请选出正确答案。

46—48.

　　一只狼出去找食物，找了半天都没有　46　。　47　经过一户人家，听见房中孩子哭闹，接着传来一位老太太的声音："别哭啦，再不听话，就把你扔出去喂狼吃。"狼一听此言，心中大喜，便蹲在不远的地方等起来。太阳落山了，也没见老太婆把孩子扔出来。到了晚上，狼已经等得　48　了，正想冲进屋里，却又听老太太说："宝贝，快睡吧，别怕，狼来了，咱们就把它砍死煮了吃。"狼听了，吓得迅速跑回家。同伴问它怎么了，它说："别提了，坏老太太说话不算数，害得我饿了一天，不过幸好后来我跑得快。"

　　别人开个玩笑，你就信以为真，完全不知许多时候人家只是在拿你说事。千万不要让别人的话改变了你的正常工作和生活。

46. A 收获　B 机会　C 产品　D 果实

【题解】　本题主要考查考生对词义的辨析。

从选项来看，四个选项词性一致，词义差别较大，因此本题主要从语义角度出发进行判断。A 主要指成果，如"这次的考察让我们很有收获"；B 是指恰好的时候、时机，如"这次演出是展示自我的最好机会"；C 是指生产出来的物品，如"手机、电脑等数码产品的价格越来越便宜"；D 是指植物的一个部分，也比喻经过斗争或劳动得到的胜利品，如"胜利果实"。从 46 题原句可以看出，狼要找食物，但找了半天没有收到任何成果，从词义判断，A 最符合文义，因此答案为 A。

47. A 突然　B 有时　C 偶然　D 居然

【题解】　本题主要考查考生对近义词词义的辨析。

从选项来看，A 是指在很短的时间内发生，出乎意外，如"他突然大喊了一声，吓了我一跳"；B 是指有的时候，如"周末我有时去逛街，有时就待在家里"；C 是指事先没有计划，突发性的，如"在公园里偶然遇到一个老同学"；D 表示没有想到，意料之外，如"下这么大的雨，他居然没打雨伞就跑过来了"。47 题原句是"　47　经过一户人家"，这是指狼没有事先计划，随意地经过一户人家，

204

因此 C 为正确答案。

48. A 恐怖　　　B 疯狂
　　C 好奇　　　D 不耐烦

【题解】　从选项来看，四个选项词性一致，意义差别较大，因此我们主要从语义角度出发进行判断。A 的意思是让人感到害怕的，恐惧的，如"狂风暴雨让人觉得恐怖"；B 表示神经错乱或精神失常，如"球迷们都为自己的偶像疯狂呐喊"；C 是指对自己不了解的事物觉得新奇而感兴趣，如"我很好奇你心里到底是怎么想的"；D 的意思是因为时间过长或次数过多等原因而厌烦、不能忍耐，如"这路公交车特别少，每次都让我等得不耐烦"。在短文中，狼从白天等到了晚上，也没等到老太婆把孩子扔出来，它因为等得时间太久而不能忍耐了，准备冲进房间。D 的词义与文义相符，是正确答案。

49—52.

　　曾参是孔子的学生，在他的家乡有一个同名同姓的人在外地杀了人，于是"曾参杀人"的消息就迅速传播开来。

　　第一个向曾参的母亲报告情况的是一位邻居，那人没有亲眼看见，只是从别人那里得知杀人犯名叫曾参。曾参的母亲一直以自己的儿子为　49　，他是孔子的好学生，显然不会干这种事情。因此曾母听了邻居的话后，并没有慌张，一边干着手里的活儿，一边坚定地对邻居说："　50　"

　　没隔多久，又有一个人跑到曾参的母亲面前说："曾参真的在外面杀了人。"曾参的母亲仍然很平静，什么都没说。

　　又过了一会儿，第三个报信的人跑来对曾母说："现在外面大家都在议论，都说你儿子的确杀了人。"曾母听到这里，心里一下子紧张起来。因为杀人是重罪，按照当地的　51　，她可能也要被抓起来，一辈子都失去　52　，于是她赶紧停下手中的工作，悄悄地爬墙跑了。

49. A 宝贝　B 骄傲　C 自信　D 能干

【题解】　从材料看出，49 题要选择的词用在"以……为"的结构中，"以……为……"的结构是一个比较文言的表达，意思是"把……当做……"。很显然，49 应该填一个名词，因此我们首先排除 D。在 A、B、C 三个选项中，A 是"珍奇的东西"或"对小孩儿的爱称"，如"孩子永远是父母的宝贝"；B 是值得自豪的人或事物，如"运动员的胜利是祖国的骄傲"；C 是指对自己能力的信任，如"对未来充满自信"。从"曾参是孔子的好学生"

可以看出，作为孔子的学生，曾参平时一定让他的母亲感到自豪，因为孔子是中国古代最伟大的教育家和哲学家之一，B符合句意，是正确答案。

50. A 他是他，我是我。
    B 他怎么会这么傻呢？
    C 我儿子现在怎么样？
    D 我的儿子是不会去杀人的。

【题解】 本题主要考查考生对文义的理解和对情节的推理能力。

在短文中，曾参的母亲第一次听见别人说曾参杀人，她一直把儿子当做自己的骄傲，认为儿子"显然不会干这种事情"，所以她"没有慌张"。另外从前面的情节和关键词"坚定"可以知道，曾参的母亲不相信自己的儿子杀了人。所以D是正确答案。

51. A 习惯　B 法律　C 办法　D 纪律

【题解】 从选项来看，本题四个选项词性一致，词义相近但又有一定区别，因此我们从词义角度出发进行判断。A的意思是在长时间里慢慢养成的、一时不容易改变的行为、倾向或社会风尚，如"他每天早上的习惯是在床上躺着看会儿电视再起床"；B是指由立法机关制定、国家政权保证执行的行为规则，如"人人必须遵守法律"；C是指处理事情或解决问题的方法，如"他不答应，我们也没有办法"；D表示政党、机关、部队、团体、企业等为了维护集体利益并保证工作的正常进行而制定的规章、条文，如"不能违反学校纪律"。从句中的"重罪"、"抓起来"等关键词来看，51这个词包含有强制性、约束力的意思，违反的人是犯罪。其中B"法律"是由国家制定和执行的，触犯法律是犯罪；而D是由团体制定和执行的，违反纪律只是犯错误。因此B是正确答案。

52. A 民主　B 权利　C 财产　D 自由

【题解】 从选项来看，本题四个选项词性一致，但词义有较大差别，因此我们从语义角度出发进行判断。A是指人民有参与国事或对国事有自由发表意见的权利，它是全国人民的权利，我们只能说某个国家或某个国家的人民失去民主，不能说某个人失去民主，可以首先排除；B"权利"是指公民或法人依法行使的权力和享受的利益，但作为罪犯，即使被抓，也应该有自己一定的权利，因此B不对。C是指拥有的财富，如金钱、房屋等。一般违反法律后，罪犯被抓，他们失去的是"自由"，所以答案为D。

53—56.

一只狼掉到洞里去了，怎么跳也跳不出来。后来，一只老山羊走了过来，狼连忙装成狗向老山羊求救。羊觉得它不像狗。狼立刻装出一副又老实又可怜的模

— 206 —

样，说："请你相信，我___53___是狗，我还会摇尾巴，不信你瞧，我的尾巴摇得多好。"

狼为了___54___自己的话，就拖着那条硬尾巴来摇了几下，把洞里的一些土块都敲打下来。羊慌忙后退了一步，说："是的，你会摇尾巴。可是会摇尾巴的不一定都是狗。"

狼有些不耐烦了："没错儿，没错儿！快点儿吧！为了友谊，只要你伸下一条腿来，我马上就可以得救了。"

羊还是有点儿犹豫，又往后退了一步："不行，我得考虑考虑。"

这时候，狼终于忍不住了，露出___55___，对羊大叫道："你这老家伙！___56___"

老山羊冷静地看了它一眼，慢慢地回答说："什么也不干。"然后就离开了。

53. A 的确　B 其实　C 毕竟　D 始终

【题解】　本题主要考查考生对近义词词义的辨析。

从选项来看，四个选项词性一致，词义差别较大，A、B、C 都有强调事实的意思，D 表示"从开始到最后"，如"他始终没有答应我的要求"。在文中，狼假扮狗请羊帮忙，骗羊说："请你相信，我___53___是狗。"从句意来看，53是对"是狗"这一事实的强

调，因此我们首先排除 D。A、B、C 相比较，A 表示"确实，真的"，表示强调语气，如"不是我不想去，我的确没有时间"；B 虽然强调事实，但有转折的语气，如"你别看他很瘦，他其实力气很大"；C 有退让的语气，如"他毕竟还小，还不懂事"。文中狼要让羊相信自己真的是狗，是一种语气强调，不会用转折或退让的语气，因此 A 是正确答案。

54. A 对比　B 证明　C 补充　D 承认

【题解】　本题主要考查考生对近义词词义的辨析。

从选项来看，四个选项词性一致，词义差别较大，因此我们主要从词义角度出发进行判断。A 表示（两种事物）进行比较，如"对比自己和别人，他感到很没有信心"；B 的意思是用可靠的材料来表明或断定人和事物的真实性，如"事实证明他的说法是正确的"；C 表示在主要事物之外追加一些，如"为了补充自己的论据，她又讲了一个真实的故事"；D 表示肯定、承认、认可，如"我们都承认他的话很有道理"。54题原句的意思是"狼用自己摇尾巴的行为向羊表明自己真的是一条狗"，只有 B 符合句意，因此答案为 B。

55. A 嘴　B 牙　C 眼睛　D 尾巴

【题解】　本题主要考查考生对情节的推理能力。

— 207 —

从选项来看，四个选项是身体的四个部分。在文中，狼假装成狗，希望羊能帮助它脱险，而羊最后"冷静地看了它一眼，……，然后就离开了"。说明羊最后没有救狼，它认出了这是一条狼，不是狗。狼"露出 55 "的动作表示出狼的攻击性，使狼暴露了自己的身份，而A、C、D不能将狼和狗明显区分，因此B是正确答案。

56. A 你不想活了吧！
　　B 求你帮帮我吧！
　　C 你到底要干什么？
　　D 真的认不出来了吗？

【题解】　本题主要考查考生对文义的理解。

从选项来看，A、C的语气不友好，带有威胁性，B带有哀求的语气，D带有疑问的语气。结合55题，56是狼在露出牙齿时说的话，露出牙齿是一种带有威胁性和攻击性的动作，因此狼说的话也应该带有威胁性和攻击性，我们首先排除了B和D。比较A和C，主要依靠后面羊说的话进行判断。老山羊的"什么也不干"，显然是对C做出的回答，C是正确答案。

57—60.

握手，是交际的一个部分。握手的力量、姿势与时间的长短往往能够表达出对对方的不同态度，给人留下不同 57 ，我们也可通过握手了解对方的个性，从而赢得交际的 58 。需注意的是，戴着手套握手是极不礼貌的行为。男士在握手前应先脱下手套，摘下帽子。 59 ，比如在严寒的室外双方都戴着手套、帽子，这时一般也应先说声："对不起。"握手时双方互相微笑、问候，不要看第三者或显得注意力不 60 。除了关系亲近的人可以长久地把手握在一起外，一般握两三下就行，不要太用力，一般要将时间控制在三五秒钟以内。如果要表示自己的热情，也可较长时间握手，并上下摇晃几下。

57. A 影响　B 风格　C 印象　D 观念

【题解】　本题主要考查考生对词义的理解和掌握词语搭配习惯的程度。

从选项来看，四个选项词性一致，词义相差较大，因此我们主要从语义角度进行判断。A的意思是对人或事物所起的作用，一般和"受到"、"产生"等词搭配使用，如"受到别人的影响"、"产生深远的影响"等；B的意思是艺术作品、时代、民族等特有的特点，常和"形成"搭配使用，如"形成现有的风格"等；C是指事物在人的头脑里留下的迹象，常和"留下"搭配使用，如"留下深刻的印象"、"留下美好的印象"等；D是指人的思想意识,常和"形成"、"转变"等词语搭配,如"形成正确的观念"、"转变原有观念"等。根据文义,C是正确答案。

58. A 积极 B 主动 C 主观 D 灵活

【题解】 本题主要考查考生对近义词词义的辨析。

从选项来看,四个选项词性一致,其中A和B是近义词,并常常连用,C和B有一个相同的语素"主",由此推测答案很可能是A、B、C中的一个。

A的意思是肯定的、正面的、有利于发展的,也表示进取的、热心的,如"积极发言"、"积极的生活态度";B指不待外力推动而行动,也指能够造成有利局面,使事情按照自己的意图进行,经常和"争取"、"赢得"等词搭配,如"比赛时一定要争取主动,让对手跟着自己的节奏走";C指属于自我意识方面的,也指不依据实际情况,单凭自己的偏见,和"客观"相对,如"你这样的想法太主观了";D的意思是敏捷、不呆板,或善于随机应变,如"工作时要灵活,要善于随机应变"。

根据58题句意推断,人和人交往时,如果了解对方的个性,在交往过程中就会有一定优势,58语义上的意思是有优势的、有利的,因此答案应是A、B中的一个;A和B相比,A一般只做定语,不能和"赢得"搭配,

只有B可以直接作为"赢得"的宾语,因此B为正确答案。

59. A 然后才可以握手
    B 冬天的时候怎么办呢
    C 握手的季节也有讲究
    D 当然有些情况下也可以不脱

【题解】 本题主要考查考生对文义的理解。

59前一句是"男士在握手前应先脱下手套,摘下帽子",后面举了可以不脱帽、不脱手套和别人握手的例子(在严寒的室外),因此59应是前后两句的过渡句,并总起后一句。因此D是最好的答案。

60. A 专心 B 仔细 C 集中 D 强烈

【题解】 本题主要考查考生对词语搭配的掌握程度。

从选项来看,四个选项词性一致,其中"集中"又可做动词,词义差别较大,因此本题主要从语义角度出发进行判断。A表示集中注意力,如"专心学习"、"专心听老师讲课"等;B表示细心,如"仔细查阅参考书";C表示把分散的人、事物、力量等聚集起来,把意见、经验等归纳起来,如"集中人力物力"、"集中注意力"等;D表示极强的、力量很大的,或鲜明的、程度很高的,如"强烈的感情"、"强烈的不满"等。60题原句的意思是握手时要专注看着对方,不要

209

"看第三者"。四个选项中，A 词义与原句相符，但不能说"注意力不专心"；B、D 的词义和原句句意不符；只有 C 能和"注意力"搭配使用，"注意力不集中"表示不专心、不专注，因此 C 是正确答案。

第二部分

第 61—70 题：请选出与试题内容一致的一项。

61.

> 一直以来，我们学校每班订有近十份报纸，这些报纸可以帮助大家及时了解国内外大事。可是，现在因为报纸太贵，学校减少了订报纸数量，我们读报十分不方便。希望学校可以恢复原有订报数量。

A 报纸降价了
B 读报对学生很有帮助
C 学校决定订更多的报纸
D 每个班级都订十几份报纸

【题解】 学生们认为："这些报纸可以帮助大家及时了解国内外大事。"因此，正确答案是 B。

62.

> 太阳能资源丰富，可免费使用，又不需要运输，对环境无任何污染，为人类创造了一种新的生活状态，使社会及人类进入一个节约能源、减少污染的时代。现在的农村，几乎家家都装上了太阳能热水器，只要不是阴天，家中不用烧火，就有热水用。

A 在阴天也有热水用
B 太阳能能够节约能源
C 太阳能对环境也有污染
D 太阳能在农村使用还不是很普遍

【题解】 使用太阳能"使社会及人类进入一个节约能源、减少污染的时代"，说明太阳能有两大优点：节约能源和减少污染。正确答案是 B。

63.

> 西瓜不适合放在冰箱里很长时间后再吃，最好是现买现吃。如果买回的西瓜温度较高，需要冷处理一下，可将西瓜放入冰箱降温。西瓜在冰箱里的时间不应超过两小时。这样才既可防暑降温，又不伤胃，还能尝到西瓜的美味。

A 不可以吃温度太高的西瓜
B 西瓜长时间放冰箱里，味道会更好
C 吃放冰箱里时间过长的西瓜对胃不好

D 西瓜在冰箱中存放的时间越长越有营养

【题解】 材料开始提到"西瓜不适合放在冰箱里很长时间后再吃",后面又说:"西瓜在冰箱里的时间不应超过两小时。这样才既可防暑降温,又不伤胃。"说明西瓜放在冰箱里时间太长会伤胃。正确答案为C。

64.

> 奥林匹克运动会(简称奥运会)是国际奥林匹克委员会主办的包含多种体育运动项目的国际性运动会,每四年举行一次。奥林匹克运动会最早在古希腊举办,因举办地在奥林匹克而得名。奥林匹克运动会现在已经成为了和平与友谊的象征。

A 奥运会每两年举行一次
B 奥运会代表了世界和平
C 奥运会最早在古印度举行
D 奥运会不是国际性的运动会

【题解】 材料最后提到:"奥林匹克运动会现在已经成为了和平与友谊的象征。"由此可知,正确答案为B。

65.

> 从市场调查的数字来看,市场数码相机热点机型主要还是集中在2500—3500元之间,热销产品主要还是佳能、柯达、富士、松

下等,而有的老产品由于中低层次没有创造出新的功能,所以渐渐地就没有了竞争力。

A 消费者很喜欢老产品
B 佳能相机比较受市场欢迎
C 所有的老产品都没有竞争力了
D 热销的主要是4000元左右的机型

【题解】 从市场调查来看,数码相机"热销产品主要还是佳能、柯达、富士、松下等"。"热销"的意思是卖得很好,很受消费者的欢迎。因此,正确答案是B。

66.

> 喝茶对人体有好处,但过多地喝浓茶可能出现"茶醉"。这是由其中的某些化学物质所引起的。有些人连喝几杯浓茶后,常出现过敏、失眠、头痛、站不稳、手脚发抖、工作效率下降等现象。实际上这是过量饮茶所起的作用。

A 茶喝得越多越好
B 喝茶会喝醉,不容易醒过来
C 过多地喝浓茶对人体没什么好处
D 喝茶能够清醒大脑,使人很有精神

【题解】 材料一开始就提到"过多地喝浓茶可能出现'茶醉'",后面进一步说明过多地喝浓茶后,"常出现过敏、失眠、头痛、站不稳、手脚发抖、工作效率下降等现象",说明过多地喝

浓茶对人身体不好。正确答案为C。

67.

> 我国土地丰富，气候复杂。南方多雨水，空气湿润，湿润的气候有利于人放松精神，因此南方人头脑冷静，感情丰富，特别爱思考。而北方冬季很长，空气干燥，多风沙，使得北方人喜欢喝酒，性格大方，敢说敢做。

A 北方人很善良
B 南北方气候相差不大
C 南方人喜欢干燥的气候
D 不同气候地区的人有不同的性格

【题解】 本题主要考察考生对材料的总结能力。材料分析了南方气候和北方气候对人性格的影响，南方湿润，"湿润的气候有利于人放松精神，因此南方人头脑冷静，感情丰富，特别爱思考"。北方干燥，多风沙，"使得北方人喜欢喝酒，性格大方，敢说敢做"。说明不同气候地区的人有不同的性格。正确答案是D。

68.

> 太极拳，是一种武术项目，也是体育运动和健身项目，在中国有着悠久的历史。它是以腰部为主的一项运动，非常适合身体较弱的中老年人锻炼，所以，现在很多中老年人都喜欢太极拳。

A 太极拳主要是手部运动
B 太极拳只是一种体育运动
C 太极拳很受中老年人欢迎
D 太极拳在中国产生的时间不长

【题解】 太极拳"非常适合身体较弱的中老年人锻炼，所以现在很多中老年人都喜欢太极拳"。正确答案是C。

69.

> 世界上有很多种动物面临着彻底消失的危险。印度尼西亚生活在保护区内的天堂鸟，20世纪70年代末还有500多只，现在只剩下55只；非洲野狗面临彻底消失的威胁，80年代还有1000多只，现在只剩下一半；20世纪非洲共有1000万头大象，而现在生存下来的野象可能只有40万头左右，平均每年减少10%。

A 天堂鸟生活在北非
B 非洲野狗现在不到500只
C 全球性气候的改变使一些动物迅速减少
D 再过10年，非洲野象将有可能不存在了

【题解】 本题需要考生在理解句子的基础上进行简单的计算。非洲野象"平均每年减少10%"，照目前的速度发展，再过10年，野象可能就不存在

了。正确答案是 D。

70.

> 一天，我去图书馆借书，书名是《离婚》，是老舍先生的作品。等了好长时间，然后一个声音问："谁要《离婚》？"我忙说："我要《离婚》!"刚说完，旁边一个同学马上就说："图书馆也办离婚手续？"

A "我"要离婚了
B "我"没有借到小说
C《离婚》是老舍写的
D 图书馆也可以办离婚手续

【题解】 材料中提到"书名是《离婚》，是老舍先生的作品"，因此正确答案是C。

第 三 部 分

第71—90题：请选出正确答案。

71—73.

> 美国一位教授做了这样一个实验：把六只猴子分别关在三间空房子里，每间两只，房子里分别放着一定数量的食物，但放的位置高度不一样。第一间房子的食物就放在地上，第二间房子的食物分别从易到难挂在不同高度的适当位置上，第三间房子的食物挂在房顶。数日后，他们发现第一间房子的猴子一死一伤，伤的缺了耳朵断了腿，也活不了多久了，第三间房子的猴子也死了，只有第二间房子的猴子活得好好儿的。原来第一间房子的两只猴子一进房间就看到了地上的食物，于是为了伸手可得的食物就打了起来，结果伤的伤，死的死。第三间房子的猴子虽做了努力，但因食物太高，难度过大，够不着，被活活饿死了。只有第二间房子的两只猴子先是各自跳着取食，最后，随着食物高度的增加，获得难度的增大，两只猴子只有合作才能取得食物，于是，一只猴子抬起另一只猴子取食。这样，每天两只猴子都能取得够吃的食物，很好地活了下来。做的虽是猴子取食的实验，但在一定程度上也说明了人才与工作的关系。
>
> 工作难度过低，人人都能干，就体现不出能力与水平的差别，人人都认为自己才是真正的人才，不打起来才怪呢。工作的难度太

大，谁都做不了，谁都成不了人才。只有当工作的难度适当时，才能真正体现出能力与水平，有能力者才能发挥积极性，展现聪明才智。同时，相互间的依存关系使人才相互合作，克服困难。

71. 第一个房间中的猴子是怎么死的？

A 饿死的

B 摔死的

C 吃了不干净的食物

D 被另一只猴子打死了

【题解】 "第一间房子的两只猴子一进房间就看到了地上的食物，于是为了伸手可得的食物就打了起来，结果伤的伤，死的死。"因此正确答案为 D。

72. 作者主要想谈什么问题？

A 工作和人才

B 猴子和食物

C 工作中应该如何合作

D 实验条件和结果的关系

【题解】 对这一题，作者在文中有一定的提示："做的虽是猴子取食的实验，但在一定程度上也说明了人才与工作的关系。"最后一段做了进一步的论述，讨论了工作中的合作问题，但只是谈合作的必要性，没有谈应该如何合作。因此正确答案是 A。

73. 根据上文可以知道什么？

A 工作不能太容易，也不要太难

B 实验结果跟获取食物的难度无关

C 猴子的个性在试验中起到重要作用

D 如果把食物放在房顶，第一间房子中的猴子就不会死

【题解】 作者在短文最后的阐述说明工作难度要适当，不能太容易，也不能太难。正确答案是 A。

74—78.

爱情有三种，第一种是为爱而爱，大部分跟男孩儿有关。男孩儿年龄大了，该结婚了。于是别人介绍一个，了解一下对方的条件，觉得还行，于是开始培养对对方的感情。首先不断地告诉自己，对方人不错，过了这村就没这店，要珍惜。有时犹豫了，总会有人提醒他，你要求是不是太高了，你都多大了啊，让他觉得自己在做一件傻事，像要失去宝贝似的，非常不安，结果加倍地对对方好。

这种爱的表现形式就是对对方很好，总之，一切以得到对方的爱为目的。

第二种爱就是被爱而爱，大部分是女孩儿。女孩儿大了，周围的同伴们都嫁人了，自己却还是一个人，挺孤独的，家人着急，

别人议论，自己也觉得有压力。这时有男孩儿来向她表示点儿什么了，想想看也还不错，既然找不到自己爱的人，就去找一个爱自己的人吧，于是就同意交往了，时间长了，发现对方真的对自己不错，那就结婚吧。

结婚后，这两种爱情的问题就来了。男孩儿目的达到了，还那样累干什么呢？这样女孩儿便感受不到男孩儿对她的爱，于是她爱的基础也就没有了。矛盾产生了，女孩儿报怨男孩儿不像婚前那样爱自己了，男孩儿觉得女孩儿不懂事，都结婚了，还爱不爱的，好好儿过日子才是。于是开始吵，双方都觉得婚姻没意思。

好在还有第三种爱。前两种爱是先确定关系而后爱，这一种是先爱而后确定关系。这种爱就是因爱而爱。两个人只是因为爱对方而爱，他们爱的只是对方这个人，没有其他什么。他们不会因为只有一碗饭吃而觉得倒霉，而会因为分吃一碗饭而感到幸福。这种爱情，在都市里渐渐变成一个童话，如果你有幸遇到，请好好儿珍惜。

74. 第一种爱情中的男孩子：

A 是真心爱女孩子
B 为了结婚才对女孩子好
C 知道什么是真正的爱情
D 是先有了爱然后才确定关系

【题解】 第一种爱情中，男孩子"年龄大了，该结婚了"，他所做的是"一切以得到对方的爱为目的"。因此正确答案为 B。

75. 第一段中，"过了这村就没这店"是什么意思？

A 男孩子要求太高
B 女孩子工作也不错
C 女孩子家庭条件不错
D 形容女孩子很好，不应该错过

【题解】 本题考查的是考生对俗语的理解。第一种爱情中的男孩儿，"不断地告诉自己，对方人不错，过了这村就没这店，要珍惜"，从"要珍惜"可以看出，这句俗语的意思是不应该失去、错过的意思。正确答案是 D。

76. 第二种爱情中的女孩子：

A 比较主动
B 不怕社会压力
C 结婚后感到失望
D 找到了自己爱的人

【题解】 第二种爱情中的女孩子认为："既然找不到自己爱的人，就去找一个爱自己的人吧。"结婚后，"女孩儿报怨男孩儿不像婚前那样爱自己了"，她对婚姻感到失望。正确答案是 C。

77. 关于第三种爱情，下面不正确的是：

A 因为爱而爱

B 互相爱着对方

C 在城市中很普通

D 婚前婚后同样幸福

【题解】　本题是选出不正确的一项。第三种爱情"在都市里渐渐变成一个童话，如果你有幸遇到，请好好儿珍惜"，"童话"、"珍惜"都说明，第三种爱情如果成为现实非常难，不可能在城市中很普遍。正确答案是C。

78. 关于第三种爱情跟前两种爱情的区别，下面不正确的是：

A 是真正的爱

B 先确定关系

C 感情基础很好

D 得到的人会很幸福

【题解】　本题也是选出不正确的一项。短文中提到："前两种爱是先确定关系而后爱，这一种是先爱而后确定关系。"因此B为正确答案。

79—82.

有两个人，一个人认为东边可以找到更多的金子，一个人认为西边发财的机会更大，于是两人分手了。10年后，往东走的人果然发了财，在那儿他找到了大量的金沙，于是当地迅速发展起来，商业繁荣，工业发达。

往西走的人似乎没有那么幸运，自分手后就没了消息。有的说他已死了，有的说他已经回了老家。直到50年后，一个重2.7公斤的自然金块被发现，人们才知道他的一些情况。一位记者曾对这块金子进行调查，他写道："这颗全美最大的金块，是一位年轻人在他屋后的鱼池子里捡到的，从他爷爷留下的日记看，这块金子是他爷爷扔进去的。日记是这样写的：昨天，我在河里又发现了一块金子，比去年找到的那块更大，进城卖掉它吗？那就会有成百上千的人来到这儿，我和妻子亲手用一根根圆木建起的小屋，用汗水开垦的菜园和屋后的池塘，还有傍晚的火堆、树木、天空、河流，大自然赠给我们的珍贵的安静和自由都将不复存在。我宁愿看到金块被扔进水里，也不愿看着这一切从我眼前消失。"

18世纪60年代的美国，每个人都在疯狂地追求金钱。可是，有人却把金子扔掉了，有很多人直到现在还怀疑故事的真实性。可是我始终认为它是真的，因为在我的心目中，这个人是一位真正发现金子的人。

79. 关于往东走的人，下面哪项不正确？

A 成了有钱人

B 事业非常成功

C 生活得并不怎么幸福

D 对当地经济做出了贡献

【题解】　本题是选出不正确的一项。文中提到："往东走的人果然发了财，……于是当地迅速发展起来，商业繁荣，工业发达。"说明他成了有钱人，事业成功，并为当地经济做出了贡献，而他的生活是否幸福，文中并没有提到。因此正确答案是C。

80. 关于往西走的人，可以知道什么？

A 回家了

B 死得很不幸

C 只找到一块金子

D 是个真正热爱生活的人

【题解】　本题需要考生有一定的分析推理能力。50年后大金块被发现提示了这个人的命运。虽然文中没有明确说明，但可以推测，往西走的人就是那个年轻人的爷爷，他扔掉金块，是因为他不愿吸引成千上万的人到他住的地方，来毁坏他和妻子安静、自由的生活。正确答案是D。

81. 往西走的人为什么要把金子扔到水里？

A 怕被人偷走

B 不知道那是金子

C 想留给自己的后代

D 不想吸引太多的人来改变自己的生活

【题解】　往西走的人的日记写着："进城卖掉它吗？那就会有成百上千的人来到这儿，我和妻子亲手用一根根圆木建起的小屋，……大自然赠给我们的珍贵的安静和自由都将不复存在。我宁愿看到金块被扔进水里，也不愿看着这一切从我眼前消失。"这就是他扔掉金子的原因，正确答案是D。

82. 作者为什么认为往西走的人才是"真正发现金子的人"？

A 找到了美国最大的金块

B 连那么贵重的金块都不在乎

C 往东走的人找到的金子是假的

D 明白自己的生活比金钱更为重要

【题解】　往西走的人把生活看得比金子更贵重，不愿为了发财而毁掉大自然赐给他和妻子的"珍贵的安静和自由"。作者赞同他的做法，认为美好的生活才是"真正的金子"。正确答案是D。

83—86.

> 周杰伦是在台北市一个单亲家庭长大的。他母亲是个中学老师，父亲在他年幼的时候和母亲离了婚。母亲把所有的希望都放在了他的身上。周杰伦3岁的时候，母亲见他喜欢钢琴，就毫不犹豫取出家里所有的钱，给他买

了一架钢琴。每次练琴的时候，他母亲就拿着一根棍子，站在他后面，一直盯着他练完琴。除了弹钢琴和写歌，周杰伦的篮球也打得很棒，但他却不爱学习，数学、英语都不好，经常逃课，当别的同学认真准备考大学的时候，他没有目标，不知道自己该干什么。这时音乐救了他，给他带来幸运和成功。有一次，朋友去电视台参加一个唱歌节目，周杰伦负责给他弹钢琴，由于太紧张，两个人的表演都非常糟糕。但是主持人吴宗宪却发现周杰伦的歌曲写得非常棒，就邀请他进入自己的公司，为别的歌手写歌，但是周杰伦写的歌在当时根本不被接受。终于，机会来了，有一天，吴宗宪将周杰伦叫到办公室，十分郑重地说："阿伦，给你10天的时间，如果你能写出50首歌，而我可以从中挑出10首，那么我就帮你出唱片。"周杰伦出色地完成了任务，这些歌获得了巨大的成功。周杰伦也逐渐成为亚洲最有影响力的歌手之一。成功之后的周杰伦说他很想交这样的女朋友：当她害羞时，长发可以盖住她大大的眼睛。

83. 关于周杰伦的家庭，可以知道什么？

A 爸爸早就去世了
B 小时候非常幸福
C 妈妈对他非常严格
D 家里一直比较富裕

【题解】　文中提到："每次练琴的时候，他母亲就拿着一根棍子，站在他后面，一直盯着他练完琴。"说明妈妈对周杰伦很严格。正确答案是C。

84. 周杰伦参加唱歌节目时：

A 是主唱
B 非常放松
C 表现非常糟糕
D 因为歌唱得好被吴宗宪发现

【题解】　参加歌唱节目时，"由于太紧张，两个人的表演都非常糟糕"。正确答案是C。

85. 关于周杰伦，下面哪项正确？

A 上过大学
B 在学校里是好学生
C 写的歌一开始不受欢迎
D 跟吴宗宪学习怎样写歌

【题解】　开始给别人写歌时，"周杰伦写的歌在当时根本不被接受"。正确答案是C。

86. 下面哪项不是周杰伦选择女朋友的标准？

A 害羞　　　B 长头发
C 大眼睛　　D 喜欢听周杰伦的歌

【题解】　考生要注意这道题要选的是"不是周杰伦选择女朋友的标准"的一项。文中提到："……他很想交这样的女朋友：当她害羞时，长发可以盖住她大大的眼睛。"A、B、C 都是他选择的标准，D 没有提到，因此正确答案为 D。

87—90.

　　一个人一生中最早受到的教育来自家庭，来自母亲对孩子的早期教育。一位成功者，一位罪犯，当被问到母亲对他们人生的影响时，两个人谈的居然都是同一件事：小时候母亲给他们分苹果。

　　那犯人说："小时候，有一天妈妈拿来几个苹果，红红的，大小各不同。我一眼就看见中间的那个又红又大，十分喜欢，非常想要。这时，妈妈把苹果放在桌上，问我和弟弟：'你们想要哪个？'我刚想说想要最大最红的一个，这时弟弟抢先说出我想说的话。妈妈听了，很不高兴，责备他说：'好孩子要学会把好东西让给别人，不能总想着自己。'于是，我想到一个好主意，骗她说：'妈妈，我想要那个最小的，把大的留给弟弟吧。'妈妈听了，非常高兴，在我的脸上亲了一下，并把那个又红又大的苹果奖给我。我得到了我想要的东西，从此，我学会了骗人。以后，我又学会了打架、偷、抢，为了得到想要得到的东西，我可以干任何事。直到我被警察抓住的那一天，我才知道自己错了。"

　　成功者则这样说："小时候，有一天妈妈拿来几个苹果，红红的，大小各不同。我和弟弟们都争着要大的，妈妈把那个最大最红的苹果举在手中，对我们说：'这个苹果最大最红最好吃，谁都想要得到它。很好，现在，让我们来做个比赛，我把门前的草地分成三块，你们三人一人一块，负责修剪好，谁干得最快最好，谁就有权得到它！'我们三人比赛除草，结果，我赢了那个最大的苹果。我非常感谢母亲，她让我明白一个最简单也最重要的道理：想要得到最好的，就必须努力争第一。她一直都是这样教育我们，也是这样做的。在我们家里，你想要什么好东西要通过比赛来赢得，这很公平，你想要什么，想要多少，就必须为此付出多少努力和代价！"

87. 关于犯人，可以知道什么？

A 从没后悔　　B 很爱他的弟弟

C 骗了他的妈妈　D 妈妈教他说谎

【题解】　犯人为了得到妈妈的奖励，就故意骗妈妈说把大苹果给弟弟。正确答案是C。

88. 成功者从妈妈那儿学到了什么？

A 效率最重要

B 应该爱护弟弟妹妹

C 速度是成功的重要因素

D 只有成为第一，才能得到最好的

【题解】　成功者说："我非常感谢母亲，她让我明白一个最简单也最重要的道理：想要得到最好的，就必须努力争第一。"正确答案是D。

89. 上文主要讲的是：

A 比赛和公平

B 如何才能获得成功

C 如何成为诚实的人

D 母亲的教育对孩子的影响

【题解】　文章开始提到："一个人一生中最早受到的教育来自家庭，来自母亲对孩子的早期教育。"这是这篇文章的总起句。后文以一个罪犯和一个成功者为例，说明了他们各自母亲的教育对他们人生的影响。正确答案是D。

90. 成功者和罪犯走上不同人生道路的关键因素是：

A 社会环境不同

B 两人的性格差异

C 罪犯的母亲不诚实

D 各自母亲不同的教育方法

【题解】　罪犯学会了"为了得到想要得到的东西，我可以干任何事"，而成功者学到了"想要得到最好的，就必须努力争第一"。母亲不同的教育方式使他们走上了不同的人生道路。正确答案是D。

三、书写部分题解

第 一 部 分

第91—98题：完成句子。

91. 现金　可以　凭　支票　签字后　提取

【题解】本题有一个动词"提取"，有两个名词"现金"和"支票"，但根据句意，这三个词之间不是简单的"主—谓—宾"关系，"现金"应该是"提取"的宾语；"可以"作为能愿动词，放在动词"提取"之前，句子的主干应该是："可以提取现金"，主语省略。

"凭"是介词，意思是凭借、根据，它和"支票"组合为一个介词短语"凭支票"。汉语中，介词短语一般放在主语后、谓语动词前，因此句子可以扩展为"可以凭支票提取现金"。

"签字后"是一个时间短语，可以放在主语之前，也可以放在动词之前，本句主语省略，因此放在动词前，完整的句子是"签字后可以凭支票提取现金"。

92. 这一类的　包子　很受　欢迎　小吃

【题解】从"很受"可以看出，这是一个被动句，被动句的结构是"主语（动作对象）＋被/叫/让/受＋宾语（发出动作者）＋谓语＋其他成分"，有时后面的宾语可以省略。"很受欢迎"意思是"很受人们欢迎"，"人们"被省略。"很受欢迎"是本句的谓语部分。

本题的难点在于确定句子的主语，即动作对象。"包子"和"小吃"都可以做句子的主语。但"包子"是"小吃"的一种，汉语中一般把小概念的名词放在前面，大概念的名词放在后面，如"你这样的人"、"西瓜这种水果"，因此排列顺序应该是"包子这一类的小吃"，完整的句子应该是："包子这一类的小吃很受欢迎"。

93. 乐了　逗　班主任　被

【题解】从"被"可以看出，这是一个"被"字句。本题中，"班主任"是主语，"逗"是谓语动词，"乐了"是"逗"的结果补语，放在"逗"的后面，因此完整的句子是"班主任被逗乐了"。

94. 不得不　小伙子　假装欣赏　建筑　操场　附近的

【题解】本题有两个动词"假装"和"欣赏",说明这是一个兼语句或连动句。兼语句和连动句的区别在于,兼语句中至少有两个主语,连动句只有一个主语。本句中,可以做主语的名词只有"小伙子","建筑"是"欣赏"的宾语,"操场"和"附近的"一起连用,共同修饰"建筑",因此这是一个连动句。

连动句的结构是"主语+谓语动词1+宾语1+谓语动词2+宾语2",有时宾语可以省略。我们可以把句子扩展为"小伙子假装欣赏操场附近的建筑"。

"不得不"的意思是"只好",放在动词前做状语,因此完整的句子是"小伙子不得不假装欣赏操场附近的建筑"。

95. 特别　士兵们　指导员的　感激　关怀

【题解】本题有两个动词"感激"和"关怀",说明这可能是一个兼语句或连动句。而句子中只有一个名词"士兵们",说明这肯定不是兼语句;而根据句意,"感激"和"关怀"不可能同时是"士兵们"发出的动作;且"指导员的"这个定语修饰"士兵们"不合适,用来修饰"关怀"更恰当,由此可以看出,"关怀"在本句中实际用作名词,因此本句是一个动词谓语句,句子的主干是"士兵们感激指导员的关怀"。

"特别"是形容词,在本句中,用来做状语,修饰"感激",完整的句子是"士兵们特别感激指导员的关怀"。

96. 可以　创造　球迷　非常期待　奇迹　运动员们

【题解】本题中有"创造"和"期待"两个动词,说明这可能是一个兼语句或连动句。因为连动句的主语只有一个,而本句中的名词"球迷"、"运动员们"不能做"期待"和"创造"的宾语,而是分别是动词"期待"和"创造"动作的发出者,因此本句应该是兼语句。

"创造"与"奇迹"搭配,"期待"的事情应该是"×××创造奇迹"。从情理上讲,一般是球迷期待运动员创造奇迹,因此句子的主干是"球迷期待运动员们创造奇迹"。

"可以"作为能愿动词,应该放在动词前,根据句意,"可以"应与"创造奇迹"搭配;"非常"是程度副词,用来修饰动词或形容词,根据句意,应该修饰动词"期待"。完整的句子应该是"球迷非常期待运动员们可以创造奇迹"。

97. 苗条　身材　这位姑娘的　更加　了

【题解】本题没有动词，只有形容词"苗条"，可以看出这是一个形容词谓语句。本句的主语应该是"身材"，谓语是"苗条"，句子的主干是"身材苗条"。

"这位姑娘的"是"身材"的定语；"更加"是程度副词，用来修饰形容词"苗条"；"了"在本句中放在句末表示发生变化。完整的句子是"这位姑娘的身材更加苗条了"。

98. 根本　赔偿　保险公司　房东的损失　没有同意

【题解】本题有两个动词，即"赔偿"和"同意"，说明这是一个兼语句或连动句。本句中，"保险公司"和"损失"是名词，但可以做主语的名词只有"保险公司"，"损失"应该是"赔偿"的宾语，因此本句是一个连动句。我们可以把句子扩展为"保险公司同意赔偿房东的损失"。

"根本"是副词，常和否定形式连用，如"根本没有"、"根本不"等等。因此完整的句子应该是"保险公司根本没有同意赔偿房东的损失"。

第 二 部 分

第99—100题：写短文。

99. 请结合下列词语（要全部使用），写一篇80字左右的短文。

中介　操心　至少　根本　复杂

【题解及步骤】

1. 考生首先要根据重点词语确定短文的中心内容。本题中，中心词语是"中介"，结合留学生的实际生活，可以是"租房中介"、"留学中介"等。

2. 构思短文内容。这里需要考生充分发挥想象力，结合自身的生活经历来进行构思。本题中，根据中心词语"中介"和"操心"、"复杂"两个词的关系，以"留学中介"为例，思路是：留学手续很复杂，但经过留学中介办理，根本不用操心。

例文如下：

如果你要出国留学，我建议你最好找一家留学中介，因为留学的手续十分复杂，办理起来很麻烦。但如果有中介的帮助，很多事情根本不需要自己操心，至少可以节省一半的时间和精力。

100. 请结合这张图片写一篇80字左右的短文。

【解题技巧分析】

　　本题的图片属于人物类，人物类可以有几种写法：图片描写型、故事型、知识介绍型、议论型。图片中的女孩儿正拿着一个手机，手机上有她的头像，我们推测她正在用手机给自己拍照，在汉语中叫"自拍"，这是一个时髦的新词。根据图片内容，"图片描写型"、"故事型"和"知识介绍型"等人物类写法都可以采用，比如讲述一个买新手机的故事，或介绍一下手机拍照的功能。这里我们采用"知识介绍型"，重点是"手机的拍照功能"。

　　例文如下：

　　现在手机的功能越来越多，不仅可以打电话、发短信，还能上网、听音乐、听广播或者看电视，甚至可以拍照片或录像。买一款照相功能强大的手机，可以随时随地拍照，出去旅游时也不需要另外再带相机了。

新汉语水平考试 HSK（五级）全真模拟题 4 答案

一、听　力

第一部分

1. A	2. D	3. B	4. B	5. C
6. D	7. C	8. C	9. B	10. C
11. D	12. C	13. D	14. C	15. A
16. C	17. A	18. C	19. D	20. D

第二部分

21. C	22. A	23. C	24. A	25. C
26. C	27. A	28. B	29. C	30. D
31. D	32. A	33. A	34. A	35. D
36. D	37. D	38. C	39. D	40. A
41. C	42. D	43. D	44. C	45. A

二、阅　读

第一部分

46. C	47. B	48. D	49. B	50. A
51. B	52. D	53. B	54. A	55. B
56. D	57. D	58. C	59. B	60. B

第二部分

61. B	62. D	63. C	64. D	65. C
66. C	67. C	68. B	69. C	70. B

第三部分

71. B	72. A	73. D	74. C	75. C
76. B	77. B	78. C	79. A	80. B
81. C	82. A	83. B	84. A	85. D
86. D	87. C	88. D	89. C	90. B

三、书　写

第一部分

91. 小伙子似乎被说服了。
92. 你们老板的饺子确实煮得难吃。
    你们老板的饺子煮得确实难吃。
93. 单调的生活绝对称不上完美。
    单调的生活称不上绝对完美。
94. 孩子用剪刀把牛仔裤剪破了。
95. 老王居然主动承担最艰巨的任务。
96. 我们要尽量协调各方面的利益。
97. 几个专家的建议相对比较合理。
    专家的几个建议相对比较合理。
98. 曾经的愿望终于实现了。

第二部分

99. 刚上大学的时候，学校里只有一个操场，下雨了就不能锻炼身体。为了满足同学们能在室内运动的要求，学校决定加快健身房的建设速度，果然，在我们毕业前就建好了健身房。
100. 这是一个"禁止使用手机"的标识。我们经常在图书馆、电影院、医院病房等场所看见这样的标识，因为这些地方都需要保持安静，使用手机会影响别人的学习、活动或休息，是很不礼貌的行为。

新汉语水平考试 HSK（五级）
全真模拟题 4 材料及题解

一、听力材料及听力部分题解

（音乐，30秒，渐弱）

大家好！欢迎参加 HSK（五级）考试。
大家好！欢迎参加 HSK（五级）考试。
大家好！欢迎参加 HSK（五级）考试。

HSK（五级）听力考试分两部分，共45题。
请大家注意，听力考试现在开始。

第 一 部 分

第1到20题：请选出正确答案。现在开始第1题：

1.

女：喂，你好，昨天我买的空调，你们什么时候来给我安装？
男：今天是星期五，明天休息，下个星期一吧。
问：女的空调是什么时候买的？

A 周四　　　　B 周五
C 周六　　　　D 下周一

【题解】 从选项来看，这是一道时间题。做这一类型的题目，四个选项可能不止一个出现在材料中，有时需要通过计算才能得出正确答案。考生在听材料时，一定要听清楚问题。

从材料来看，女的是"昨天"买的空调，问男的什么时候来装，男的回答："今天是星期五，明天休息，下个星期一吧。"根据简单的推算，我们知道 A 是女的买空调的时间，B 是今天，C 是明天，D 是安装空调的时间。因此答案是 A。

2.

男：你好，我是过来办理保险手续的。
女：您请坐。请稍等一下。我找一下您的文件。
问：他们最有可能在哪里谈话？

A 酒吧　　　　B 宿舍
C 海关　　　　D 办公室

【题解】　从选项来看，这是一道地点题，询问对话发生的地点。这一类型的题目中，对话中一定会出现带有明显地点特征的事物或词语。

从材料来看，男的说："我是过来办理保险手续的。"说明对话发生在保险公司的办公室里，答案是D。

3.

> 女：祝贺你打破了保持了5年的校纪录。
> 男：谢谢，其实我还可以跑得更快，今天风太大，明年的运动会你再来看我跑。
> 问：对于自己的成绩，男的觉得怎么样？

A 满意　　B 一般　　C 后悔　　D 感谢

【题解】　从选项来看，这是一道关于情绪的选择题。说话人在对话中表达情绪的句子是考生关注的重点。考生要听清楚问题问的是哪一个说话人。

从听力材料来看，女的祝贺男的打破了一项校纪录，男的说"其实我还可以跑得更快，今天风太大"，说明他对自己的成绩不是非常满意，但因为是客观原因造成的，也不会因此而后悔。因此答案是B。

4.

> 女：今天晚上你有没有空儿？

> 男：今晚谁有空儿啊？今天是大年三十，我得回父母家吃饭。
> 问：今天是什么日子？

A 元旦　　　　B 除夕
C 男的生日　　D 男的父母的生日

【题解】　从选项来看，这道题问的应该是"×天是什么日子"。A、B是中国的两个节日。A元旦，是指公历年第一天，即一月一日；B除夕，是指农历年的最后一天，既农历正月初一的前一天，即腊月二十九或三十。本题的四个选项中，A、B属于一个类型，C、D属于一个类型，考生在听材料时要注意细节和问题。

从材料来看，提到时间的只有一句话"今天是大年三十。"这里考查考生对中国传统节日的了解，"大年三十"就是农历年的最后一天，即除夕。因此答案是B。

5.

> 男：你看上去很有经验，是不是工作好几年了？
> 女：我本科还没毕业呢，这些都是我爸爸教我的。
> 问：关于女的，可以知道什么？

A 学习很好　　　B 已经工作了
C 还是大学生　　D 爸爸是老师

【题解】　从听力材料来看，男的认为女的很有工作经验，看起来像工作好几年了；女的说她本科还没毕业，这些都是她爸爸教的。女的话透露了几个信息：

① 女的还在上大学；
② 女的没有工作；
③ 女的工作经验都是爸爸教的。

因此 B 是错的，C 是对的；A 在材料中没有体现，是错的；女的爸爸的职业在材料中也看不出，因此 D 也是错的；答案为 C。

6.

> 男：别这么紧张，自然一点儿，像你平时说话那样就好了。
> 女：我也知道。可是我以前从来没跟外国人打过交道，今天去采访他们我能不紧张吗？
> 问：女的是什么意思？

A 她从来没出过国
B 她今天没有打扮好
C 她是第一次做采访
D 她没有跟外国人交流的经验

【题解】 从选项来看，这是一道判断题。我们推测，"她"可能是一个记者，采访外国人时出了点儿问题或意外。考生要重点关注产生问题或意外的原因。

从材料来看，男的让女的"别这么紧张"，女的回答："我以前从来没跟外国人打过交道，今天去采访他们我能不紧张吗？"说明女的比较紧张，原因是她从没和外国人打过交道。正确答案是 D。

7.

> 女：这件皮大衣要1500块？太贵了吧，打不打折？
> 男：打啊，冬季服装全都打八折。
> 问：这件皮大衣现在多少钱？

A 400 块　　　B 1050 块
C 1200 块　　　D 1500 块

【题解】 从选项来看，这是一道数字题。四个选项是四个价格，其中 A 和 B、C、D 三个选项差距有点儿大，答案可能集中在 B、C、D 几个选项上。价格题经常需要通过计算得出答案，考生一定要听清楚问题。

从材料来看，女的问："这件皮大衣要1500块？"说明 D 是皮大衣的原价；男的说："冬季服装全都打八折。"考生要明白"打八折"是1500块的80%，即1200块，因此正确答案是 C。

8.

> 女：听说你新买了一套房，真替你高兴。
> 男：还高兴呢，我贷款贷了30万，现在每个月要还银行4000块。一个月的工资都不够花。
> 问：男的是什么意思？

229

A 他要换工作
B 他跟女的借钱
C 他每月要还银行很多钱
D 他的新房子一共花了30万

【题解】 从材料来看，女的说男的刚买了套新房，男的说他"贷款贷了30万，现在每个月要还银行4000块"，说明男的每个月要还银行很多钱，C是对的；他向银行贷了30万，不是"一共花了30万"，D是错的；A、B材料中看不出来，都不对。正确答案是C。

9.

男：照相机没电了，这么美的风景却拍不了，太可惜了。
女：用我的吧，我这儿还有两节。
问：女的把什么借给了男的？

A 手机　　　　B 电池
C 地图　　　　D 照相机

【题解】 从选项来看，这是一道选择题，重点是一件东西。四个选项可能不止一个会被说话人提到，考生要听清楚本题的问题。

从听力材料来看，男的首先提到自己的照相机没电了；女的说："用我的吧，我这儿还有两节。"虽没有明说她借给男的什么东西，但通过"节"这个量词，我们判断是电池。A、C材料中没有提到。正确答案是B。

10.

女：才一下午就钓了这么多鱼啊。
男：今天运气好，明天和老王换个地方试试。
问：男的下午做什么了？

A 游泳　　　　B 爬山
C 钓鱼　　　　D 跟老王吃饭

【题解】 从听力材料来看，女的说："才一下午就钓了这么多鱼啊。"说明男的下午去钓鱼了。因此正确答案为C。

11.

男：我的汉语比以前差了很多，今天的讲座都没怎么听懂。
女：今天的老师是南方人，普通话不太标准，中国人听起来都有点儿困难。
问：女的是什么意思？

A 她的听力不好
B 南方人普通话都不好
C 今天的老师说话有困难
D 今天的老师普通话不太好

【题解】 从选项来看，这是一道选择题，和能不能听懂老师的话有关。四个选项中，B、C、D三个选项都集中在老师的发音问题上，其中一个是答案的可能性比较大。

从听力材料来看，男的说自己没怎么听懂讲座，女的说："今天的老师是南方人，普通话不太标准，中国人听起来都有点儿困难。"说明男的没听懂的原因不是听力不行，而是老师的普通话不太好。正确答案是D。

12.

> 女：最近怎么老见不到小王啊？
> 男：你不知道啊，他谈对象了，俩人天天逛公园呢。
> 问：关于小王，可以知道什么？

A 他是导游
B 他在公园工作
C 他有女朋友了
D 他昨天跟朋友在公园谈话

【题解】 从听力材料来看，男的说小王"谈对象了，俩人天天逛公园呢"，这里考生需要了解，"谈对象"就是"谈恋爱"，"对象"就是男（女）朋友的意思，因此C是对的；对话没有讨论小王的职业或工作，A、B都是错的；D选项不符合事实，也是错的。正确答案是C。

13.

> 男：这个月的钱过两天再交行不行？我的工资还没有发下来。
> 女：可以。不过我来是告诉你，从下个月开始我的这间房子涨到800块一个月了。你还继续租吗？

> 问：男的和女的是什么关系？

A 夫妻
B 女的是男的老师
C 女的是男的领导
D 女的是男的房东

【题解】 在听力材料中，男女双方没有称呼，所以考生要根据对话的内容判断他们的关系。女的回答："从下个月开始我的这间房子涨到800块一个月了。你还继续租吗？"说明女的租房子给男的，女的是男的房东，答案是D。

14.

> 女：马上就要放暑假了，你准备去哪儿玩儿啊？
> 男：我想去澳大利亚，听说那里现在是冬天。
> 问：现在可能是什么季节？

A 春季　B 秋季　C 夏季　D 冬季

【题解】 在听力材料中，女的说"马上就要放暑假了"，说明现在是夏季；男的说澳大利亚"现在是冬天"。本题问的是"现在可能是什么季节"，答案是C。

15.

> 女：来，为我们的明天干杯！
> 男：好，真痛快。
> 问：他们最可能在做什么？

A 喝酒　　B 唱歌　　C 吵架　　D 散步

【题解】　从听力材料来看，女的说："为我们的明天干杯！"熟悉中国文化的考生知道，"干杯"是中国人喝酒碰杯时最常用的词，因此他们现在正在喝酒。因此答案是 A。

16.

男：听说你爱人做手术了，在哪个医院？我去看看他。
女：谢谢，他已经出院了，现在在家里休息。
问：女的爱人现在怎么样？

A 住院　　　　　B 工作了
C 在家里　　　　D 在医院做手术

【题解】　从选项来看，本题的问题应该是问："×人在哪儿"或"×人怎么样了"。从听力材料来看，男的听说女的爱人"做手术了"，想去看他，女的回答："他已经出院了，现在在家里休息。"A、D 都是已经发生过的事，C 是现在的情况。因此答案是 C。

17.

女：考试成绩出来了没有？
男：王老师说昨天公布在网上了，我们去看看。
问：他们现在可能去做什么？

A 上网　　　　　B 考试
C 去办公室　　　D 找王老师

【题解】　从材料来看，女的问男的考试成绩出来了没有，男的告诉他"昨天公布在网上了"，然后提议"去看看"，因此他们会上网去查成绩，答案是 A。

18.

男：他们俩死了以后，变成了一对蝴蝶，天天在一起。
女：我也听说过这个传说，太感人了。听说已经被拍成电影了。有空儿一起去看吧。
问：他们在谈论什么？

A 蝴蝶　　　　　B 风景
C 传说　　　　　D 电视剧

【题解】　在材料中，男的和女的谈论的是一个关于爱情的传说。男女主人公生前不能在一起，死后就变成了一对相伴的蝴蝶，熟知中国传说的应该知道是梁山伯与祝英台的故事。C 是正确答案。考生平时应注意多了解一些中间的传统文化、历史故事等。

19.

男：手机没电了，怎么办呢？早上走得急，忘了带充电器了。
女：你用我的充电器吧，咱们的手机牌子是一样的。
问：关于男的，可以知道什么？

232

A 手机没带

B 充电器坏了

C 早上没出去

D 跟女的用一个牌子的手机

A 小张脾气很好

B 小张喜欢这个女的

C 女的认识小张很久了

D 女的觉得小张没有什么优点

【题解】 从材料来看，男的说："手机没电了，……，早上走得急，忘了带充电器了。"说明 A、B、C 都是错的；女的说："咱们的手机牌子是一样的。"说明男的跟女的手机一样，因此正确答案是 D。

【题解】 从选项来看，这是一道判断题。考生在听材料时，要重点关注小张和女的之间的关系，特别要注意听女的对小张的评价。

在听力材料中，女的说小张"缺点太多了"，说明女的不喜欢小张，D 是对的；男的说："你还不了解他，慢慢你就会发现他是一个很好的人。"说明女的和小张认识时间不长，C 是错的；A、B 选项从材料中无法推出，也是错的。正确答案是 D。

20.

女：小张这个人缺点太多了，我一点儿都不喜欢他。

男：你还不了解他，慢慢你就会发现他是一个很好的人。

问：关于小张，可以知道什么？

第 二 部 分

第 21 到 45 题：请选出正确答案。现在开始第 21 题：

21.

女：又在看电影啊？有没有什么好电影，介绍给我看看。

男：这部动画片就挺不错。

女：动画片都是骗骗小孩子的，一点儿意思都没有。

男：我怎么觉得比你整天看的连续剧有意思多了。

问：根据对话，可以知道什么？

A 女的喜欢动画片

B 男的喜欢看连续剧

C 女的常常看连续剧

D 女的小孩儿喜欢看动画片

【题解】 从材料来看，女的让男的推荐好电影，男的推荐了一部动画片。但女的认为"动画片都是骗骗小孩子的，一点儿意思都没有"，说明女的不喜欢看动画片，A 是错的；男的说："我怎么觉得比你整天看的连续剧有意思多了。"说明女的喜欢看连续剧,而男的不喜欢,B是错的,C是对的;D选项明显不对;因此正确答案是C。

22.

> 男:我的肚子好疼,今天都拉了四次了。
> 女:有没有乱吃什么东西?
> 男:没有啊,今天中午跟朋友在外面吃了点儿海鲜,喝了点儿啤酒。
> 女:我给你开点儿药,你回去一天吃三次,一次两片。
> 问:根据对话,下列哪项是正确的?

A 他们在医院里
B 男的身体没有问题
C 女的要求男的一天吃两次药
D 男的今天中午喝了很多白酒

【题解】 从选项来看,这是一道判断题。四个选项中A、C、D三个选项都说明男的身体可能有点儿问题,B和其他三项意思相反,很可能是错误的。

从听力材料看,男的说自己"肚子好疼,今天都拉了四次了",说明B是错的;男的"吃了点儿海鲜,喝了点儿啤酒",说明D也是错的;女的又说:"我给你开点儿药,你回去一天吃三次,一次两片。"说明女的是医生,男的正在医院看病,A是对的,C是错的。正确答案是A。

23.

> 女:这么快就来了,我还以为你要到中午才到呢。坐动车来的?
> 男:没有。我借了公司的车,走高速来的。
> 女:你不是不会开车吗?小心点儿啊。
> 男:有司机啊。
> 问:关于男的,可以知道什么?

A 他开车很小心
B 他是一个人来的
C 他走了高速公路
D 他是今天下午到的

【题解】 从选项来看,四个选项都是关于"他"的,很可能就是男的说话人,考生在听材料时要特别注意男的说的话,特别是他是几个人来的、怎么来的和什么时候来的。

在听力材料中,女的以为男的"要到中午才到呢",说明男的中午前就到了,D是错的;男的"借了公司的车,走高速来的",这里的"高速",指的是高速公路,C是对的;女的话"你不是不会开车吗"是个反问句,说明男的不会开车,因此A是错的;男的回答:"有司机啊。"说明他是和司机一起来的,B也是错的。正确答案是C。

24.

男：你家里真豪华。这些家具应该都很高档吧？
女：哪里啊，都是便宜货。你看的只是照片，下次我带你去我家里看看。
男：好啊，不过我是只能羡慕了，我的房子还不知道在哪儿呢。你这次花了多少钱啊？
女：15万吧，比我们的计划多了两万。
问：根据对话，可以知道什么？

A 男的在看照片
B 男的也买了房子
C 女的家里的家具很贵
D 女的原来计划花15万买家具

【题解】　从选项来看，这是一道判断题。C、D两个选项都和女的家具有关，D选项还提到了数字，考生在听材料时要特别注意与家具有关的信息。

从材料来看，男的称赞女的家里豪华，女的回答"哪里啊，都是便宜货"，说明C是错的；女的又说："你看的只是照片，下次我带你去我家里看看。"说明A是对的；男的说："我的房子还不知道在哪儿呢。"他的意思是还没买房子，B是错的；女的说一共花了"15万，比我们的计划多了两万"，说明他们原计划是13万，D也是错的。因此正确答案是A。

25.

男：昨天我去参加小黄的婚礼了，真不错。我俩什么时候结婚啊？
女：我才不急呢。婚姻的开始就是爱情的结束。
男：那我要等到哪一天啊？
女：慢慢儿等吧。我要先享受现在的生活。
问：关于结婚，女的是什么意见？

A 她盼望结婚
B 她的意见和男的一样
C 她觉得婚姻和爱情是矛盾的
D 她在考虑什么时候和男的结婚

【题解】　从选项来看，这是一道判断题。考生在听材料时，要特别注意女的对爱情和婚姻表达的看法。

从听力材料来看，女的说："我才不急呢，婚姻的开始就是爱情的结束。"说明女的想法和男的不一样，她现在不想结婚，觉得婚姻和爱情是矛盾的，所以A、B都是错的，C是对的；男的问要等到哪一天，她回答："慢慢儿等吧。我要先享受现在的生活。"说明她对结婚的日期没有计划，D也是错的。正确答案是C。

26.

女：节目要开始了，你准备好了吗？

男：马上就好，你看我的领带系得怎么样？
女：你又不是主持人，不用这么紧张。
男：虽说是嘉宾，但也不能太随便吧，底下那么多观众呢。
问：男的是来做什么的？

A 主持　B 观众　C 嘉宾　D 演员

【题解】　在听力材料中，男的说："虽说是嘉宾，但也不能太随便吧。"说明男的是嘉宾。答案是C。

27.

女：王主席，能采访您几个问题吗？
男：可以，请提问吧。
女：您觉得这一次的开幕式怎么样？
男：这是我见过的最精彩的开幕式，非常成功。
问：女的可能是做什么的？

A 记者　B 秘书　C 老师　D 翻译

【题解】　从选项来看，本题是一道选择题，问的是人物的身份或职业。从听力材料来看，女的说："王主席，能采访您几个问题吗？""采访"一词说明女的是记者。答案是A。

28.

男：昨天发给你的电子邮件收到了没有？

女：我家里的电脑坏了，我正准备找人来修。
男：找我就可以，我可是电脑发烧友。
女：真的啊？那太好了。
问：根据对话，下列哪项是正确的？

A 他今天发烧了
B 他特别懂电脑
C 他在办公室给女的修电脑
D 他今天给女的发了电子邮件

【题解】　从听力材料来看，男的问："昨天发给你的电子邮件收到了没有？"D是错的。男的说自己是"电脑发烧友"，这里的"发烧友"不是说人的身体不舒服，而是对某件事物特别感兴趣，而且比较懂，如"音乐发烧友"、"足球发烧友"等等，因此A是错的，B是对的；男的要去女的家里修电脑，C是错的。答案是B。

29.

女：看看这个小老虎可爱不？送给你的。
男：谢谢你。不过今天又不是什么节日，你为什么送我礼物呢？
女：看你忙得，今天是你的生日啊，今年是虎年，我记得你又是属虎的，我就买了这个玩具送给你了。

男：哎呀，我都忘了，太感谢你了。不过我是属兔的。

问：根据对话，可以知道什么？

A 今年是鼠年
B 男的是属虎的
C 女的记错了男的年龄
D 女的送给男的一个小宠物

【题解】　从选项来看，这是一道判断题。四个选项中A、B、C都和"生肖"有关。这里要求考生对中国的生肖文化有一定了解。"生肖"是十二种动物，每一年有一个代表动物。出生在某个年份的人，属相就是当年的生肖。通过生肖，可以大概猜出人的年龄。在四个选项中，只有D选项和生肖没有关系，而是提到了宠物，我们推测这是对生肖的错误理解形成的一个干扰选项，一般来说是错的。本题的关键是要听清楚男的生肖。

在听力材料中，女的送给男的一只玩具小老虎，而不是小宠物，D是错的；男的说："不过我是属兔的。"说明B错，同时也说明女的记错了男的属相和年龄，C是对的；因此答案为C。

30.

女：你怎么进来的？
男：你的门没锁，我一推就进来了。

女：难道你不知道进来之前要先敲门吗？
男：对不起，我有急事，所以忘了。

问：关于男的到来，女的是什么心情？

A 遗憾　B 激动　C 烦恼　D 生气

【题解】　从选项来看，本题和情绪有关，考生在听材料时要注意说话人传达的有关情绪的信息，并结合对话内容，选出正确的答案。

从听力材料来看，男的见女的门没锁，就推门进来了，女的说："难道你不知道进来之前要先敲门吗？"说明女的认为男的应该敲门后进来；男的向女的道歉说："对不起，我有急事，所以忘了。"这些都说明女的生气了。正确答案是D。

第31到32题是根据下面一段对话：

男：你买了这么多东西啊！我来帮你拿吧。
女：谢谢你了。这些都是我马上要带回国的礼物，送给我的亲戚朋友们。
男：我来看看你要带些什么回去，哦，丝绸、扇子、象棋。哇，还有鞭炮！这东西不能带上飞机吧？

女：我知道，这是我买来准备今天晚上放的。

男：你怎么想起来买这个？

女：过年的时候我看见你们放鞭炮，特别热闹，也特刺激。走前我也想试一试。

男：你不怕吗？很多女孩子都不敢放。

女：我不怕，你们男孩子敢做的事我也敢做。

31. 下列哪个东西不是女的带回国的礼物？

　　A 丝绸　B 扇子　C 象棋　D 鞭炮

【题解】　从选项来看，31题四个选项是四个有中国传统文化特色的物品，结合32题B、C选项，对话应该发生在过春节的时候。我们可以推测，31题和过年送的礼物有关。

　　从听力材料来看，男的在参观女的带回国的礼物，说："丝绸、扇子、象棋。哇，还有鞭炮！这东西不能带上飞机吧？"女的回答："这是我买来准备今天晚上放的。"说明A、B、C都是她准备带回国的礼物，D不是。

　　本题的问题是："下列哪个东西不是女的带回国的礼物？"答案是D。

32. 根据对话，可以知道什么？

　　A 女的很勇敢

　　B 过年的时候女的放鞭炮了

　　C 男的今天晚上帮女的放鞭炮

　　D 女的把礼物带回去放在自己家里

【题解】　从选项来看，A、B、C三个选项都和鞭炮有关，考生在听材料时要特别关注女的有没有放鞭炮。

　　从听力材料来看，女的买礼物是要"送给我的亲戚朋友们"，D是错的；女的买了鞭炮，她说："过年的时候我看见你们放鞭炮，……走前我也想试一试。"说明过年的时候她没有放过鞭炮，B也是错的；男的问："你不怕吗？"女的说："我不怕，你们男孩子敢做的事我也敢做。"说明女的很勇敢，A是对的，C是错的。

第33到35题是根据下面一段对话：

男：王女士，今天都20号了，我委托你们的那个项目不知道你们做得怎么样了？

女：对不起，张先生，还要再过两个星期。

男：可是我们当时的合同是30号完成工作啊。

女：是的，这个项目看上去很简单，但是有很多复杂的手续要办。

男：好吧。上次你们给我的计划书里，我有些细节还不是很明白，你可以再给我解释一遍吗？

女：可以，请您下午两点来我的办公室，好吗？

男：好，那我们下午见。

33. 今天多少号?

A 20 号　　　　B 24 号

C 30 号　　　　D 星期二

【题解】　结合 33、34、35 题的选项可以看出，本题关键人物是"王女士"，内容和项目是否能按时完成有关。33、34 题都是关于时间的选择题，其中 33 题是日期，34 题是一天内某一个具体的时间。考生在听对话时一定要关注所有和时间有关的信息，要听清楚细节，特别要注意 33、34 题的问题，判断是否需要计算得出答案。

在听力材料中，男的一开始就说"今天都 20 号了"，说明 20 号是今天的日期，答案是 A。

34. 男的什么时候要去见王女士?

A 下午两点　　B 下班以后

C 上午十点　　D 晚上吃饭的时候

【题解】　在听力材料中，女的说："请您下午两点来我的办公室，好吗?"本题的问题是："男的什么时候要去见王女士?"根据对话我们知道，女的就是王女士，答案是 A。

35. 根据对话，下面哪项是正确的?

A 他们在同一个公司

B 男的是王女士的老板

C 这个项目其实很简单

D 王女士不能按时完成项目

【题解】　35 题是一个判断题，考生需要关注男的说话人和王女士的关系以及王女士完成项目的情况。

从听力材料来看，男的一开始说："我委托你们的那个项目不知道你们做得怎么样了?"从这句话我们可以判断男的和女的关系是委托人和被委托人，因此 A、B 都是错的;对男的提问，女的回答："还要再过两个星期。"而"合同是 30 号完成"，说明女的不能按时完成项目，D 是对的;女的说："这个项目看上去很简单，但是有很多复杂的手续要办。"说明项目不简单，C 也是错的。D 是正确答案。

第 36 到 37 题是根据下面一段话:

> 有一个女大学生毕业以后到一所山村的小学做了一名老师。那一年，她收到一笔捐款，怎么用这笔钱，在老师中间引起了争论。有人建议买一些桌椅，有人建议修一修教室。可这位女老师却没有这么做，她把她的学生带到一个大城市，让孩子们亲自感受外面世界的精彩。女老师说："我们山里太穷了，我想让我的学生知道，山外有高楼!"

36. 这位女老师是怎么用这笔捐款的?

A 买了桌椅

B 修了教室

C 给学生买了文具

D 带学生去了大城市

【题解】　在听力材料中，A、B 都是

别人对如何使用这笔捐款的建议；C文中没有提到；女老师"把她的学生带到一个大城市，让孩子们亲自感受外面世界的精彩"。因此答案是D。

37．关于这位女老师，下面哪项是正确的？

　　A 她在一所中学工作
　　B 她想去大城市玩儿
　　C 她的家乡在这个山村
　　D 她想让学生看看山外的世界

【题解】　在听力材料中，女大学生"毕业以后到一所山村的小学做了一名老师"，说明她是小学老师，而且她是从外地来山村工作的，因此A、C都是错的；女老师带学生去了大城市，因为她想让我的学生知道，山外有高楼！"说明B是错的，D为正确答案。

第38到39题是根据下面一段话：

　　亲爱的顾客，下午好！欢迎光临大华商场。本商场现有顾客捡到黑色皮包一只，内有手机一部，身份证一张，钱包一个，银行卡五张。请失主及时与我们联系。大华商场祝您购物愉快。谢谢！

38．现在是什么时间？

　　A 上午　B 中午　C 下午　D 晚上

【题解】　从选项来看，这是一道时间题。从听力材料来看，这篇短文只有一处提到了时间，即"下午好"，说明现在是下午。答案是C。

39．这位失主丢了什么？

　　A 钱包　　　B 银行卡
　　C 身份证　　D 皮包和里边的东西

【题解】　从选项来看，这是一道选择题，问题可能是"丢了哪些东西"。

从听力材料来看，"本商场现有顾客捡到黑色皮包一只，内有手机一部，身份证一张，钱包一个，银行卡五张。"说明失主丢失了整个黑色皮包，包括钱包、银行卡等东西。答案是D。

第40到43题是根据下面一段话：

　　从前有个人叫张三，觉得自己特别聪明。他辛苦工作一年，得到了三百两银子，心里很高兴，但是他也很烦恼，怕这么多钱被别人偷走，不知道存放在哪里才安全。带在身上吧，很不方便，容易让小偷看见；放在抽屉里吧，觉得不合适，也容易被小偷偷去，反正放在哪里都不安全。最后张三想出了一个办法，把钱藏在地下，他还贴了一张纸条，纸条上写着"此地无银三百两"。他的邻居王二晚上起来发现了这张纸条，就把银子偷走了。王二回到自己的家里，见到眼前白花花的银子

> 高兴极了，但又害怕了起来。他一想，如果明天张三发现银子丢了，怀疑是我怎么办？所以，他就在自己家的墙上也贴了一张纸条，上面写着"隔壁王二没有偷"。

40．张三为什么把银子藏在地下？
　　A 害怕别人偷
　　B 担心王二知道
　　C 不放心他家里人
　　D 家里没有地方可以藏

【题解】　结合40—43题选项可以看出，这篇短文有"张三"、"王二"两个主角，内容和藏银子、偷银子有关。熟悉中国成语故事的考生可以看出，这是"此地无银三百两"的成语故事。

从听力材料来看，张三一年挣了三百两银子，他"怕这么多钱被别人偷走，不知道存放在哪里才安全"，所以才把银子藏在地下。答案是A。

41．王二是怎么知道银子藏在地下的？
　　A 自己想到的
　　B 张三告诉他的
　　C 看见张三的纸条了
　　D 看见张三藏银子了

【题解】　从听力材料来看，张三在藏银子的地方贴了一张纸条，上面写着："此地无银三百两。"王二看到了这张纸条，就把银子偷走了。答案是C。

42．王二为什么也贴了一张纸条？
　　A 他觉得这样很好玩儿
　　B 他想学习张三的做法
　　C 他想告诉别人是他偷的
　　D 他怕张三知道是自己偷的

【题解】　从听力材料来看，王二偷了张三的银子，怕张三怀疑自己，所以就在自家的墙上也贴了一张纸条，写上"隔壁王二没有偷"。本题问的是王二贴纸条的原因，因此答案是D。

43．根据上文，下面哪项正确？
　　A 王二比张三聪明
　　B 张三的银子是偷来的
　　C 没有人知道王二的秘密
　　D 两个人都自以为很聪明

【题解】　从选项来看，这是一道判断题。A、D两个选项都和"聪明"有关，答案有可能集中在这两项上。

这道题需要理解整篇故事的意思。从整篇故事来看，张三很笨，他不想让别人知道藏银子的地方，但又写纸条告诉了别人，让王二偷了银子，但王二偷了银子后，做了和张三一样笨的事，说明他不比张三聪明，两人都认为自己很聪明，其实很笨，因此D是对的。A、B、C都不符合文义，因此答案为D。

第 44 到 45 题是根据下面一段话：

很多家长在孩子遇到困难的时候，总是愿意从态度、方法等方面进行帮助，但是却很少有人重视孩子的心理辅导。心理问题已成为孩子健康的严重威胁。然而只有20%的父母对孩子的心理健康有正确认识，并主动带孩子看心理医生。事实上，多数心理问题都可以通过积极治疗得到控制。如果孩子出现了心理问题，作为家长该怎么办？一方面，家长要告诉孩子，不要把心理问题看得太复杂。同时，家长也要观察自己的心理状况，做合适的调整，不能让自己的情绪变得比孩子还要糟糕。另一方面，家长也应该学习相关的心理知识，给孩子科学的支持。因为往往有心理问题的孩子，更需要来自家庭的支持和鼓励。

44．父母们往往忽视孩子的什么问题？
  A 学习态度 B 学习方法
  C 心理健康 D 身体健康

【题解】 结合44—45题选项，这篇短文和孩子的心理健康有关。在听力材料中，提到"很少有人重视孩子的心理辅导。"说明孩子的心理健康是家长们最容易忽视的问题。答案是C。

45．从这段话中，可以知道什么？
  A 心理问题对孩子的健康影响很大
  B 父母不需要注意自己的心理情况
  C 大概有1/2的父母会带孩子去看心理医生
  D 越来越多的父母关心孩子的心理健康问题

【题解】 从选项来看，45题是一道判断题。根据常理推断，B肯定是错的；C有可能也是错的，因为一般父母只有在孩子出现心理异常时才带他们去看医生，1/2的比例显得有点儿高；A、D看起来都像是正确的，答案可能主要集中在这两项上。

听力材料中提到："心理问题已成为孩子健康的严重威胁。"说明A是正确的；"只有20%的父母对孩子的心理健康有正确认识，并主动带孩子看心理医生"，说明C也是错误的；如果孩子出现了心理问题，"家长也要观察自己的心理状况，做合适的调整……"，可以看出B也是错误的；D选项在材料中没有体现，是错误的。因此答案为A。

听力考试现在结束。

二、阅读部分题解

第 一 部 分

第46—60题：请选出正确答案。

46—49.

有个朋友非常善良，几乎没人见过他生气。有一次我去看他，却发现他正在顶楼上对着天上飞过来的飞机大喊大叫，我很 __46__ ，就问他原因。他说："我住的地方靠近机场，每当飞机起落时都会听到巨大的声音。后来，当我心情不好或是受了 __47__ ，想要发脾气时，我就会跑上顶楼，等待飞机飞过，然后对着飞机放声大叫。等飞机飞走了，我的不快、怒气也被飞机一起带走了！"

这时我才明白， __48__ 他脾气这么好，原来他知道如何减轻自己的 __49__ 。

46. A 怀疑 B 害怕 C 好奇 D 佩服

【题解】 从选项来看，四个选项词性一致，词义相差比较大，因此本题应从语义角度出发进行判断。A 的意思是疑惑，不相信，如"我很怀疑他说的话"；B 的意思是遇到困难、危险等心中不安或发慌，如"她特别害怕孤单"；C 是指对自己不了解的事物觉得新奇而感兴趣，如"小孩子对一切新鲜事物都感到好奇"；D 是指感到可敬而心服，如"我非常佩服她的勇气"。从文中可以看出，46 题是"我"看到朋友对着飞机大喊大叫时觉得很奇怪，很想知道为什么，因此答案是 C。

47. A 困难 B 委屈 C 不安 D 倒霉

【题解】 本题主要考查考生对词语搭配的掌握。

从选项来看，A 表示事情复杂，阻碍多，如"这件事做起来很困难"；B 表示受到不应该有的指责或待遇，心里难过，经常与"受"搭配，如"这个女孩儿觉得自己受了委屈，就大哭起来"。C 表示不安定，不安宁，如"陌生的环境让她感到不安"；D 表示遇事不利，如"真倒霉，等我赶到车站时车刚开走"。从词语搭配和文义来看，"受委屈"是最佳答案。A 一般说"遇到困难"、"出现困难"等；C 一般说"感到不安"；D 一般不能直接放在动词后面，要说"碰/遇到倒霉的事"。因此答案是 B。

48. A 所以 B 大概
  C 恐怕 D 怪不得

— 243 —

【题解】 本题主要考查考生对关联词的掌握程度。

选项中，A 用来引出结果，如"昨天下雨了，所以他没来"；B 表示推测，是"也许，可能"的意思；C 表示一种担心、推测，如"这么晚了，恐怕我们赶不上飞机了"；D 表示明白了原因，如"怪不得你们俩不说话，原来你们不认识啊"。材料中提到"这时我才明白"、"原来他知道如何减轻……"，说明"我"明白了他脾气好的原因，因此 D 符合文义，为正确答案。

49. A 慌张　　　　B 压力
　　C 疯狂　　　　D 体重

【题解】 从选项来看，四个选项词性一致，词义差别较大，因此我们主要从语义角度出发进行判断。A 表示不沉着，动作忙乱，如"对于突然发生的事故，她显得有点儿慌张"；B 表示承受的负担，如"工作压力"、"精神压力"等；C 的意思是发疯，如"敌人疯狂的进攻"、"他们昨天玩儿得很疯狂"等；D 是指身体的重量，如"减轻体重"。从上下文来看，朋友心情不好时，就会爬上楼顶对着飞机大叫，朋友在减轻的不是慌张感，更不是体重，而是工作生活让他"承受的压力"，答案是 B。

50—52.

一天晚上，孔子看书看得很晚，觉得有点儿饿，就叫来身边最得意的学生颜回，让他把晚上吃剩的那点儿饭再热一热。颜回把饭热好，刚走出厨房，谁知外面天气十分恶劣，狂风四起，碗里马上就落满了沙土。颜回十分不安，怎么能让敬爱的老师吃这样脏的东西呢？但倒掉又太 __50__，粮食非常宝贵，颜回实在舍不得倒掉，打算自己把它吃了再给师傅做一碗。孔老夫子饿得受不了了，就起身出来想看个究竟，正好碰见颜回在吃自己的饭。孔子非常生气，就问他："这是怎么回事？师傅的饭你也敢偷吃？"颜回委屈地说："师傅，刚才狂风把沙土刮进碗里，给师傅吃是对您的不尊重，颜回 __51__ 粮食就自己吃了。"

孔子仔细一看全都明白了，十分惭愧地对颜回说："是老师错了，看来这眼睛看到的都未必是真的，__52__"

50. A 可惜　B 遗憾　C 严重　D 烦恼

【题解】 从选项来看，A 和 B 是一对近义词，都有让人觉得惋惜的意思。C 表示程度深，影响大，情势危急，如"病情严重"、"问题严重"、"严重的后果"等；D 表示烦闷苦恼，如"孩子的病让她感到很烦恼"。文中提到"粮食非常宝贵，颜回实在舍不得倒掉"，是说颜回觉得如果倒掉了饭会感到很惋惜，因此排除了 C 和 D。A 和 B 比较，A 既可以形容东西，也可以形容事情，如"这么好的东西扔了怪可惜的"，或"错过了这个难得的机会，真是可惜"；B 主要形容事情，比如"让人遗憾的事还是发生了"。本题中主要形容粮食，是东西，因此 A 为正确答案。

51. A 喜欢　B 爱惜　C 爱护　D 宝贵

【题解】　本题主要考查考生对近义词词义的辨析。

从选项来看，四个选项意思比较接近，其中 B、C 有一个共同的语素"爱"，是一组近义词，都有珍惜、重视的意思，答案可能主要集中在这两项上。D 主要做形容词，表示当作珍宝看待、重视，前面要加一个"可"，后面一般不直接加宾语，如"这是极可宝贵的经验"，可以首先排除；A 表示对人或事物有好感或感兴趣，如"她喜欢吃甜食"。根据上下文来看，颜回把弄脏了的饭吃了，不是因为他对粮食感兴趣，而是因为他觉得粮食宝贵，舍不得倒掉，他珍惜粮食，A 也被排除，答案是 B、C 中的一个。比较 B 和 C，B 有珍惜的意思，表示因重视而不糟蹋；而 C 有保护的意思，表示爱惜并保护。B 的宾语一般是事物，如"爱惜粮食"、"爱惜时间"、"爱惜生命"等；而 C 的宾语既可以是事物，也可以是人，如"爱护牙齿"，"爱护下一代"。本题中 51 的宾语是粮食，粮食值得珍惜，因此 B 为正确答案。

52. A 也许是听来的。
　　B 还不如听来的。
　　C 什么是真的呢？
　　D 何况是听来的呢？

【题解】　本题主要考查考生对文义的理解。

在短文中，孔子亲眼看见颜回把本来给自己准备的饭吃了，以为是颜回对自己不尊重，但当他了解到实情以后，才知道正是因为颜回尊重自己，才会这么做。这说明亲眼看到的并不一定就是真实的情况。因此孔子发出了这样的感慨："看来这眼睛看到的都未必是真的"，这里关键是"都"的意思，如果句子中是"未必都是真的"，"都"表示全部、所有，但本句中"都"放在"未必"前，是表示一种递进关系，经常和"何况"连用，比如"这道题你都不会，何况我呢"，也常常和"连"连用，如"连你都不一定去，我怎么会去呢"。本文中，孔子意思是"连看到的都不一定是真的，更不要说没有亲眼看到的（听来的）"，是一种递进关系。"何况"正是用反问的语气表示更进一层的意思，因此 D 为正确答案。

这一部分的第二篇短文,常常是一篇古代的寓言故事,考生要在日常学习生活中多读一些古代的寓言故事,加深对中国传统文化、哲学的理解。在做这一类题目时,要注意一般正确答案都有比较深刻的含义,像本题中A、B、C三个选项都说得通,但和D相比没有什么深刻的含义,D是最佳答案。

53—56.

有一天,动物园的管理员们发现猴子们跑出来了,于是开会 __53__ ,一致认为是墙的高度过低,从而 __54__ 猴子们逃了出来。所以他们决定将墙的高度由原来的4米加高到6米。谁知第二天,他们发现猴子们依旧能够跑到外面来,所以他们又决定再将高度加高到8米。

然而,没料到第三天居然又看到猴子们全跑到外面,于是管理员们大为紧张,决定一不做二不休, __55__ 将高度加高到10米:"这下子看你们还能不能逃出来!"

第四天,神了,猴子们还是跑了出来,而且,还在与它们的好朋友熊猫聊天儿呢。"你们看,这些人会不会把墙继续加高呢?"熊猫问。

"很有可能,"猴子们说:" __56__ "

53. A 议论　B 讨论　C 决定　D 评价

【题解】　本题主要考查考生对近义词词义的辨析。

从选项来看,四个选项词性一致,都是动词,词义也比较接近,其中A、B有一个相同的语素"论",是一对近义词,答案比较可能集中在这两项上。本题我们主要从语义角度出发进行判断。A"议论"偏重于对人或事的好坏、对错等表示意见,如"大家都在议论他该不该这么做";而B"讨论"是就某一问题交换意见或进行辩论,如"讨论工作计划";C的意思是对如何行动做出主张,如"我们决定明天出发";D的意思是评定价值的高低,如"所有人都对他的能力评价很高"。文中管理员们要开会,"开会"一般会对一件事或某些问题进行交流,所以"讨论"最符合文义,B为正确答案。

54. A 导致　B 形成　C 妨碍　D 构成

【题解】　从选项来看,A、B、D的词义比较接近,和C的意思相反,因此我们首先从词义出发进行判断。A的意思是引起,多为不好的事情,如"地震导致多人死亡";B的意思是指经过发展变化出现一种事物或者情形、局面等,如"水的温度降低,形成了冰";C的意思是使事情不能顺利进行,如"你这样大声说话会妨碍别人学习的"；D更偏重于几个部分组成一个整体，如"教室、食堂、宿舍，就构成了他全部的生活"。在短文中，管理员们认为因为墙的高度太低，使猴子们逃了出来，和A的词义相符，A是正确答案。

55．A 故意　B 索性　C 尽量　D 持续

【题解】　从选项来看，四个选项词义差别比较大，我们应该从语义角度出发进行辨析。A的意思是有意识、有目的（那样做），如"她故意让所有人都知道这件事"；B的意思是直截了当、干脆，如"做不好就索性不要做了，要做就索性把它做好"；C是指用一切力量，如"她尽量不让我操心"；D是指连续不断，如"坏天气持续了半个多月了"。55原句中"一不做二不休"的意思是"事情已经开始了，干脆就干到底"，它和55的意思是一致的，在四个选项中，只有B的意思符合文义，B是正确答案。

56．A 人真是太蠢了！
　　B 我们可没那么笨。
　　C 你一定也很羡慕我们吧？
　　D 如果他们再继续忘记关门的话！

【题解】　本题主要考查的是考生对文义的理解和对情节的推测。

一般来说，阅读部分的第三篇文章通常都是一个笑话，笑点一般都在文章的最后。在短文中，管理员们不断增加墙的高度，却无法阻止猴子们一次一次跑出来。在猴子和熊猫的对话中，A、B、C三个选项都可以说得通，但这样的结局很平淡，没有笑点。只有D，让读者突然明白，原来猴子们能跑出来和墙的高度根本没有关系，只是管理员们忘了关门！这样本文才有了笑点，引读者发笑。D为最佳答案。

57—60．

日常生活中，人们虽然每天都刷牙，可是有相当一部分人不懂得刷牙的___57___，所以学会正确刷牙对___58___个人的卫生极为重要。刷牙的时候有两点需要特别注意：首先，刷牙的动作要轻，不要太用力，但要反复多次。牙的每个面都要刷到，特别是最靠后的牙，一定要把牙刷伸进去刷。每次刷完牙，如果不放心，还可以对着镜子看一看是否干净了，___59___才能保证刷牙的效果。其次，刷牙时最好采用温水（水温35℃左右的水）刷牙。如果长期用凉水刷牙，可能会使牙齿___60___缩短。

57．A 规律　B 问题　C 风格　D 学问

【题解】　本题主要考查考生对词义的理解和对短文的综合概括能力。

从选项来看，四个词都是名词，词义差别较大，因此应该从词义的角度出发进行辨析。A是指事物内部存在的规则，如"自然规律"、"生活规律"等；B是指需要解决的疑问，如"道德问题"、"食品安全问题"等；C是指艺术作品、时代、民族等特有的特点，如"艺术风格"、"装修风格"等；D是指"知识、学识"，如"如何快乐生活是一门学问"、"他是个很有学问的民间学者"。文中57的原句是短文的总起句，是对后面内容的概括。后面的句子主要介绍了两点正确刷牙的知识：一是刷牙动作要轻，二是刷牙最好用温水。"知识"是D"学问"的近义词，D是正确答案。

58. A 保护　B 完善　C 保持　D 维持

【题解】　本题主要考查考生对近义词搭配规则的掌握。

从选项来看，四个选项词性一致，都是动词，意思相近，应从词语搭配出发进行判断。A的意思是尽力照顾，使不受损害，常和"环境"、"安全"、"权益"等词搭配，如"保护自然环境"、"保护人身财产安全"、"保护妇女儿童的权益"等；B经常和"制度"、"体系"、"规则"等词搭配，如"完善法律制度和法律体系"、"完善交通规则"等；C的意思是维持原状，如"保持物价稳定"、"保持教室卫生"；D的意思是"使继续存在下去，

经常和"秩序"、"现状"等词搭配，如"维持社会秩序"、"维持现状"等。只有C"保持"能和"卫生"搭配，因此答案是C。

59. A 不干净的话
　　B 只有认真对待
　　C 只要刷得认真
　　D 每天刷一次牙

【题解】　本题主要考查考生的综合概括能力和对关联词的掌握。

59题是对"首先"后面内容的总结，即刷牙时一定要认真，要把牙刷干净，才能保证效果，A放在文中不符合逻辑，D刷牙的次数和牙齿有没有刷干净无关，因此A、D被排除；B、C相比，区别在于关联词，B的关联词是"只有"，常与"才"搭配，C中的"只要"，常和"就"搭配使用，根据"才能保证刷牙的效果"知道，B是正确答案。

60. A 时间　B 寿命　C 功能　D 过程

【题解】　本题主要考查考生对词语搭配的掌握和对近义词词义的辨析。

四个选项中，我们首先根据词义排除了D选项，因为D是指事物进行或事物发展所经过的程序，D不符合文义；从选项来看，A"时间"是一个概念范围很大的词，B"寿命"特指人或动物"生存的年限"或东西"使用的期限或存在的期限"。C经常

和"衰退"、"退化"、"减弱"、"丧失"等词搭配，如"记忆功能衰退"、"驼鸟翅膀的飞行功能已完全退化"，"功能"不能和"缩短"搭配；本文的意思是长期用凉水刷牙会缩短牙齿使用的期限，因此B是正确答案。

第 二 部 分

第61—70题：请选出与试题内容一致的一项。

61.

> 一位著名教练和一位著名作家最近合作写了一本《世界饮食五大因素》，书中讨论了各国饮食的健康程度，其中中国菜排在第三位。三分之二的中国食物以蔬菜、水果或豆类为主。当然，中国人也做油炸的食物，但是更多的时候他们炒、蒸肉类和蔬菜。

A 中国菜的主要做法是油炸
B 这本书认为中国的饮食比较健康
C 三分之二的中国人主要吃蔬菜和水果
D 教练和作家各写了一本关于饮食的书

【题解】 这本书把中国菜的健康程度排在世界第三，说明它认为中国饮食是比较健康的；后面提到："三分之二的中国食物以蔬菜、水果或豆类为主"，蔬菜、水果、豆类相比肉类都是比较健康的食物，进一步说明B是正确答案。

62.

> 最近，妈妈爱上了关于中国战争历史的连续剧。可是在电视上看，不仅时间有限制，而且广告多。上网看呢，网络又不稳定，一会儿能看，一会儿不能看，常常弄得心情很糟糕。于是，妈妈让我帮她把想看的连续剧下载下来，一次看个够。

A 网上的连续剧内容很糟糕
B 下载的连续剧不够妈妈看
C 妈妈知道很多中国战争历史
D 在电视上看连续剧很不自由

【题解】 "可是在电视上看，不仅时间有限制，而且广告多。"这句话说明在电视上看连续剧很不自由。正确答案是D。

63.

> 塑料袋是我们日常生活中不可缺少的。在我国，每天只是买菜就要用10亿个塑料袋。塑料袋在为消费者提供方便的同时，却也造成了严重的资源浪费和环境污染。目前越来越多的国家和地区已经开始限制塑料购物袋的生产、销售和使用。

A 人们日常生活中缺少塑料袋

B 塑料袋没能给消费者带来方便

C 我国每天使用塑料袋的数量超过10亿

D 大多数国家已开始采取措施禁止塑料袋的使用

【题解】 "在我国,每天只是买菜就要用10亿个塑料袋",只是买菜就要10亿,我国每天使用塑料袋的数量肯定不止10亿。正确答案是C。

64.

> 沉默是金,表面上看简单容易,然而,并不是所有的人都能真正理解它的本质。曾经看到过这样一句话:话多不如话少,话少不如话好。这是教育我们对所遇到的事情,多用眼睛去看,多用耳朵去听,多用脑袋去思考,再谨慎得出结论。

A 保持沉默不难做到

B 沉默是金的本质很简单

C 沉默是金教育我们不要说话

D 多说无用的话不如先好好儿思考

【题解】 "话多不如话少,话少不如话好"说明话多但是没有用是不行的,话一定要有用。如何做到说"好"话呢?就是要"对所遇到的事情,多用眼睛去看,多用耳朵去听,多用脑袋去思考"。这篇短文的意思是:说话前应该好好儿思考,不要说没有用的话。

正确答案是D。

65.

> 爸爸和儿子看到一辆十分豪华的汽车。儿子对他的爸爸说:"坐这种车的人,肚子里一定没有学问。我看不起他们。"父亲回答:"说这种话的人,口袋里一定没有钱。"听了爸爸的话,儿子觉得非常惭愧。

A 坐豪华汽车的人没有学问

B 爸爸非常同意儿子的想法

C 儿子得出的结论非常片面

D 儿子看到别人有豪华汽车很惭愧

【题解】 这是一个富有深意的故事,主要考察考生对材料内容的理解能力。其中父亲的话是重点。

材料一开始,儿子看见豪华的汽车,就认为坐这种车的人一定没有学问。而父亲不赞同儿子的话,他认为有没有学问和坐什么车没有关系,坐豪华汽车的人也可能很有学问。他认为儿子的话太片面了。正确答案是C。

66.

> 一项调查表明汉语并不像外国人想象的那么难学。在经常出现和使用的汉字中,认识前面的581个汉字就可以听懂80%的日常用语,一个人如果掌握一万多

词、900多个汉字，就可以阅读90%的出版物。

A 调查表明外国人觉得学汉语很难

B 认识900个词就能阅读90%的出版物

C 在外国人的想象中，学习汉语非常难

D 认识581个字就能读懂80%的日常用语

【题解】 "一项调查表明汉语并不像外国人想象的那么难学"，说明在外国人想象中汉语很难学。正确答案是C。

67.

现在，女孩子们都喜欢穿牛仔裤。我们在调查后发现，不论身材如何，校园里100个女生中有90个穿的是牛仔裤，主要是蓝色的，只是深浅样式不同。剩下的10个里面有大约一半的人穿的是和牛仔裤相似的裤子，另一半人穿的是运动裤或裙子。

A 男孩子不喜欢穿牛仔裤

B 身材好的女孩子才穿牛仔裤

C 大多数女生喜欢穿蓝色的牛仔裤

D 100个女生中有一半穿运动裤或裙子

【题解】 "校园里100个女生中有90个穿的是牛仔裤，主要是蓝色的，只是深浅样式不同"，这句话说明校园里90%的女生喜欢穿牛仔裤，而且主要是蓝色的牛仔裤。正确答案是C。

68.

现在流行养宠物，在大街上总能看见有人抱着只狗啊、猫啊、香猪什么的。宠物消费也成了一种时尚，宠物商店、宠物医院、宠物学校、宠物餐厅都出现了。宠物行业会有很大的发展空间，但是现在宠物市场还不成熟，需要制定法律来管理。

A 市场里的宠物都不成熟

B 宠物有专门的看病的地方

C 大街上有很多没人要的动物

D 宠物需要生活在很大的空间里

【题解】 "宠物消费也成了一种时尚，宠物商店、宠物医院、宠物学校、宠物餐厅都出现了"，宠物医院的出现说明宠物有专门看病的地方。正确答案是B。

69.

3月4日早晨，台湾南部地区发生了强烈的地震，一共导致340所学校受灾。当地教育部门负责人表示，将立即寻找安全地点给学生上课。到昨天晚上10时30分，地震共造成96人受伤。

A 台湾北部地区发生了地震

B 一共有96人在地震中去世

C 地震破坏了340所学校的设施
D 学生们已经在安全的地方学习了

【题解】 地震"一共导致340所学校受灾",学校受灾指学校受到地震的影响,既包括人员的伤亡,也包括设施的毁坏。正确答案是C。

70.

> 一项调查显示,把钱放在银行的中国人从去年开始逐渐减少,原因是多方面的。除吃饭穿衣,25%的人把钱用在了看病上,46%的人把钱用在了教育上,9%的人买了车,20%的人用在了假期旅游和娱乐等方面。

A 钱放在银行里很不安全
B 中国人现在很重视教育
C 大约20%的人暑假去旅游
D 吃饭穿衣花的钱越来越少

【题解】 本题需要考生在对材料的理解基础上进行简单的分析。从文中给出的数据来看,把钱用在教育方面的人最多,占46%,是其他用途人数的2至5倍左右,这充分说明中国人现在很重视教育。正确答案是B。

第 三 部 分

第71—90题:请选出正确答案。

71—73.

> 小王对小张说:"我要离开这个公司。我恨死这个公司了,待遇差倒也没什么,关键是它从没给过我任何机会。"
> 小张建议道:"我举双手赞成你离开。这破公司一定要给它点儿颜色看看,不过你不应该现在离开。"
> 小王问:"为什么?"
> 小张说:"如果你现在走,公司的损失并不大。你应该趁着在公司的机会,尽量去为自己拉更多客户,成为公司不可缺少的人物,然后带着这些大客户突然离开公司,公司才会受到重大损失。"
> 小王觉得小张说得非常有道理,于是努力工作,半年后,他有了许多老客户。

再见面时小张对小王说："现在是时候了，要赶快行动哦！"

小王说："老总刚跟我长谈过，准备升我做总经理，我暂时没有离开的打算了。"

其实这也正是小张的目的：只有付出大于所得，让老板真正看到你的能力大于位置，才会给你更多的机会替他创造更多利润。

71. 小王为什么想离开公司？

A 待遇不高　　B 没有前途

C 没有客户　　D 跟经理关系不好

【题解】　小王说："待遇差倒也没什么，关键是它从没给过我任何机会！"小王提到了 A、B 两个选项，但可以看出，最重要的原因是没有机会，因为没有机会，就不可能有发展前途。正确答案是 B。

72. 听了小张的建议后，小王是怎么做的？

A 努力工作　　B 找新的公司

C 跟总裁长谈　D 马上离开公司

【题解】　文中提到："小王觉得小张说的非常有道理，于是努力工作，半年后，他有了许多老客户。"正确答案是 A。

73. 小张的真正目的是什么？

A 让小王跟老总谈谈

B 叫小王晚点儿离开公司

C 让小王给公司带来巨大损失

D 让小王明白努力工作才会受重视

【题解】　小王因为接受小张的建议升职了，"其实这也正是小张的目的：只有付出大于所得，让老板真正看到你的能力大于位置，才会给你更多的机会替他创造更多利润"，正确答案是 D。

74—77．

一个富有的银行家脾气很不好，对周围的一切都不满意，感到生活不快乐。一天，他听说附近住着一位聪明人，生活简单而幸福。银行家便去访问聪明人，希望从他那里找到快乐的秘密。

银行家认为自己很有钱，态度很骄傲，一进聪明人家的门就不停批评妻子不够体贴、孩子不够尊重自己、没有人感激自己，说自己如何富有、如何辛苦。

聪明人早就看出他不快乐的原因了，正发愁没有适当的方式向他说明这个简单的道理。突然，窗外传来儿童的笑声，聪明人忽然想出一个好办法，拉着他来到客厅窗前，问："透过窗户你看到了什么？"

"我看见男人、女人和几个小孩儿。那些孩子在玩儿……"银行家说。

"很好。"聪明人又拉着他走到客厅另一边，这边墙上挂着一面镜子。聪明人问道："告诉我，你在镜子里看到了什么？"

"当然是我自己了！"银行家已经开始没有耐心了。

"有意思，"聪明人说，"窗户是玻璃做的，镜子也是玻璃做的，唯一的区别是镜子的玻璃上加了薄薄的一层银。可仅仅因为多了这一点儿银，人们却再也看不到别人，只能看到自己了。"

74. 银行家是一个什么样的人？

A 很悲观　　B 有点儿懒

C 有点儿自私　D 头脑不灵活

【题解】　做这道题，考生需要对文章有一个整体的把握。银行家总觉得不满意，他觉得"妻子不够体贴、孩子不够尊重自己、没有人感激自己"，说自己"如何富有，如何辛苦"，说明他是对别人要求很高，却看不到自己的缺点，他的眼里只有他自己。他是一个自私的人。正确答案是C。

75. 关于银行家，下面哪项不正确？

A 事业很成功

B 觉得生活没意思

C 非常关心家人和朋友

D 是一个很难得到满足的人

【题解】　本题要选出不正确的一项。从文中可以看出银行家很富有，A是正确的；但他"对周围的一切都不满意，感到生活不快乐"，B、D也是正确的；结合74题，银行家是一个自私的人，他是不会关心家人和朋友的，因此C是错误的，是正确答案。

76. 窗户和镜子的区别是：

A 材料不同

B 镜子的后面涂了一层银

C 窗户比镜子多了一些东西

D 做镜子的玻璃质量比做窗户的好

【题解】　文中提到："窗户是玻璃做的，镜子也是玻璃做的，唯一的区别是镜子的玻璃上加了薄薄的一层银。"正确答案是B。

77. 聪明人认为银行家不幸福的原因是：

A 他还需要更多的钱

B 他看不到自己的问题

C 他不能在镜子里看到别人

D 他对自己和家人要求太严格

【题解】　银行家批评"妻子不够体贴、孩子不够尊重自己、没有人感激自己"，却觉得自己很富有很辛苦，说明他只看到了别人的问题，看不到自己的问题。他喜欢放大别人的缺点和自己的优点，忽视自己的缺点。正确答案是B。

78—82.

有个年轻人在自行车店学修车。有人送来一辆有毛病的自行车，新来的年轻人除了将车修好，还把车子擦得漂亮如新，其他人都笑他多此一举。后来车主把自行车取回去的第二天，年轻人被招到那位车主的公司上班了。——原来要获得机会很简单，勤劳一点儿就可以了。

有个工厂的主人，叫他的孩子每天在工厂里辛勤地工作，朋友对他说："你不需要让孩子如此辛苦，工人们一样能把产品做好的。"工厂主人回答说："我不是在生产产品，我是在教育我的孩子。"——原来教育孩子很简单，让他吃点儿苦就可以了。

住在田边的蛇对住在路边的蛇说："你这里太危险，搬来跟我住吧！"路边的蛇说："我已经习惯了，懒得搬了。"几天后，田边的蛇去看望路边的蛇，却发现它已被车子压死了。——原来改变命运的方法很简单，远离懒惰就可以了。

有几个小孩儿都很想成为一位老师的学生，老师给他们一人一面镜子，叫他们要每天擦，保持干净光亮，结果很多天过去了，老师一直没来，大部分小孩儿已不再擦那面镜子。有一天老师突然到来，大家的镜子上都有厚厚的土，只有一个被大家叫做"笨小孩儿"的小孩儿，每天都在擦，结果这个笨小孩儿成了老师的学生。——原来想实现理想很简单，只要认认真真地去做就可以了。

有些寻找金子回来的人在沙漠中行走，大家都走得很慢，非常痛苦，只有一人轻松地走着，别人问："你为何如此快乐？"他笑着说："因为我带的东西最少。"——原来快乐很简单，不要贪得无厌就可以了。

78. 那个修车的年轻人：

A 修车的技术很好

B 一直在修车店工作

C 免费给人把车子擦干净

D 跟店里的其他人一样勤劳

【题解】 文中提到："新来的年轻人除了将车修好，还把车子擦得漂亮如新。"正确答案是C。

79. 下面哪一条不是住在路边的蛇死去的原因？

A 生活习惯不健康

B 住的地方很危险

C 太懒了不愿搬家

D 没有听朋友的劝告

【题解】 注意本题要选出不是住在路边的蛇死去的原因。田里的蛇劝路边的蛇搬家,但它"已经习惯了,懒得搬了",没有听从朋友的劝告,结果被车压死了。B、C、D都是它死去的原因,只有A材料中没有提到,不是它死去的原因。正确答案是A。

80. "笨小孩儿"的故事告诉我们:

A 笨的人做事都认真

B 认真的人更容易成功

C 不认真的孩子也许很聪明

D 有的老师不喜欢聪明的学生

【题解】　"笨小孩儿"不是真的笨,而是很认真,作者有一句评语:"原来想实现理想很简单,只要认认真真地去做就可以了。"说明认真的人更容易成功。正确答案是B。

81. 最后一段"贪得无厌"的意思可能是:

A 有很多的钱

B 拿很重的东西

C 总想得到更多

D 为很小的利益而烦恼

【题解】　年轻人走得很轻松,是因为他"带的东西最少",不像其他人带着很多金子。这里的"金子"其实就是欲望,作者要说明的道理是:人要想快乐,减少欲望,才能知足常乐。正确答案是C。

82. 这篇文章的作者认为:

A 生活的道理其实很简单

B 想要得到幸福快乐的生活很难

C 我们要认真学习才能明白生活的道理

D 教育孩子的好方法是让他在工厂里劳动

【题解】　每个故事作者最后都有一句评语,一共是五句,见文中画线的句子。

这五句都是生活的道理,其中都有一个"简单",作者认为,生活的道理其实很简单。正确答案是A。

83—86.

俞敏洪是中国最大的外语培训学校新东方学校的创立者,现任新东方教育集团董事长。他1962年出生于江苏省江阴市的一个农村;1980年,三次高考之后进入北京大学英语系学习。

虽然进入了全中国最好的大学,俞敏洪的大学生活却并不幸福。他回忆北大生活时这样说:"我是全班唯一从农村来的学生,开始不会说普通话,结果被从A班调到较差的C班。进大学以前没有读过真正的书,大三因为生病一年没有上学。北大五年,没有一个女孩子爱我。"

1985年毕业后，俞敏洪留在北大英语系做老师，在教了四年书后，终于分到十平方米的房子，这让他更加热爱自己的工作了。但后来，看到很多同学、朋友都先后出国，俞敏洪忍不住了。他复习了很久，考了TOEFL和GRE，但成绩不理想，得不到奖学金。由于没钱交学费，他不得不在校外办起了TOEFL辅导班赚钱。领导对这件事感到非常生气，在全校师生面前批评了他，还降低了他的工资。俞敏洪只好选择了离开。"我当时觉得很生气，但现在我很感谢北大。"俞敏洪说，"如果一直在那里教书的话，现在我可能是北大英语系的一个副教授。"

现在的俞敏洪更想做一些别的事情。"我真心希望有一天可以离开新东方。我想做一些更有意义的事，比如写书，开车游走世界，或者到贫困山区教书。"他对记者这样说。

83．俞敏洪在大学的时候：

A 成绩很好

B 没有谈过恋爱

C 四年都认真地学习

D 一直不会说普通话

【题解】　俞敏洪说："北大五年，没有一个女孩子爱我。"正确答案是B。

84．俞敏洪办TOEFL辅导班：

A 是为了赚钱

B 经过了学校的同意

C 是在他去了美国以后

D 因为他TOEFL成绩很好

【题解】　文中提到："由于没钱交学费，他不得不在校外办起了TOEFL辅导班赚钱。"正确答案是A。

85．俞敏洪感谢北大当时的决定是因为：

A 他是北大的老师

B 他在北大学到了很多东西

C 他当时不想在北大做副教授

D 没有北大的决定就不会有他现在的成功

【题解】　北大的领导知道他在外面办TOEFL培训班后，"在全校师生面前批评了他，还降低了他的工资"，正是北大的决定促使他离开北大，自己创业，才有了现在的成功。正确答案是D。

86．俞敏洪现在：

A 已经在美国留学了

B 已经离开了新东方

C 是北大英语系的副教授

D 除了管理新东方还有一些更想做的事

【题解】　文中提到："现在的俞敏洪更想做一些别的事情。'我真心希望有一天可以离开新东方。我想做一些更有意义的事,比如写书,开车游走世界,或者到贫困山区教书。'他对记者这样说。"正确答案是D。

87—90.

> 王教授在一所学校做了一个有趣的实验。
>
> 开学时,他让校长把三位教师叫进办公室,对他们说:"根据过去的教学表现,你们是本校最优秀的老师。因此,我们特意挑选了100名全校最聪明的学生组成三个班让你们教。这些学生比其他孩子聪明,希望你们能让他们取得更好的成绩。"
>
> 三位老师都高兴地表示一定尽力。校长又向他们特意强调:对待这些孩子,要像平常一样,不要让孩子或孩子的家长知道他们是被特意挑选出来的。老师们都答应了。
>
> 一年之后,这三个班的学生成绩果然排在整个地区的前列。这时,校长告诉了老师们真相:这些学生并不是刻意选出的最优秀的学生,只不过是随意挑出来的最普通的学生。老师们没想到会是这样,都认为自己的教学水平确实高。这时校长又告诉了他们另一个秘密,那就是,他们也不是被特意挑选出的全校最优秀的教师,也不过是普通老师。
>
> 这个结果正是教授所想要的:这三位教师都认为自己是最优秀的,并且学生又都是最聪明的,因此工作自然非常卖力,结果肯定非常好了。
>
> 在做任何事情以前,如果能够充分肯定自我,就等于已经成功了一半。当你面对挑战时,你不妨告诉自己:你就是最优秀的和最聪明的,那么结果肯定完全不同。

87. 这次实验有什么秘密?

A 学生特别优秀

B 学生是专门挑出来的

C 老师和学生都很普通

D 教师的教学水平非常高

【题解】 这次实验的真相是"这些学生并不是刻意选出的最优秀的学生,只不过是随意挑出来的最普通的学生";老师"也不是被特意挑选出的全校最优秀的教师,也不过是普通老师"。正确答案是C。

88. 这三个班学生的成绩为什么好?

A 教师很优秀

B 学生特别聪明

C 得到学校的支持

D 教师对工作充满信心和热情

【题解】 文中提到:"这三位教师都认为自己是最优秀的,并且学生又都是最聪明的,因此工作自然非常卖力,结果肯定非常好了。"正确答案是D。

89. 根据上文,下面哪项正确?
　　A 教授对实验结果不满意
　　B 教师的工作态度跟以前一样
　　C 这个实验中心理因素是关键
　　D 学生知道自己是被特意挑出来的

【题解】　在这个实验中,老师和学生都很普通,但他们以为自己是最优秀的,这种自信心帮助他们取得了优秀的成绩。正确答案是C。

90. 作者主要想告诉我们什么?
　　A 骗人并不总是坏事
　　B 自信是成功的关键
　　C 成绩跟是否聪明无关
　　D 教师在教育中的重要性

【题解】　文中提到:"在做任何事情以前,如果能够充分肯定自我,就等于已经成功了一半。"正确答案是B。

三、书写部分题解

第 一 部 分

第 91—98 题：完成句子。

91. 说服　似乎　小伙子　被　了

【题解】从"被"可以看出，这是一个"被"字句。"被"字句的结构是："主语（动作对象）＋被＋宾语（动作发出者）＋谓语＋其他成分"，有时候，"被"后面的宾语可以省略。

　　本题中，"小伙子"是主语，即动作对象；"说服"是谓语动词；"了"可放在句末或动词之后，在本句中应该放在句末。句子的主干是"小伙子被说服了"。

　　"似乎"是副词，用来做状语，放在动词前。但在"被"字句或"把"字句中，状语要放在"被"或"把"的前面，因此完整的句子是"小伙子似乎被说服了"。

92. 你们老板的　煮得　确实　饺子　难吃

【题解】本题有一个动词"煮"，有一个名词"饺子"，说明这是一个动词谓语句。从"煮得"的"得"可以看出，这是一个带补语的动词谓语句，形容词"难吃"是"煮得"的补语。句子的主干是"饺子煮得难吃"。

　　"你们老板的"应该是"饺子"的定语，因此句子可扩展为："你们老板的饺子煮得难吃"。"确实"是副词，用来做状语，既可以用来修饰动词，也可以用来修饰形容词，因此可以说"你们老板的饺子确实煮得难吃"，也可以说"你们老板的饺子煮得确实难吃"。

93. 绝对　单调的　称不上　生活　完美

【题解】本题有一个带补语的动词词组"称不上"，有一个名词"生活"，还有一个形容词"完美"。和92题一样，这应该是一个带补语的动词谓语句，句子的主干是"生活称不上完美"。

　　"绝对"是形容词，可以用来做状语修饰动词或形容词，本句中用来修饰"称不上"或"完美"。"单调的"是主语"生活"的定语，因此完整的句子是"单调的生活绝对称不上完美"或"单调的生活称不上绝对完美"。

94. 用剪刀　破　把牛仔裤　剪　孩子　了

【题解】从"把牛仔裤"可以看出，这是一个"把"字句。"把"字句结构是："主语（动作发出者）＋把＋宾语（动作对象）＋谓语＋其他成分"，因此句子的主干应该是"孩子把牛仔裤剪"。

"破"是谓语动词"剪"的补语，放在"剪"之后；"了"可放在动词后或句末，本句中应放在句末，句子可以扩展为"孩子把牛仔裤剪破了"。

"用剪刀"是"剪"的方式，放在"把"的前面，完整的句子是"孩子用剪刀把牛仔裤剪破了"。

95. 主动　承担　居然　最艰巨的　老王　任务

【题解】本题有一个动词"承担"，有两个名词"老王"和"任务"，因此这是一个动词谓语句，"老王"是句子的主语，"任务"是"承担"的宾语，句子的主干是"老王承担任务"。

"最艰巨的"是定语，用来修饰"任务"，句子可以扩展为"老王承担最艰巨的任务"。

"主动"是形容词，用作状语修饰谓语动词"承担"；"居然"是语气副词，修饰整个句子，"主动"和"居然"连用时，语气副词"居然"放在形容词"主动"之前，因此完整的句子是"老王居然主动承担最艰巨的任务"。

96. 协调　要尽量　各方面的　利益　我们

【题解】本题有一个动词"协调"，有一个名词"利益"，有一个代词"我们"，因此这是一个动词谓语句，"我们"是句子的主语，"利益"是"协调"的宾语，句子的主干为"我们协调利益"。

"要尽量"是能愿动词"要"和副词"尽量"的组合，放在谓语动词前；"各方面的"是定语，用来修饰宾语"利益"。完整的句子是"我们要尽量协调各方面的利益"。

97. 建议　几个　专家的　比较　合理　相对

【题解】本题的难点是判断"建议"的词性，进而判断句子的结构。"建议"可做动词，也可以做名词。本句中，如果"建议"是动词，句子就没有名词，"专家的"这个定语就没有词语可以修饰，因此"建议"应该是名词，做句子的主语。本句中没有动词，说明这是一个形容词谓语句。"合理"是谓语，句子的主干是"建议合理"。

"专家的"是"建议"的定语，放在"建议"之前，句子可扩展为"专家的建议合理"。

"几个"也是定语，既可以修饰"专家"，也可以修饰"建议"，因此句子可以扩展为"几个专家的建议合理"或"专家的几个建议合理"。

"比较"和"相对"都是副词，用作谓语"合理"的状语，一般情况下，程度副词直接修饰形容词，因此程度副词"比较"要放在"相对"之后，完整的句子是"几个专家的建议相对比较合理"或"专家的几个建议相对比较合理"。

98. 愿望 曾经的 实现了 终于

【题解】从本题给出的几个词语来看，有一个动词"实现"，有一个名词"愿望"，因此这是一个省略了宾语的动词谓语句，句子的主干是："愿望实现了"。

"曾经的"做定语，用来修饰主语"愿望"；"终于"是副词，用来修饰动词"实现"。因此句子扩展为"曾经的愿望终于实现了"。

第 二 部 分

第 99—100 题：写短文。

99. 请结合下列词语（要全部使用），写一篇 80 字左右的短文。

健身房 操场 满足 果然 毕业

【题解及步骤】

1. 考生首先要根据重点词语确定短文的中心内容。本题中，中心词语是"健身房"和"操场"，这两个词都和运动有关。

2. 构思短文内容。本题中，"健身房"和"操场"都和运动有关，"满足"的宾语一般是"要求"、"愿望"、"需求"等，因此思路可以是：学校满足了学生使用健身房或操场的需求。"毕业"是动词，但和运动很难联系起来，我们可以考虑把它变成时间词"毕业前"。

例文如下：

刚上大学的时候，学校里只有一个操场，下雨了就不能锻炼身体。为了满足同学们能在室内运动的要求，学校决定加快健身房的建设速度，果然，在我们毕业前就建好了健身房。

100. 请结合这张图片写一篇 80 字左右的短文。

【解题技巧分析】

  考生要根据图片的类型确定短文的内容和形式。本题的图片属于标识类，标识类主要有两种写法："描写＋议论型"和"议论型"。图片的意义是"禁止使用手机"，由于图片内容比较简单，不用描写，我们直接采用"议论型"，讨论一下这个标识的使用地点及作用等。

  例文如下：

  这是一个"禁止使用手机"的标识。我们经常在图书馆、电影院、医院病房等场所看见这样的标识，因为这些地方都需要保持安静，使用手机会影响别人的学习、活动或休息，是很不礼貌的行为。

新汉语水平考试 HSK（五级）全真模拟题 5 答案

一、听　力

第一部分

1. A	2. C	3. A	4. B	5. C
6. D	7. D	8. D	9. B	10. C
11. C	12. D	13. D	14. D	15. A
16. D	17. B	18. B	19. D	20. D

第二部分

21. D	22. B	23. C	24. B	25. D
26. D	27. D	28. A	29. C	30. A
31. C	32. C	33. C	34. C	35. B
36. A	37. C	38. B	39. D	40. A
41. D	42. D	43. B	44. C	45. D

二、阅　读

第一部分

46. C	47. A	48. B	49. B	50. D
51. C	52. C	53. A	54. B	55. C
56. D	57. B	58. C	59. A	60. D

第二部分

61. C	62. B	63. C	64. D	65. D
66. D	67. D	68. B	69. C	70. C

第三部分

71. C	72. D	73. D	74. B	75. C
76. D	77. D	78. C	79. A	80. B
81. D	82. B	83. A	84. B	85. D
86. D	87. D	88. D	89. C	90. B

三、书　写

第一部分

91. 鼠标不小心被摔碎了。
92. 离婚也不能彻底解决目前的问题。
93. 政府为志愿者们办理了多种形式的保险。
94. 相关企业承受着巨大的资金压力。
95. 这几种蔬菜的营养未必那么全面。
96. 上网把预订的房间取消了。
97. 博物馆的展览区设计得尤其巧妙。
98. 他非常珍惜他们共同的宝贵记忆。

第二部分

99. 现在电视台经常播出一个叫《社会》的电视节目，讨论一些和人民生活有关的社会现象，比如政府到底该不该提高低收入人群的待遇，年轻人工作后租房还是买房等等。节目很精彩，我非常喜欢看。

100. 近几年，为了提倡环保、减少城市的"白色污染"，大部分超市不再向顾客提供免费的塑料袋。虽然买一个塑料袋只要几毛钱，但去超市的时候，请顺便带一个购物袋。保护环境，要从身边的小事做起。

新汉语水平考试 HSK（五级）
全真模拟题 5 材料及题解

一、听力材料及听力部分题解

（音乐，30秒，渐弱）

大家好！欢迎参加 HSK（五级）考试。
大家好！欢迎参加 HSK（五级）考试。
大家好！欢迎参加 HSK（五级）考试。

HSK（五级）听力考试分两部分，共 45 题。
请大家注意，听力考试现在开始。

第 一 部 分

第 1 到 20 题：请选出正确答案。现在开始第 1 题：

1.
> 男：你看了这些故事之后有什么感想？
> 女：我觉得故事写的就是我们身边所发生的事情。
> 问：女的觉得故事怎么样？

  A 真实 B 抽象 C 糟糕 D 难看

【题解】 从选项来看，四个选项都是评价事物的形容词，考生在听材料时要注意说话人的语气。

  从听力材料来看，男的问女的看了故事后的感想，女的回答："我觉得故事写的就是我们身边所发生的事情。"这句话的意思是这些故事很真实。正确答案是A。

2.
> 男：我最近经常头疼、失眠，想去看医生。
> 女：我觉得可能是因为你的学习压力太大了，要适当地调整和放松自己，用不着去医院。
> 问：女的主要是什么意思？

A 男的状况很糟糕
B 男的应该去看医生
C 男的没必要去医院
D 男的缺少学习动力

【题解】 从选项来看，B、C 两个选

项都和"医院"、"医生"有关,答案可能集中在这两项上。

从听力材料来看,男的说自己不舒服,想看医生。女的觉得男的不舒服的原因是压力太大,但没必要去医院。正确答案是C。

3.

> 男:自从了解到吸烟对身体没有任何好处之后,我就想戒烟了,不知道能不能成功?
> 女:戒烟可不是随便说戒就能戒的事情,那得看你有没有决心。
> 问:女的对戒烟有什么看法?

A 很难　　B 没必要
C 很可怕　D 很轻松

【题解】 从听力材料来看,男的说自己想戒烟,但没有对戒烟作出评价,说明本题的重点是女的话;女的认为"戒烟可不是随便说戒就能戒的事情,那得看你有没有决心",说明女的认为戒烟是一件很不容易的事。正确答案是A。

4.

> 女:你为什么每次都带我来这个酒吧呢?我们第一次见面的地方好像不是这儿吧?
> 男:不是,就是觉得这个酒吧的装修设计很有味道。

> 问:男的为什么爱来这个酒吧?

A 酒的口味多
B 喜欢酒吧的设计
C 对他有特殊意义
D 酒吧的气味很好闻

【题解】 从选项来看,对话应该和"酒"、"酒吧"有关。问题可能是"他为什么喜欢这个酒吧",C中的"他"很可能就是男的说话人,考生在听材料时一定要注意男的说的话。

从听力材料来看,女的问男的每次都来这个酒吧的原因,男的回答:"就是觉得这个酒吧的装修设计很有味道。"这里的"味道"是指这个酒吧的装修很有特色、很有情调,他很喜欢。正确答案是B。

5.

> 男:最近隔壁的邻居还大声吵闹吗?
> 女:自从我们那天找他谈话之后,就再也没吵过。
> 问:关于邻居,下列哪项正确?

A 善良　　　B 大方
C 变自觉了　D 喜欢大声说话

【题解】 根据听力材料,男的问:"最近隔壁的邻居还大声吵闹吗?"说明他们的邻居常常大声吵闹;女的找过他们后,他们不再吵闹,变自觉了。A、B两个选项都不能从文中看出来,肯定是不对的;D与"大声吵闹"不符。正确答案是C。

6.

> 男：如果想锻炼腿部，我推荐你使用跑步机。每十五分钟就喝一次水，不过每周使用跑步机的次数不要超过四次。
> 女：好的，教练。谢谢你！
> 问：这段话最有可能发生在哪儿？

A 超市　　B 操场
C 商场　　D 健身房

【题解】　从选项来看，这是一道地点题。这一类型的题目，一定会在对话中出现有明显特征的事物。有时，说话人之间的称呼也可以成为参考，如"服务员"表示在餐馆，"护士"表示在医院等。

在听力材料中，出现了"锻炼腿部"、"跑步机"等词汇，同时女的称呼男的为"教练"，说明这段对话发生在健身房中。正确答案是D。

7.

> 男：受到功夫电影和功夫明星的影响，越来越多的外国人开始喜欢上了中国武术。武术在北京奥运会上已经成为特设项目。
> 女：是啊，希望有一天中国的武术能成为奥运会的正式比赛项目。
> 问：根据对话，下列哪项正确？

A 外国人不喜欢武术
B 功夫电影没有影响
C 只有中国人才喜欢武术
D 武术不是奥运会正式比赛项目

【题解】　从选项来看，这是一道关于中国功夫的判断题。从常识来判断，A、B、C都是错的。

根据材料，男的话说明功夫电影在国外有影响力，很多外国人都喜欢武术，因此A、B、C三个选项都是错的；女的说："希望有一天中国的武术能成为奥运会的正式比赛项目。"说明武术还不是奥运会的正式比赛项目。正确答案是D。

8.

> 男：真糟糕！今天太着急，忘记带钱了，你能帮我买张票吗？回去马上还你。
> 女：我像一个小气的人吗？
> 问：女的主要是什么意思？

A 不想帮他买票
B 自己也没带钱
C 觉得男的小气
D 可以帮男的买票

【题解】　从选项来看，这道题和"买票"有关。根据材料，男的让女的帮他买张票，女的回答："我像一个小气的人吗？"这是一个反问句，意思是

"我可不是小气的人",她可以给男的买票。正确答案是D。

9.

> 女：你别天天都待在图书馆，应该运动一下。明天是周末，我们去爬山吧。
> 男：天气太热了，与其去爬山，不如去游泳。
> 问：根据对话，可以知道什么？

A 女的不喜欢运动
B 男的明天想去游泳
C 女的明天不想去爬山
D 男的明天想去图书馆

【题解】 本题的关键是听懂男的和女的明天打算干什么。在听力材料中，女的劝男的"应该运动一下"，说明女的喜欢运动，并建议明天爬山，A、C是错误的；男的说："与其去爬山，不如去游泳。"说明他想明天去游泳，B是正确的，D是错误的。B为正确答案。

10.

> 男：昨天我和同学轮流排队，终于买到了两张电影票，给你！
> 女：真是太好了！总算能看上这部电影了！
> 问：根据对话，可以知道什么？

A 票很容易买
B 买票的人不多
C 女的想看这部电影
D 男的会和同学去看电影

【题解】 从听力材料来看，男的"和同学轮流排队，终于买到了两张电影票"，说明买票的人很多，票很难买，A、B都是错的；男的和同学一起买电影票，而不是一起看电影，D也是错的；女的说："真是太好了！总算能看上这部电影了！"说明她很想看这部电影，C是正确的。

11.

> 女：我上次考试成绩很差，我觉得试卷太难了，你呢？
> 男：我也觉得很难，但居然考了70分。
> 问：根据对话，可以知道什么？

A 女的考得不错
B 男的觉得试卷不难
C 男的对成绩很满意
D 男的比女的爱学习

【题解】 从听力材料来看，女的说"她上次考试成绩很差"，A错误；女的觉得试卷难，男的也说："我也觉得很难。"说明B错误；男的话"居然考了70分"中"居然"一词说明男的没想到考得这么高，他对成绩很满意，C正确；D从材料中看不出，是错误的。因此答案是C。

269

12.

> 男：您好！这种充电器质量很好，体积小，使用方便，价格也不错。
> 女：还可以，要是再便宜些我就买了。
> 问：女的主要是什么意思？

A 不想买　　B 质量不好
C 使用不方便　D 价格有点儿贵

【题解】　根据材料，男的向女的推荐充电器，女的说："要是再便宜些我就买了。"说明女的觉得价格有点儿贵。正确答案是D。

13.

> 女：您觉得这部连续剧怎么样？
> 男：还不错，只是爱情的话题太多了，忽视了生活中的其他方面，未免有些单调。
> 问：男的主要是什么意思？

A 这部连续剧很差
B 不应该有爱情话题
C 这部连续剧不单调
D 应该反映生活中的其他方面

【题解】　从听力材料来看，女的问男的这部连续剧怎么样，男的回答："还不错，只是爱情的话题太多了，忽视了生活中的其他方面，未免有些单调。"这说明，男的认为连续剧还不错，A错误。连续剧中爱情的话题太多，但没说不应该有，B错误。连续剧有些单调，C也是错误的。连续剧应该反映生活中的其他方面，D是正确的。

14.

> 女：为什么小孩儿都喜欢看动画片呢？
> 男：因为动画片情节简单，容易理解，小孩儿都看得懂，而且人物可爱，大多是童话故事改编而成，很有意思。
> 问：小孩儿为什么喜欢动画片？

A 能学到知识
B 没有别的选择
C 小孩子比较单纯
D 动画片好懂又好玩儿

【题解】　根据听力材料，关键是男的意思是动画片容易懂又很有趣。正确答案是D。

15.

> 男：听说你儿子在这次全国演讲比赛中得了冠军，是真的吗？
> 女：对，那是他自己刻苦努力取得的成绩。我很为他感到骄傲。
> 问：女的是什么心情？

A 自豪　B 乐观　C 吃惊　D 平静

【题解】　从听力材料来看，女的儿子得了演讲比赛冠军，女的"为他感到骄傲"，"骄傲"和"自豪"是同义词，正确答案是A。

16.

> 男：我想去考驾照，听说很容易。是不是每个人都能拿到驾照？
> 女：去年就有超过百分之十的人没拿到。
> 问：根据对话，可以知道什么？

A 考驾照很难
B 考驾照非常容易
C 考驾照的人很多
D 有些人没通过考试

【题解】 从听力材料来看，男的听说考驾照很容易，女的说："去年就有超过百分之十的人没拿到。"说明考驾照没有想象的那么容易，不是所有考的人都能拿到驾照，因此B错误，D正确；C材料中没有提到，也是错误的；A也不符合文义，因此正确答案是D。

17.

> 女：今天都星期三了，你这个实验究竟什么时候能做完？实验报告要尽快交上来。
> 男：原来打算今天交的，不过前两天跟领导出差耽误了不少时间，这样吧，我明天一定交给你。
> 问：男的什么时候交报告？

A 星期三　　B 星期四
C 星期五　　D 周末

【题解】 在听力材料中，女的说："今天都星期三了。"而男的说："我明天一定交给你。"说明明天是星期四，因此B是男的交报告的时间。正确答案是B。

18.

> 女：我每天都要上网浏览新闻，查看邮件。但是这两天我的电脑中病毒了，好多网页都打不开，你能帮我看看吗？
> 男：没问题，说不定是你的杀毒软件过期了。
> 问：根据对话，可以知道什么？

A 女的不常上网
B 女的电脑出问题了
C 女的喜欢上网玩儿游戏
D 女的电脑没有装杀毒软件

【题解】 从听力材料来看，女的"每天都要上网浏览新闻，查看邮件"，说明她经常上网，但不是玩儿游戏，所以A、C都是错的；女的"电脑中病毒了，好多网页都打不开了"，B是正确的，因此正确答案是B。

19.

> 女：我是一个足球迷。昨天看了你解说的那场足球赛，你解说得真是太精彩了！

271

男：谢谢！很少有女性爱看足球。
问：男的最有可能是做什么的？

A 记者　　　B 教练
C 运动员　　D 解说员

【题解】　从选项来看，这是一道身份题。考生首先看能不能通过说话人之间的称呼判断说话人身份，如果没有称呼或从称呼看不出来，则要结合对话的内容判断。

从听力材料来看，女的说："昨天看了你解说的那场足球比赛，你解说得真是太精彩了！"说明男的是一个解说员，正确答案是 D。

20.

女：我特别喜欢吃油炸食物，今天特意给你也带了点儿。

男：油炸食物不仅没有任何的营养价值，吃了以后对身体也不好。我喜欢吃新鲜的蔬菜水果。
问：关于男的，下列哪一项正确？

A 身体不太好
B 喜欢吃油炸食物
C 平常只吃蔬菜和水果
D 觉得油炸食品不健康

【题解】　从听力材料来看，男的说："油炸食品不仅没有任何的营养价值，吃了以后对身体也不好。"说明男的觉得油炸的食品不健康，D 是对的；男的说："我喜欢吃新鲜的蔬菜水果。"并没有说他只吃蔬菜水果，所以 C 是错的；A 选项从材料中看不出，也是错的。B 和女的有关，和男的没有关系。因此答案是 D。

第 二 部 分

第 21 到 45 题：请选出正确答案。现在开始第 21 题：

21.

男：回家过年身上不要带太多现金，不安全。
女：那该怎么办呢？
男：可以去银行办理银行卡，在各地都能取钱，另外，信用卡也是一个不错的选择。
女：好主意！我马上去办。
问：根据对话，可以知道什么？

A 男的要回家
B 女的正在办卡
C 女的有信用卡
D 男的建议办银行卡

【题解】　从听力材料来看，男的建议女的："可以去银行办理银行卡，……，信用卡也是一个不错的选择。"D 是正确的;女的"马上去办",说明她没有银行卡,也没有信用卡,B、C 都是错误的;A 选项在材料中看不出来,所以 A 也是错误的。正确答案是 D。

22.

> 女:你太过分了,结婚竟然不告诉我。你还当我是你的好朋友吗?
> 男:别生气了,我和我妻子商量好了,连婚礼都没办,也没有请客。
> 女:结婚是一辈子的大事,这样也太简单了吧?
> 男:我们本来就不想太复杂,我们用办婚礼的钱出去旅游了一趟,还拍了不少照片,留下了很多美好的回忆,这不是也很有意义吗?你说呢?
> 问:关于男的,可以知道什么?

A 没结婚　　　　B 没办婚礼
C 跟女的不熟　　D 请女的去旅游

【题解】　从听力材料来看,女的抱怨男的结婚没告诉她,说:"你还当我是你的好朋友吗?"说明两人是好朋友,C 错误;男的说:"我和我妻子商量好了,连婚礼都没办,也没有请客。"说明男的已经结婚了,但是没办婚礼,A 错误,B 正确;男的和妻子"用办婚礼的钱出去旅游了一趟",而不是

"请女的去旅游",D 也是错误的。正确答案是 B。

23.

> 女:看你瘦了这么多,最近工作很忙吗?
> 男:最近一直在忙装修呢。从装修材料、家用电器到家具都是我一个人负责的。
> 女:你可真能干,怎么不请一个设计师呢?
> 男:我想按照自己喜欢的风格来装修,还可以省点儿钱,就是太累了。
> 问:关于男的,可以知道什么?

A 很有钱　　　　B 在减肥
C 自己装修　　　D 是设计师

【题解】　从听力材料来看,男的瘦了很多,因为男的最近一直在忙装修,"从装修材料、家用电器到家具都是我一个人负责的",说明男的是自己在负责装修;C 正确,正确答案为 C。

24.

> 男:我知道有一家饭馆的水煮鱼做得很地道,我们去吃吧。
> 女:你怎么那么爱吃水煮鱼啊?我对这个兴趣不大。
> 男:水煮鱼多好吃啊,又香又辣。

女：以后少吃点儿吧，那哪是水煮鱼，简直就是油煮鱼，我就搞不懂为什么叫水煮鱼。
问：女的是什么意思？

A 水煮鱼很香
B 水煮鱼不健康
C 水煮鱼油越多越好
D 对水煮鱼很感兴趣

【题解】 从听力材料来看，男的建议女的和他一起去吃水煮鱼，女的说："我对这个兴趣不大。"后来女的又说："以后少吃点儿吧，那哪是水煮鱼，简直就是油煮鱼。"说明女的觉得水煮鱼油放得太多，不利于身体健康，不要吃得太多。因此正确答案是B。

25.

女：喂，李先生吗？这里有您的一个包裹，请您下来领一下。
男：我现在有事走不开，先放你那儿吧，下班的时候我去拿。
女：好像不行，要您本人签字才行。
男：那稍等一下可以吗？大概五分钟左右我就下来。
问：男的正在做什么？

A 签字   B 等人
C 寄包裹   D 打电话

【题解】 从整段对话来看，特别是开始女的说："喂，李先生吗？"说明她

在和男的打电话，让他下来拿包裹，D是男的正在做的事。A是男的将要做的事；文中也提到了"包裹"，但是"收包裹"，不是"寄包裹"，C是错的；B和本题无关，也是错的。因此正确答案是D。

26.

男：我肚子突然疼起来了，我想去厕所。
女：你晚上在餐厅吃饭都吃了些什么？
男：点了海鲜和烤鸭，喝了两瓶啤酒。恐怕是海鲜不新鲜。
女：那赶紧去吧！
问：关于男的，下面哪项不正确？

A 肚子疼   B 喝了酒
C 想去厕所   D 吃了海鲜和饺子

【题解】 从听力材料来看，男的说："我肚子突然疼起来了，我想去厕所。"A、C都是对的；女的问男的晚上吃了什么，男的"点了海鲜和烤鸭，喝了两瓶啤酒。"B是正确的，D是错的。本题要求选出不正确的一项，因此正确答案是D。

27.

男：大夫，麻烦你给我看看脚。昨天打篮球的时候受伤了，今天感觉更疼了。

女：我来看看。
男：不会是骨头断了吧，需要手术吗？
女：别紧张，没那么严重，我给你开点儿药，在家休息几天就没事了。
问：关于男的，可以知道什么？

A 骨头断了　　B 需要手术
C 昨天踢球了　D 应该在家休息休息

【题解】　从材料中提到，男的"昨天打篮球的时候受伤了"，说明 C 是错误的；男的问女的是不是骨头断了，需不需要手术，女的说："别紧张，没那么严重。"说明 A、B 都是错的；男的只需要"在家休息几天就没事了"，因此 D 为正确答案。

28.

女：这次联系合作办学的事您准备让谁去？
男：我看小汤和小李都可以去，他们都有专业背景，办事也细心。
女：我看应该找一个有经验的人去。
男：那就让小汤去吧。
问：没有让小李去的原因是：

A 小李没有经验
B 小李有专业知识
C 小李办事不细心
D 他们不喜欢小李

【题解】　材料中女的问男的这次派谁去联系合作办学，男的认为"小汤和小李都可以去，他们都有专业背景，办事也细心"，说明小李有专业知识，办事也细心，B 说法正确，但不是小李不去的原因。C 说法错误；女的说："我看应该找一个有经验的人去。"男的推荐小汤去，说明"小李没有经验"，这是没让小李去的原因，因此 A 为正确答案。

29.

男：我觉得咱们孩子的钢琴老师不大会教小孩儿，他讲得太抽象了，要不咱们换一个吧？
女：我也有这种感觉，虽然咱们孩子有点儿马虎，不够耐心，但学的内容也不难啊。
男：那咱们再试一个月，你看可以吗？
女：好的，我们可以再去别的钢琴班看看。
问：根据对话，孩子学不好钢琴的主要原因是：

A 曲子太难了
B 孩子不够耐心
C 老师教得一般
D 孩子有点儿马虎

【题解】　从选项来看，这是一道选择题，内容和学曲子有关。我们推测，孩子的学习效果不太好，问题问的是学得不太好的原因。

从听力材料来看，男的认为"孩子的钢琴老师不大会教小孩儿，他讲得太抽象了"，女的也有这种感觉，说明老师教得不太好是孩子学不好的原因。因此C为正确答案。

30.

> 女：你今天怎么了？打了好几个喷嚏。是不是有人想你了？
> 男：昨晚感冒了。你说有人想我是什么意思？
> 女：在中国有些地方有这么一种说法：要是一直打喷嚏，就表示有人想念你了。
> 男：是吗？我以前从来没听说过，真有意思。
> 问：关于男的，可以知道什么？

A 生病了　　　　B 很想父母
C 有人想念他　　D 要去中国旅游

【题解】　从听力材料来看，女的问男的打喷嚏的原因，男的说："昨晚感冒了。"说明他生病了，A是正确答案。

第31到32题是根据下面一段对话：

> 男：快告诉我，检查结果怎么样？
> 女：医生说不要紧，但是要住院观察一段时间。
> 男：一段时间到底是多长时间？
> 女：医生说最少要两个星期。

> 男：那儿子这次参加不了比赛了？
> 女：被撞成这样，还比赛呢，都快吓死我了。

31. 他们的儿子怎么了？

A 得病了　　　　B 逃走了
C 被车撞伤了　　D 正参加比赛

【题解】　从听力材料来看，女的说："医生说不要紧，但是要住院观察一段时间。"说明有人要么生病了，要么受伤了，B、D都不对；后面的对话中，我们发现他们在说自己的儿子，女的话"被撞成这样，还比赛呢，都快吓死我了"，说明儿子被车撞伤了。正确答案是C。

32. 医生认为情况严重吗？

A 很严重
B 不知道
C 不太严重
D 无任何问题

【题解】　材料中女的提到："医生说不要紧，但是要住院观察一段时间"，说明医生认为儿子伤得不太严重，因此正确答案是C。

第33到34题是根据下面一段对话：

> 女：你听说了吗？张红嫁了个有钱人。
> 男：我认为女人最重要的还是找份好工作。嫁得好不是幸福的保证。

> 女：在这点上我们有共同语言，我认为女人不工作就等于没有了一切，谁能保证丈夫会爱妻子一辈子呢？
> 男：这和爱不爱没有关系，主要是在现代社会中，家庭已经不是女性展现自己的唯一舞台了。
> 女：是啊，现代女性比以前更加独立了。
> 男：这是个好现象。

33. 他们在谈论什么？

　　A 女人该不该结婚
　　B 女人和男人谁更重要
　　C 女人也应该重视工作
　　D 男人不会永远爱一个女人

【题解】　从听力材料来看，男的认为"女人最重要的还是找份好工作"，女的认为"女人不工作就等于没有了一切"，说明他们在讨论女人和工作的关系，两人的观点一致，都认为女人应该重视工作。正确答案是C。

34. 根据对话，下面哪句话不正确？

　　A 嫁得好不一定就幸福
　　B 女人应该有自己的工作
　　C 有了家庭，男人就不爱女人了
　　D 女人没有工作，婚姻也不保险

【题解】　从听力材料来看，男的认为"嫁得好不是幸福的保证"，A 正确；女的认为"女人不工作就等于没有了一切"，谁也不能保证丈夫会爱妻子一辈子，说明 D 正确；男的和女的都认为，女人应该有自己的工作，B 也是正确的；本题要求选出不正确的一项，C 说法错误，因此 C 为正确答案。

第35到36题是根据下面一段话：

> 张东长得很英俊，听说足球明星都很富，他就来到一个足球俱乐部，对教练说："如果你让我参加比赛，我一定会成为明星，会有很多女球迷喜欢我！"教练见他这么自信，就让他参加了一次训练。比赛结束后教练对张东说："有两样东西妨碍你成为优秀的足球运动员。"张东赶紧问道："什么东西？""你的左脚和右脚。"

35. 张东为什么想当足球明星？

　　A 自己长得帅
　　B 想挣很多钱
　　C 是小时候的梦想
　　D 想得到女球迷的支持

【题解】　从材料来看，张东"听说足球明星都很富"，就来到足球俱乐部向教练要求参加比赛，说明他想踢球的原因是想挣很多钱。正确答案是B。

36. 张东在训练中表现怎么样？

　　A 非常差
　　B 中等水平
　　C 得到了教练的肯定
　　D 非常好，但是脚却受伤了

【题解】 从听力材料来看，教练让张东参加了训练，然后对他说："有两样东西妨碍你成为优秀的足球运动员。"——"你的左脚和右脚。"说明教练认为张东不适合踢足球。这篇短文是一则笑话，它的笑点就是最后一句话，考生一定不能从字面上理解这句话的意思。本题问的是："张东在训练中表现怎么样？"正确答案是A。

第37到38题是根据下面一段话：

> 观众朋友们，晚上好，北京电视台现在为您发布北京地区天气预报。先来了解一下北京地区今天晚上到明天的天气情况：今天夜间晴转多云，偏北风3、4级转6级，最低气温零下6摄氏度。明天白天晴，北转南风2级，最高气温5摄氏度，空气质量良好，适合出行。由于受到北方冷空气影响，本市下周将出现大面积降雪，请市民们注意防寒保暖。

37. 明天最高气温是多少度？
　A 2℃　B 3℃　C 5℃　D 6℃

【题解】 结合37、38题选项，我们推测这段短文跟天气预报有关。天气预报里的数字，一般不需要计算，所以考生在听材料时，只要听清楚细节和问题就行了。

本题关键是要听清问题。本题问的是："明天最高气温是多少度？"正确答案是C。

38. 从这段话，可以知道什么？
　A 明天有大风
　B 下周可能会下雪
　C 明天不适合出行
　D 今天空气质量良好

【题解】 听力材料中没有提到空气质量，所以D错误；明天"白天晴，北转南风2级，最高气温5摄氏度。空气质量良好，适合出行"，明天的风力只有2级，风很小，所以A错误；明天适合出行，C也错误；下周"将出现大面积降雪"，因此B为正确答案。

第39到42题是根据下面一段话：

> 一个有名的画家被请来给皇帝画像。在画像过程中，皇帝问画家："比较起来，什么东西最难画呢？"画家回答说："活动的狗和马都是最难画的，我画得也不怎么好。"皇帝又问道："那什么东西最容易画呢？"画家说："画鬼最容易。""为什么呢？""因为狗和马这些东西人们都熟悉，经常出现在人们的眼前，只要画错哪怕一点点，都会被人发现并指出毛病，所以很难画，特别是跑动中的狗和马。至于鬼呢，谁也没见过，没有确定的形体，也没有明确的相貌，那就可以由我随便画，想怎

> 样画就怎样画，画出来后，谁也不能证明它不像鬼，所以画鬼是很容易的。"

39．画家说什么东西最难画？

　　A 狗　　　　B 马
　　C 鬼　　　　D 活动的动物

【题解】　从听力材料来看，皇帝问画家什么最难画，画家说："活动的狗和马都是最难画的。"因此答案为D。

40．画家认为什么东西最容易画？

　　A 鬼　B 人　C 动物　D 皇帝

【题解】　材料中画家提到："画鬼最容易"，因此正确答案是A。

41．"鬼"与"狗"等动物的区别是：

　　A 是否难画
　　B "鬼"是假的
　　C "鬼"不会运动
　　D 没人知道"鬼"的样子

【题解】　材料中，画家提到："狗和马这些东西人们都熟悉，经常出现在人们的眼前"，"至于鬼呢，谁也没见过，没有确定的形体，也没有明确的相貌"，因此没人知道"鬼"的样子，D为正确答案。

42．根据上文，下面哪项正确？

　　A 画家就是鬼
　　B 皇帝喜欢画画儿
　　C 画家最会画狗和马

　　D 越是熟悉的东西越难画

【题解】　从选项来看，作为这篇短文的最后一题，42题很可能和这篇短文的寓意有关。一般这样的故事，都有比较深刻的内涵。从整篇短文来看，画家认为动物难画，是因为人们对它们很熟悉，"只要画错哪怕一点点，都会被人发现并指出毛病"，所以很难画；鬼没人见过长什么样，"那就可以由我随便画，想怎样画就怎样画，画出来后，谁也不能证明它不像鬼"，所以很容易画。这说明越是熟悉的东西越难画，D正确。

第43到45题是根据下面一段话：

> 一家建筑公司的经理忽然收到一份购买两只小白鼠的账单，觉得十分奇怪。原来这两只老鼠是他的一个工人买的。他把那个工人叫来，问他为什么要买两只小白鼠。
>
> 工人答道："上星期我们公司去修的那所房子要安装新电线。我们必须把电线穿过一根10米长、但只有5厘米粗的管子，而且管子还在墙里，弯了4个弯。我们当中谁也想不出怎么让电线穿过去，最后我想了一个好主意。我到一个商店买来两只小白鼠，一公一母。然后我把一根线系在公鼠身上并把它放到管子的一头。另一名工作人员则把那只母鼠放到管子的另一头，

逗它叫。公鼠听到母鼠的叫声，便穿过管子跑去救它。公鼠在管子里跑，身后的那根线也被拖着跑。我又把电线系在线上，小公鼠就拉着线和电线跑过了整个管子。"

43. 工人买了什么让经理很吃惊？

　　A 老虎　B 老鼠　C 管子　D 电线

【题解】　文中开头提到经理"收到一份购买两只小白鼠的账单，觉得十分奇怪"，因此 B 为正确答案。

44. 管子最大的问题是什么？

　　A 太长　　　　B 太旧了

　　C 又细又弯　　D 没有电线

【题解】　听力材料，工人说："我们必须把电线穿过一根 10 米长、但只有 5 厘米粗的管子，而且管子还在墙里，弯了 4 个弯。"说明管子又细又弯。因此正确答案是 C。

45. 公鼠为什么要穿过管子？

　　A 为了逃跑　　B 为找食物

　　C 为了回家　　D 为了救母鼠

【题解】　听力材料中提到："公鼠听到母鼠的叫声，便穿过管子跑去救它"，因此正确答案是 D。

听力考试现在结束。

二、阅读部分题解

第 一 部 分

第 46—60 题：请选出正确答案。

46—48.

> 有个老工人盖了一辈子的房子，一天，他对老板说自己想要退休了，要回家与妻子儿女　46　家庭的欢乐。
>
> 老板舍不得他的好工人走，问他是否能帮忙再建一座房子，老工人犹豫了一会儿，终于答应了。但是大家后来都看得出来，他的心已不在工作上，为了追求速度，工作干得非常　47　。房子建好的时候，老板把大门的钥匙递给他。
>
> "这是你的房子，"他说，"我送给你的礼物。"老工人听到后，既　48　又后悔。

46. A 承受　B 制造　C 享受　D 度过

【题解】　从选项来看，A 的意思是"接收、承担"，宾语一般是"痛苦"、"苦难"这一类词，如"难以承受的痛苦"，它一般不和"欢乐"这类褒义词搭配；B 的意思是"人为地造成某种气氛或局面等"，宾语一般是"气氛"、"局面"等，如"制造欢乐的气氛"，一般不说"制造欢乐"；D 的意思是"过（指时间）"，宾语一般是"时光"、"日子"等和时间有关的词，我们可以说"度过欢乐的时光"，但不能说"度过欢乐"；只有 C"享受"可以和"欢乐"、"快乐"相搭配，意思是"物质上或精神上得到满足"，与本文意思相符，C 是正确答案。

47. A 马虎　　　　B 迫切
　　C 刻苦　　　　D 激烈

【题解】　从选项来看，四个选项都是形容词，但词义差别比较大，我们应从词义上来判断。A 表示"不认真"，如"他做事很马虎"；B 的意思是"十分着急"，如"迫切希望获得成功"；C 表示"肯下苦功夫"，如"刻苦钻研学问"；D 表示"（动作、言论等）剧烈"，如"比赛进行得十分激烈"。从短文情节推断，老工人想退休，"他的心已不在工作上"，因此，他工作不认真，A 为正确答案。

48. A 平静　B 惭愧　C 悲观　D 好奇

【题解】　从选项来看，四个选项都是形容词，都用来形容心情，但意义差别比较大，因此我们主要从语义出发进行判断。A 的意思是心情没有不安或动荡，如"他说话的声音很平静"；

B表示"因为自己有缺点、做错了事或没能尽到责任而感到不安",如"我为自己犯的错感到惭愧";C表示"对事物的发展缺乏信心",如"她看事情总是很悲观,不相信未来";D的意思是"对自己不了解的事觉得新奇或感兴趣",如"小孩子对什么东西都很好奇"。从本文的情节推断,老工人临退休前,盖房子很不认真,当他马马虎虎把房子盖好后,才知道这是老板送给自己的礼物,这时他一定感到很不好意思,觉得自己不应该这么马虎,B是正确答案。

49—52.

> 有一位皇帝特别爱骑马,愿意出一千两黄金购买一天能跑一千里的好马,然而时间过去了三年,始终没能买到,又过去了三个月,好不__49__发现了一匹千里马,当皇帝派人带着大量黄金去买的时候,马已经死了。谁都没想到的是,被派出去买马的人居然用五百两黄金把千里马的骨头买了回来。皇帝生气地说:"你为什么要__50__我的黄金?我要的是活马,你怎么花这么多钱弄一匹死马来呢?"
>
> 这人回答道:"这样别人肯定会想:死马都舍得花五百两黄金买,__51__?我们的这一__52__必然会引来天下人为你提供千里马。

> 果然,没过几天,就有人送来了三四千里马。

49. A 困难　B 容易　C 高兴　D 宝贵

【题解】　从选项来看,四个选项都是形容词,但词义差别比较大,因此本题主要根据上下文对词义进行辨析。文中,皇帝派人买好马,但"时间过去了三年,始终没能买到",说明好马很难找。"好不__49__"应该是非常困难的意思。

A、B的词义相反,考生必须理解"好不"的用法。"好不"在现代汉语中并不能和所有形容词搭配,比如和A"困难"就不能搭配,但和B"容易"却经常搭配。需要注意的是,"好不容易"或"好容易"都表示很不容易,因此本题的正确答案是B。

50. A 罚　B 换　C 破坏　D 浪费

【题解】　本题主要考查考生对近义词词义的辨析。

从选项来看,四个选项词性一致,词义也有一定相关性。因此本题应从词义辨析入手进行判断。A的意思是处分犯罪、犯错误或违反某项规则的人,如"罚款"、"罚站"、"罚酒"等;B的意思是给别人一种东西,取回另一种东西,如"把美元换成人民币";C表示让事物受到损害,如"破坏环境"、"破坏和平"、"破坏感情"等;D表示对人力、财物、时间等用得不

282

当或没有节制，比如"浪费时间"、"浪费金钱"等。

根据情节推测，皇帝派人买好马，但没想到的是，被派出去买马的人居然用五百两黄金把千里马的骨头买了回来。皇帝也说："我要的是活马，你怎么花这么多钱弄一匹死马来呢？"说明皇帝认为买马的人是浪费了黄金，D为正确答案。

51. A 真是有钱！
　　B 有必要吗？
　　C 更何况活马呢？
　　D 究竟有什么用呢？

【题解】 本题主要考查考生对文章意思的理解和对情节的推测。

短文中，买马的人认为自己的做法没错，因为"死马都舍得花五百两黄金买"，这种想法会产生一个结果：天下人都来为皇帝提供千里马。四个选项中，A是一种感叹，它的语气首先被排除。B否定了这种做法，D对这种做法有怀疑，C中"何况"一词用反问的语气表示更进一步的肯定。正确答案是C。

52. A 动作　　　　B 观点
　　C 行动　　　　D 借口

【题解】 从选项来看，四个选项中A、C是近义词，并有一个共同的语素"动"；B、D和A、C的词义差别较大，B表示"观察事物时所处的立场或出发点"，如"不轻易改变自己的观点"；D表示"假托的理由"，如"别拿忙做借口而放松学习"。在这种情况下，答案很可能是A、C中的一个。我们从易到难，先从词义入手，如果A、C词义符合，再对它们进行辨析。根据文义推测，52的意思是"做法"或"行为"，即"我们花五百两黄金买死马的做法/行为必然会引来天下人为你提供千里马"，和A、C词义相近，这样就首先排除了B和D；进一步对A、C进行辨析，"动作"是指"全身或身体的一部分的活动"，是身体方面的，比如"舞蹈动作"；而C"行动"是指"为实现某种目的而进行的活动"，如"这次行动终于获得了成功"。C是正确答案。

53—56.

　　有一位女士非常害怕老鼠，看见老鼠就会全身　53　。有一天她看到一只老鼠竟然在自家的厨房地板上跑来跑去，便赶紧冲出屋子，搭上了公共汽车直奔商店。在那儿，她买了一只老鼠夹。店主告诉她："放块肉在里面，很快你就会　54　那只老鼠的。"

　　这位女士带着鼠夹回到家里，但她没有在家里找到肉。她不想再回到商店里去，因为已经很晚了。于是，她就从一份杂志中剪下一张牛肉的图片放进了夹子里。

奇怪的是，这画有牛肉的图片竟然真的起____55____了！第二天早上，这位女士来到厨房时，发现鼠夹里____56____！

53. A 发抖　B 难受　C 发愁　D 发烧
【题解】　从选项来看，虽然A、C、D都有一个共同的语素"发"，但四个选项的词义差别较大，应该从语义角度出发进行辨析和判断。A是指由于害怕、寒冷、生气等，身体颤抖，如"冷得发抖"、"吓得浑身发抖"等，是一种身体反应；B是指身体或心理不舒服，可能是因为疾病或遇到不顺利不开心的事，如"感到难受了一定要好好儿休息"；C是因为没有主意或办法而感到愁闷，如"我一直在为你妈妈的病发愁"，是一种心理反应；D是指人的体温增高，一般是疾病造成的身体反应。文中提到那位女士一看见老鼠，就会因为害怕而产生一种身体反应，因此A是正确答案。

54. A 追到　B 抓住　C 受伤　D 消失
【题解】　本题主要考查考生对词义的理解，同时也考查考生对及物动词和不及物动词用法的掌握。

四个选项都是动词，可以分成两组，A、B是及物动词，一般表示主动性的动作，后面可以跟宾语，即动作实施的对象；C、D是不及物动词，一般表示被动性的动作，后面不能跟宾语。因此首先排除C、D。对比A和B，A是指跟在后面加速跑来赶上；B就是"捉到"的意思；文中女士想用鼠夹捉老鼠，因此B是正确答案。

55. A 实用　B 转变　C 作用　D 启发
【题解】　从选项来看，A是动词兼形容词，B、C、D都是动词兼名词，从55题原句来看，"起"是这句话的谓语动词，55应该是一个名词，因此首先排除A；从词语搭配原则来看，"起"只和C搭配，意思是有了效果，如"下午吃的药开始起作用了"。同时结合文义，女士第二天发现牛肉图片放在鼠夹中有了效果，因此C是正确答案。

56. A 照片不见了
　　B 只有一张照片
　　C 真的有一块牛肉
　　D 多了一张画有老鼠的图片
【题解】　这是一个笑话，那位女士居然用画有牛肉的图片来吸引老鼠，最后的收获是一张画有老鼠的图片。选D最有幽默感，因此D为正确答案。

57—60.

足球运动是一项古老的体育活动，历史____57____。中国古代的一种球类游戏经过阿拉伯人传到欧洲后，逐渐发展成为现代足球。

直到1848年，足球运动的第一个文字形式的规则《剑桥规则》__58__产生。

所谓的《剑桥规则》，是19世纪早期牛津大学和剑桥大学之间进行比赛时__59__的一些规则。在现代足球的规则中，__60__，原来当时在学校里每间宿舍住有10个学生和一位教师，所以他们就每方11人进行宿舍与宿舍之间的比赛。

57. A 古老　B 悠久　C 长久　D 丰富

【题解】　本题主要考查考生对近义词的辨析。

从选项来看，四个选项都是形容词，其中A、B、C三个选项的词义比较接近，都有历史长、时间长的意思；D表示（物质财富、学识经验等）种类多而数量大，如"品种丰富"、"经验丰富"等。形容历史长一般用"悠久"，不用"古老"和"长久"，因此B是最佳答案。

58. A 便　B 就　C 才　D 已经

【题解】　从选项来看，四个选项都是副词，其中A和B意思相同，都表示发生早或时间短，如"他来了一下便走了"（表示时间短）、"中国在几千年前就有了文字"（表示发生早）；而C是表示发生晚、时间长的副词，如"你怎么这么晚才回来"（表示发生晚）。短文开始告诉我们，足球是一项

历史非常悠久的运动，而足球运动的第一个文字形式的规则《剑桥规则》的产生比足球运动本身晚得多，而"直到"也表示规则的产生是很晚的，因此C是正确答案。

59. A 制定　　B 称呼
　　C 制作　　D 主张

【题解】　本题主要考查考生对近义词词义的辨析。

从选项来看，A的意思是"定出（法律、规程、政策等）"，经常和"规则"搭配，如"制定交通规则"；A、C是近义词，且有一个共同的语素"制"，答案可能集中在这两个选项中。这道题我们主要从语义角度出发进行判断。B的意思是"把……叫做，称为"，如"你说我该怎么称呼她呢"；C是"制造"，即做成某种物品，它的宾语常常是某件东西，如"制作家具"、"制作图片"等等，不能和"规则"搭配，D的意思是"对如何行动持有某种见解"，如"他主张马上出发"，根据59的句意，与"规则"搭配的应该是"制定"，因此A是正确答案。

60. A 有些内容很有意思
　　B 有些内容并不合理
　　C 有很多跟《剑桥规则》有关
　　D 为什么每队只允许11人上场呢

【题解】　本题主要考查考生对短文文

义的理解和在关联词使用方面的能力。

60题的后面有一段话,是对60的说明。这句话中有一个关键词"原来",说明这句话是在回答一个疑问,而不是在举例子。A、B、C三个选项后面的话,应该是举例说明哪些内容有意思或不合理,哪些规则和《剑桥规则》有关,所使用的关联词不应是"原来",而应该是"比如"或"例如"。只有D提出了一个问题,而这个句子又正好解释了足球赛中一队队员11个人的原因,所以D为正确答案。

第 二 部 分

第61—70题:请选出与试题内容一致的一项。

61.

开学前,许多家长都会陪孩子逛书店,提前买一些新学期的课外书。专家提醒并强调,要根据孩子的特点和兴趣买一些适合他们的书,数量不必太多,避免给孩子带来过大压力。

A 孩子们的压力太大
B 父母给孩子买的书越多越好
C 买书要参考孩子的爱好和特点
D 快开学时,孩子们会自己去书店买书

【题解】 文中提到"专家提醒并强调,要根据孩子的特点和兴趣买一些适合他们的书",因此正确答案是C。

62.

男人和女人,谁更聪明?这是一个争论了很久的问题。一项科学研究近日宣布结束,并交出了一份令"半边天"满意的答案:女性比男性更聪明。然而这一结果却让男人们有些"挂不住脸"。

A 实际上男性比女性更聪明
B 研究结果让男人们觉得不舒服
C 以前人们就认为女人比男人聪明
D 男人聪明还是女人聪明,答案很清楚

【题解】 本题考查的是考生对"挂不住脸"这句俗语的理解。"挂不住脸"或"脸上挂不住"都表示让人感到难堪、不舒服、不高兴,甚至有点儿生气的意思。研究结果让男人们有些"挂不住脸",说明男人对研究结果感到不舒服、不高兴。答案为B。

63.

灰尘藏在床下、墙边和桌脚,永远无法彻底处理干净。通常,很多人认为灰尘的危害并不是很大。不过科学研究却发现，灰尘的成分远比人们想象的复杂。其中一些物质毒性较大，可能危害身体健康。

A 灰尘的危害不是非常大
B 人们把灰尘想象得很复杂
C 灰尘不容易发现，很难完全打扫干净
D 灰尘必然对人的身体健康造成严重危害

【题解】 "灰尘藏在床下、墙边和桌脚，永远无法彻底处理干净"，"藏"字突出了灰尘很不容易被发现；"无法彻底处理干净"就是"很难完全打扫干净"的意思，因此正确答案是C。

64.

老王的眼睛瞎了，一天晚上，他却提着明亮的灯出了门。邻居们十分好奇，忍不住问道："你眼睛看不见，提着灯又有什么用呢？""当然有用。"他认真地回答道，"虽然我看不见，但是有了这灯，在黑暗中你们就可以看得见了，自然就不会撞到我了。"

A 老王提灯是为了看路
B 老王提灯没有什么用
C 老王提灯只是为了方便别人
D 老王提灯是为了避免别人撞到自己

【题解】 老王提灯是为了让别人看得清楚，这样"自然就不会撞到我了"。因此正确答案是D。

65.

去年中国汽车生产和销售分别为1379.10万辆和1364.48万辆，首次成为世界汽车生产销售第一大国。其中家庭用车的销售量是汽车销售总量的51%，占乘用车销售总量的44%。

A 去年中国汽车销售量大于生产量
B 去年中国再次成为汽车第一大国
C 去年中国乘用车的销售量比例是44%
D 去年中国家庭用车的销售量超过总销售量的一半

【题解】 "家庭用车的销售量是汽车销售总量的51%"，51%即超过一半，正确答案是D。

66.

我上周一早上在邮局给家乡寄了两个包裹。今天又到周一了，可是爸妈说包裹还没收到。因为当时包裹包装得不是很好，所以我有点儿发愁。要是里面的衣服丢了，爸妈就收不到我的新年礼物和祝福了。

A 爸妈给我寄了两个包裹
B 包裹寄出去不到一个星期

C 我没有给爸妈送新年礼物
D 我给爸妈送的新年礼物是衣服

【题解】 文中提到"要是里面的衣服丢了，爸妈就收不到我的新年礼物和祝福了"，这说明包裹里面装的是送给爸妈的新年礼物——衣服。正确答案是D。

67.

> 包子是中国传统美食之一，味道很好而且价格便宜。包子里通常是各种蔬菜、肉或者糖，而里面什么都没有的就叫馒头。在中国南方有些地区，馒头与包子是没有分别的，比如北方的肉包子在南方则被称作"肉馒头"。

A 包子是现在才有的食物
B 在中国，包子和馒头是一样的
C 包子里面什么都没有，只有馒头
D 做包子一般需要蔬菜、肉或者糖

【题解】 文中提到"包子里通常是各种蔬菜、肉或者糖"，因此正确答案是D。

68.

> 北风吹，黄叶落，又到了一年的冬天。很多人不喜欢北京冬天有风的那几天，尤其是出生在南方的人，常常觉得它太使劲儿了，仿佛情绪不稳定的人。可是我却不一样，我喜欢在这样的寒风中迎接新的一年。

A 我是南方人
B 我喜欢北京冬天的风
C 很多南方人不喜欢冬天
D 冬天有风的时候，南方人情绪不稳定

【题解】 "我喜欢在这样的寒风中迎接新的一年"，"这样的寒风"指的是北京冬天的风，因此正确答案是B。

69.

> 3月5日8点，在广州火车站售票窗口，小李排了五分钟队，就买到了一张3月12日到北京的火车票。小李说："本来觉得很难买，没想到挺快的，而且还可以睡着到北京。"

A 小李买的火车票是坐票
B 小李提前4天买的火车票
C 小李很容易就买到了火车票
D 小李买的火车票终点站是广州

【题解】 "小李排了五分钟队，就买到了一张3月12日到北京的火车票"，说明买票时间短；此外，文中提到小李"本来觉得很难买，没想到挺快的"。这些都说明票很容易就买到了，因此正确答案是C。

70.

猪和奶牛被关在同一个地方。有一次，主人使劲儿往外拉小猪，它就不停地大声叫。奶牛讨厌它的叫声，说："主人常常拉我出去，可是我从来不叫，不像你，叫得这么大声。"小猪听后回答："这完全不一样，拉你出去，只是要你的奶，拉我出去，却是要我的命！"

A 小猪平时就喜欢大声叫
B 主人从来不拉奶牛出去
C 主人拉小猪出去是要杀它
D 奶牛的叫声比小猪的叫声大

【题解】 小猪对奶牛说："拉你出去，只是要你的奶，拉我出去，却是要我的命！""要……的命"表示"要杀……"，所以主人拉小猪出去是要杀它。正确答案是C。

第 三 部 分

第71—90题：请选出正确答案。

71—73.

在一个村庄里，住着一位老人，村里人有什么问题都来问他。有一天，一个聪明又调皮的孩子想要故意为难那位老人。他抓了一只小鸟，握在手中，跑去问老人："老爷爷，听说您是最有智慧的人，不过我却不相信。如果您能猜出我手中的鸟是活的还是死的，我就相信了。"

老人注视着小孩儿狡猾的眼睛，心里明白，如果他回答小鸟是活的，小孩儿会偷偷用力把小鸟弄死；如果他回答是死的，小孩儿就会张开双手让小鸟飞走。

老人拍了拍小孩儿的肩膀笑着说："这只小鸟的死活，就全看你的了！"

其实每个人的命运，就像那只小鸟一样，完全掌握在你自己的手中。

71. 小孩儿为什么去找老人？

A 他有一个问题要问老人
B 他想让老人帮他抓一只小鸟
C 他想看看老人是不是真的有智慧
D 他想从老人那里知道自己的命运

【题解】 "有一天，一个聪明又调皮的孩子想要故意为难那位老人"，孩子故意出难题给老人，是想看老人是否真的有智慧，因此正确答案是C。

72. 老人觉得正确答案应该是：
A 小鸟是活的
B 小鸟是死的
C 小孩儿已经知道了
D 自己怎么回答都不能答对

【题解】 老人明白，"如果他回答小鸟是活的，小孩儿会偷偷用力把小鸟弄死；如果他回答是死的，小孩儿就会张开双手让小鸟飞走"，所以他怎么回答都不对，正确答案是 D。

73. 作者认为：
A 成功要靠自己和命运
B 努力也不一定能成功
C 人的命运谁都决定不了
D 人的命运只有自己能决定

【题解】 文章结尾，作者表达了自己的观点："每个人的命运，就像那只小鸟一样，完全掌握在你自己的手中。"因此正确答案是 D。

74—77.

有一天，神创造了三个人。他问第一个人："你准备怎样度过自己的一生？"第一个人想了想，回答说："我要充分利用生命去创造。"

神又问第二个人："你呢？"第二个人想了想，回答说："我要充分利用生命去享受。"

神又问了第三个人，他回答道："我既要创造人生又要享受人生。"

神给第一个人打了50分，给第二个人打了50分，给第三个人打了100分，他认为第三个人才是最完美的人，他甚至决定多生产一些这样的人。

第一个人长大后，放弃了爱情，离开了家庭，他为真理而奋斗，为其他人做出了许多贡献。他去世的时候，人们赶来为他送行。很多年后，他还一直被人们深深怀念着。

第二个人长大后，身边只有美女，手中只有美酒，为了金钱和权力，他可以做任何事。慢慢地，他拥有了无数的财富，最后得到了应有的惩罚，成了一个犯人，永远失去了自由。

第三个人长大后，没有任何不平常的表现。他建立了自己的家庭，过着普通的生活。很多年后，没有人记得他的存在。

人类为第一个人打了100分，为第二个人打了0分，为第三个人打了50分。这个分数，才是他们的正确得分。

为什么神的打分和人类的打分存在着这么大的差别？你当然可以说是神错了，但是最好的解释是：人要为自己活着，不是为神而活。

74. 第一种人：

　　A 数量最多

　　B 受到人们尊敬

　　C 为家庭一直奋斗

　　D 偶尔也享受人生

【题解】　第一种人，"他去世的时候，人们赶来为他送行。很多年后，他还一直被人们深深怀念着"，说明他受到人们的尊敬。正确答案是 B。

75. 关于第二个人，下面哪项不正确？

　　A 喜欢享受

　　B 缺乏责任感

　　C 生活得很幸福

　　D 对社会贡献不大

【题解】　本题是选出不正确的一项。第二种人"最后得到了应有的惩罚，成了一个犯人，永远失去了自由"，他一定不幸福。因此正确答案是 C。

76. 人类给三个人打分的标准是什么？

　　A 是否热爱家庭

　　B 创造了多少财富

　　C 获得权力的大小

　　D 为别人做出了多大的贡献

【题解】　这道题需要考生对文章意思有比较深入的理解。第一种人一生奋斗，为社会和他人做了巨大贡献，人类给他打 100 分；第二种人只讲自己享受，不做贡献，人类打 0 分；第三种人也做了贡献，但贡献不大，人类打 50 分。可见人类打分的标准是贡献的多少，因此正确答案是 D。

77. 为什么神和人类给出了不同的分数？

　　A 神也会犯错

　　B 人类不如神聪明

　　C 生活的社会环境不同

　　D 考虑的角度和标准不同

【题解】　神是从创造生命的角度出发，认为第三种人"最完美"；而根据 76 题，人类打分的标准是贡献多少。可见，神和人考虑的角度和标准不同，因此正确答案是 D。

78—82.

　　小李、小刘、小张和小钱抬着一只沉重的箱子，在沙漠里艰难地一步一步往前走。他们被老周雇佣进入沙漠寻宝。老周不幸得了病而长眠在沙漠中。

　　这个箱子是老周临死前亲手制作的。他十分诚恳地对四个人说道："我要你们向我保证，一步也不离开这只箱子。如果你们把箱子送到我朋友王教授手里，我也向你们保证，你们将分得比金子还要贵重的东西。"然后四个人就上路了，迷路了好几次，箱子也越来越沉重，而他们的力气却越来越小了。如果不是这个箱子，

— 291 —

他们早就全倒下了。四个人互相看着对方，不准任何人单独乱动这只箱子。在最艰苦的时候，是比金子还贵重的宝贝让他们坚持了下来。终于走出了沙漠后，四个人急忙找到王教授，但教授似乎没听懂，说道："我是一无所有啊，或许箱子里有什么宝贝吧。"于是当着四个人的面，教授打开了箱子，大家一看都傻了，一堆无用的木头和石头！

"这开的是什么玩笑？"小李说。

"一钱不值，我早就看出那家伙有神经病！"小刘大叫道。

"比金子还贵重的宝贝在哪里？我们上当了！"小张快气疯了。

此刻，只有小钱没说话，他想起了他们刚走出的沙漠里到处都是死人的骨头，他想起了如果没有这只箱子，他们四人或许早就倒下去了。小钱站起来，对伙伴们大声说道："你们不要再生气了。我们确实得到了比金子还贵重的东西，那就是活下去的机会！"

78. 根据上文，可以知道老周：

A 很有钱

B 骗了王教授

C 是个善良聪明的人

D 没机会享受比金子还贵重的宝贝

【题解】 从整篇故事来看，如果没有老周的这只箱子，其他四个人早就死在沙漠里了。老周做箱子的目的是为了救其他四个人，说明他很善良；他巧妙地利用了一句谎话，使四个人在沙漠里坚持不放弃，最终走出了沙漠，说明他很聪明。因此正确答案是C。

79. 老周在沙漠里怎么了？

A 病死了　　B 找到了宝贝

C 找不到路了　D 发现了一个秘密

【题解】 "老周不幸得了病而长眠在沙漠中"，"长眠"是"死"一种比较委婉的说法。因此正确答案是A。

80. 这个箱子：

A 是王教授的

B 救了四个人的命

C 是在沙漠里捡到的

D 里面有值钱的宝贝

【题解】 这个箱子救了四个人的命，因为"如果不是这个箱子，他们早就全倒下了"、"在最艰苦的时候，是比金子还贵重的宝贝让他们坚持了下来"，因此正确答案是B。

81. 抬箱子的四个人：

A 很信任对方

B 怀疑王教授是骗子

C 对箱子里的东西很满意

D 差点儿死在走出沙漠的路上

【题解】 四个人在沙漠里，"迷路了

好几次，箱子也越来越沉重，而他们的力气却越来越小了"，"如果不是这个箱子，他们早就全倒下了"。说明如果没有这个箱子，他们可能坚持不下去而死在沙漠中。因此正确答案是D。

82. 四个人最后得到的宝贝是什么？

A 箱子　　　　B 生命
C 金子　　　　D 珍贵的石头

【题解】　结合以上几题的答案，总结短文的意义，我们知道，是这只箱子救了四个人的命，虽然箱子里没有真的宝贝，但他们确实得到了比金子更珍贵的东西，"那就是活下去的机会"。因此正确答案是B。

83—86.

有三个孩子在树林里玩耍，都不小心被树枝挂破了裤子。面对裤腿上的破洞和孩子不安的表情，三个母亲用不同的态度来处理了这件事情：

第一个母亲狠狠地批评了孩子一顿，然后，用一根线绳像系麻袋一样把那个破洞扎紧，整条裤腿因此显得皱皱巴巴。破洞是没有了，取而代之的那个结却像孩子撅起的小嘴，孩子也因此受到严厉的警告："今后再也不准到树林里玩耍。"

第二个母亲什么都没有说，默默地把那个破洞一针一线缝补好，裤子上留下了针线的痕迹。

第三个母亲看到孩子裤腿上的破洞后安慰孩子道："不要紧，哪个小孩子不贪玩儿？你奶奶说你爸爸小时候比你还调皮呢。"说完，她把孩子的裤子脱下来，用彩线在破洞上绣了朵漂亮的小红花儿，好像原本那里就有一朵花儿，孩子笑得好开心。

看了这个故事，你不难想象，同样的问题，因为用了三种不同的解决办法，就导致了不同的结果：第一个母亲让孩子感到恐惧和失望，那皱巴巴的裤腿就如同她脸上写满的愤怒，孩子不得不活在她的意愿中；第二个母亲平平常常，孩子得到的是一个顺其自然的生活环境；第三个母亲是最优秀的教育家，她用裤子上的花朵启发了孩子的美好想象，她脸上的微笑给了孩子更多的宽容，让孩子在成长的路上充满自信并富有创造力。在我们现实生活中，第一种母亲不少，第二种母亲不多，我们缺少的是第三种母亲的教育方法。

生活是一门常学常新的艺术，有时候父母一个简单的方法会影响到孩子的一生。那些会生活懂得生活的父母，从来不放弃任何一个给孩子希望的机会，宽容的笑脸是孩子一生努力进取的希望所在。如果为人父母者都能懂得这个道理，孩子的将来是多么美好啊！

83. 第一位母亲对孩子是什么态度？
　　A 愤怒　　　B 鼓励
　　C 关心　　　D 无所谓

【题解】　文中提到第一位妈妈的"脸上写满的愤怒"，说明她对孩子非常生气，正确答案为A。

84. 作者认为第二位母亲：
　　A 最优秀　　B 不多见
　　C 不应沉默　D 让孩子更自信

【题解】　文中提到"第二种母亲不多"，可见B是正确答案。

85. 第三个孩子在人生道路上会：
　　A 少犯错　　B 非常顺利
　　C 更加小心　D 更有创造性

【题解】　文中提到第三位母亲的宽容使得"孩子在成长的路上充满自信并富有创造力"，因此正确答案是D。

86. 最适合做上文标题的是：
　　A 家庭的温暖
　　B 给孩子一些宽容
　　C 给孩子玩耍的空间
　　D 如何教育调皮的孩子

【题解】　文章主要讲的是孩子犯错后三位母亲的不同态度，其中第三位母亲的宽容态度是作者最为赞赏的，所以正确答案是B。

87—90.

　　有选择好，选择越多越好，这几乎成了人们生活中的常识。但是最近由美国哥伦比亚大学、斯坦福大学共同进行的研究表明：选项越多反而可能造成不好的影响。科学家们曾经做了一系列实验，其中一个实验是让一组人在5种巧克力中选择自己想买的，另外一组人在30种巧克力中选择。结果，后一组中有更多人感到所选的巧克力不大好吃，对自己的选择有点儿后悔。

　　另一个实验是在加州斯坦福大学附近的一个以食品种类繁多闻名的超市进行的。工作人员在超市里提供了两种饮料，一种有6种口味，另一种有24种口味。结果显示有24种口味的饮料吸引的顾客较多：242位经过的客人中，60%会停下试喝；看到6种口味的饮料时，停下试喝的只有40%。不过最终的结果却是出乎意料：在有6种口味的饮料前停下的顾客30%都至少买了一瓶饮料，而在有24种口味的饮料前停下的试喝者中只有3%的人购买了饮料。

为什么会出现这种结果呢?是因为太多的东西容易让人拿不定主意,反而更容易做出错误的选择。

87. 根据上文,在30种巧克力中进行选择的人:

A 选择时间更长
B 性格比较犹豫
C 购物时心情比较愉快
D 更容易对选中的巧克力不满意

【题解】 调查结果表明,在30种巧克力中进行选择的人"有更多人感到所选的巧克力不大好吃,对自己的选择有点儿后悔",因此正确答案是D。

88. 与6种口味的相比,24种口味的饮料:

A 口味更好
B 销售情况更好
C 能吸引更多的人购买
D 更能吸引人们的注意

【题解】 调查显示,242位经过的客人中,有60%的人会停下来试喝24种口味的饮料,只有40%的人会试喝6种口味的饮料。因此正确答案是D。

89. 太多的选择导致:

A 心情变坏
B 资金的浪费
C 选择过程中的犹豫
D 消费者对商品的不信任

【题解】 太多的选择更容易让人"拿不定主意",即让人犹豫的意思。正确答案是C。

90. 两所大学的实验表明:

A 选择越多越有利
B 选择多未必是件好事
C 心情不好时应多吃巧克力
D 多数购买者会对自己的选择后悔

【题解】 文中提到"最近由美国哥伦比亚大学、斯坦福大学共同进行的研究表明:选项越多反而可能造成不好的影响",因此正确答案是B。

三、书写部分题解

第 一 部 分

第91—98题：完成句子。

91. 不小心　碎　被　摔　鼠标　了

【题解】从"被"可以看出，这是一个"被"字句。"被"字句的结构是"主语（动作对象）＋被＋宾语（发出动作者）＋谓语＋其他成分"，有时候，"被"后面的宾语可以省略。

本题中，"鼠标"是主语，即动作对象；"摔"是谓语动词，句子的主干为"鼠标被摔"。"碎"是"摔"的补语，放在"摔"的后面；"了"一般放在动词后或句末，表示动作结束或完成，本句中放在句末，因此句子扩展为"鼠标被摔碎了"。

"不小心"用来做状语，修饰动词或形容词，本题中用来修饰谓语动词"摔"，因此完整的句子为"鼠标不小心被摔碎了"。

92. 目前的　问题　解决　离婚　也不能　彻底

【题解】本题有一个动词"解决"，有一个名词"问题"，"离婚"是动词兼名词。和"解决"搭配的宾语只能是"问题"，因此"问题"应该是句子的宾语，"离婚"做主语，句子的主干是"离婚解决问题"。

"能"是能愿动词，一般放在动词前，因此"也不能"应放在"解决"之前，句子扩展为"离婚也不能解决问题"。

"目前的"表示暂时的、短时间的，做定语，根据句义，应该修饰宾语"问题"；"彻底"是形容词，可以用来做状语，修饰谓语动词"解决"，放在"解决"前。因此完整的句子是"离婚也不能彻底解决目前的问题"。

93. 办理了　保险　多种形式的　政府　为志愿者们

【题解】本题有一个动词"办理"，有两个名词"保险"和"政府"，因此判断这是一个动词谓语句，其中"办理"的宾语是"保险"，"政府"是主语。句子的主干是"政府办理了保险"。

"为志愿者们"是介词短语，汉语中介词短语一般放在主语之后，动词之前，因此句子扩展为"政府为志愿者们办理了保险"。

"多种形式的"是定语,可以修饰主语或宾语,在本题中,应该是"保险"的定语,放在"保险"之前。因此完整的句子是"政府为志愿者们办理了多种形式的保险"。

94. 巨大的 企业 承受着 相关 资金 压力
【题解】本题有一个动词"承受",有三个名词"企业"、"资金"和"压力",其中"资金"应该是"压力"的定语,因此本句应该是动词谓语句,句子的主干是"企业承受着资金压力"。

"巨大的"是定语,用来修饰"压力";"相关"也是定语,根据句意,在本句中可以用来修饰"企业"。因此,完整的句子是"相关企业承受着巨大的资金压力"。

95. 这几种 营养 蔬菜的 那么 全面 未必
【题解】本题没有动词,只有一个形容词"全面",因此这是一个形容词谓语句。句子的主语应该是"营养","蔬菜的"是"营养"的定语,因此句子的主干应该是"蔬菜的营养全面"。

"那么"是表示程度很高的副词,一般用来做状语修饰形容词,本句中放在谓语"全面"的前面;"未必"是副词,即"不一定"的意思,在本句中用来修饰"全面"。句子扩展为"蔬菜的营养未必那么全面"。

"这几种"做定语修饰名词,在本句中,"这几种"修饰"蔬菜"更符合逻辑,因此完整的句子是"这几种蔬菜的营养未必那么全面"。

96. 预订的 把 房间 取消了 上网
【题解】从"把"可以看出,这是一个"把"字句。"把"字句的结构是:"主语(发出动作者)+把+宾语(动作对象)+谓语+其他成分",有时主语可以省略。本题中,"取消"是句子的谓语动词,"房间"是宾语,即动作对象,而主语没有出现,句子的主干应该是"把房间取消了"。

"预订的"显然是"房间"的定语,因此句子可以扩展为"把预订的房间取消了"。

"上网"是动词。本句中,主语被省略,而多出了一个动词"上网",说明这是一个连动句。"上网"是第一个动作,"取消房间"是第二个动作,因此完整的句子是"上网把预订的房间取消了"。

97. 设计得　巧妙　尤其　展览区　博物馆的

【题解】本题有一个动词"设计",有一个名词"展览区",说明这是一个动词谓语句;根据"设计得"的"得"和形容词"巧妙"可以看出,这是一个带补语的动词谓语句,句子的主干是"展览区设计得巧妙"。

"博物馆的"做定语修饰"展览区",句子又可扩展为"博物馆的展览区设计得巧妙"。

"尤其"是程度副词,用来做状语修饰动词或形容词。本句中,"尤其"修饰形容词"巧妙",因此完整的句子应该是"博物馆的展览区设计得尤其巧妙"。

98. 非常　珍惜　他们共同的　他　宝贵　记忆

【题解】本题有一个动词"珍惜",有一个代词"他",有一个名词"记忆",说明这是一个动词谓语句。"他"是句子的主语,"记忆"是"珍惜"的宾语,句子的主干是"他珍惜记忆"。

"他们共同的"、"宝贵"都可以做"记忆"的定语。一般情况下,带定语符号的"的"应该放在前面,没有"的"的放在后面,因此句子可以扩展为"他珍惜他们共同的宝贵记忆"。

"非常"是程度副词,用来做状语修饰动词或形容词。本句中,根据句意,"非常"用来修饰动词"珍惜",做"珍惜"的状语,因此完整的句子是"他非常珍惜他们共同的宝贵记忆"。

第 二 部 分

第 99—100 题:写短文。

99. 请结合下列词语(要全部使用),写一篇80字左右的短文。

待遇　现象　到底　社会　精彩

【题解及步骤】

1. 根据所给词语确定短文中心。考生首先要根据重点词语确定短文的中心内容。本题中,中心词语是"待遇"、"社会"和"现象",其中"社会"和"现象"可以组成短语"社会现象",因此可以把本文的主题确定为"和待遇有关的社会现象"。

2. 构思短文内容。本题中，"社会现象"、"待遇"这样的词含义都比较深刻，如果写成议论文需要很高的汉语水平。考生应该尽量避免议论文这种难度大的形式。五个词中，"待遇"经常和"提高"连用，同时可以和"到底"组成句子："到底该不该提高待遇"；"精彩"经常用来形容"电影"、"电视"、"表演"、"节目"、"讲话"等。为了把"精彩"和"社会现象"联系起来，并用比较简单的文体写作，我们可以假设一个精彩的电视节目，内容是和待遇有关的社会现象。

例文如下：

现在电视台经常播出一个叫《社会》的电视节目，讨论一些和人民生活有关的社会现象，比如政府到底该不该提高低收入人群的待遇，年轻人工作后租房还是买房等等。节目很精彩，我非常喜欢看。

100. 请结合这张图片写一篇80字左右的短文。

【解题技巧分析】

考生要根据图片的类型确定短文的内容和形式。本题的图片属于物品类，对于这种类型，我们可以介绍一下物品的作用，也可以介绍和物品有关的知识或社会现象，还可以讲一个和物品有关的故事。本题的图片重点是一个袋子，从里面装的东西可以看出，这是一个在超市买东西时用的袋子，我们可以联想到超市不提倡使用塑料袋的社会现象。

例文如下：

近几年，为了提倡环保、减少城市的"白色污染"，大部分超市不再向顾客提供免费的塑料袋。虽然买一个塑料袋只要几毛钱，但去超市的时候，请顺便带一个购物袋。保护环境，要从身边的小事做起。